Stein Evangelisches Kirchenrecht

Michael Tänger '5/86

Albert Stein

Evangelisches Kirchenrecht
Ein Lernbuch

2., überarbeitete Auflage

Luchterhand

Albert Stein, 1925 in Kleve/Niederrhein geboren, hat zunächst Rechtswissenschaft studiert und war Richter sowie Mitglied eines Justizprüfungsamtes. Nach einem Zweitstudium der evangelischen Theologie habilitierte er sich für Praktische Theologie, insbesondere Kirchenordnung, und lehrte an den Universitäten Bonn und Bochum. 1977 wurde er auf den Lehrstuhl für Kirchenrecht an der Ev. theologischen Fakultät der Universität Wien berufen. Seit 1984 ist er als „geschäftsleitender rechtskundiger Oberkirchenrat" der Evangelischen Landeskirche in Baden tätig.
1963 ordiniert, kennt er durch Predigtdienst und Mitarbeit in vielen kirchlichen Gremien auch die Gemeindepraxis. Sein besonderes Bemühen gilt der Gewinnung eines theologisch verantworteten, aber auch vor Ort hilfreichen Kirchenrechtsverständnisses. Nach einer Reihe von Veröffentlichungen zu Einzelfragen legt er hier eine für den Lernenden verständliche, aber auch für den Praktiker hilfreiche Einführung in die Probleme heutigen evangelischen Kirchenrechts vor.

CIP-Kurztitelaufnahme der Deutschen Bibliothek
Stein, Albert:
Evangelisches Kirchenrecht: e. Lernbuch/Albert Stein.
2., überarb. Aufl. – Neuwied; Darmstadt: Luchterhand, 1985.
ISBN 3-472-52516-9

Hermann Luchterhand Verlag, Neuwied und Darmstadt.

Gesamtherstellung: Druck- und Verlags-Gesellschaft mbH, Darmstadt.
Printed in Germany, Januar 1985.

Inhaltsverzeichnis

Vorwort zur ersten Auflage

Diese Darstellung will ein theologisch verantwortetes Lernbuch des geltenden Kirchenrechtes der evangelischen Kirchen deutscher Sprache sein. Es denkt sich als seine Leser in erster Linie Studenten der evangelischen Theologie. Diese sollen hier schon im ersten Abschnitt ihrer Ausbildung erfahren können, nach welchen Grundsätzen die verfaßte Kirche ihr erhofftes zukünftiges Arbeitsfeld zu ordnen versucht und was diese Ordnungsversuche für ihre eigene zukünftige theologische Existenz bedeuten können. Es hofft allerdings auch solchen werdenden oder fertigen Juristen eine Hilfe bieten zu können, die eine kurzgefaßte Einleitung in das evangelische Kirchenrecht gerade unter dem Gesichtspunkt seiner theologischen Relevanz suchen.

Demgemäß versteht dieses Lernbuch das evangelische Kirchenrecht als ein theologisches Thema und versucht es im Kontext theologischer Fragestellungen zu erörtern. Es hofft so eine Lücke im Angebot kirchenrechtlicher Literatur auszufüllen. In seiner durch den Zweck gegebenen Begrenzung verzichtet es bewußt auf eine lehrbuchgemäß in die Breite gehende Darstellung oder gar Weiterführung der fachwissenschaftlichen Diskussion der Grundlagenfrage des Kirchenrechtes. Erst recht kann es weder nach Art eines Handbuches die ganze Fülle des Rechtsstoffes aller evangelischen Kirchen aufbereiten noch die bewährten Lehrbücher des Staatskirchenrechtes und der kirchlichen Rechtsgeschichte ersetzen. Wer tiefer in den Stoff eindringen will, wird sich also dem Studium der großen Monographien des evangelischen Kirchenrechtes unterziehen müssen. Wer einen konkreten Kirchenrechtsfall verläßlich beurteilen will, wird in den maßgeblichen Amtsblättern die geltenden Vorschriften durcharbeiten müssen.

Aufbau und Gedankenführung dieser Darstellung wollen besonders den Bedürfnissen heutiger Theologiestudenten entgegenkommen und die Hauptinteressen wie die Verständnisschwierigkeiten nichtjuristischer Leser berücksichtigen. Der Verfasser hofft hierin Erfahrungen verwerten zu können, die er als Lehrer des Kirchenrechtes an den evangelisch-theologischen Fakultäten in *Bochum, Bonn* und *Wien* gewonnen hat, aber auch bei zahlreichen Gesprächen mit in kirchenrechtliche Schwierigkeiten geratenen Pfarrern feststellen konnte. Daher ist der Textteil so eingerichtet, daß er im Zusammenhang gelesen werden kann und daß zwar durch jeweils den Abschnitten vorangestellte Thesen und Rechtsquellenauszüge die Aufmerksamkeit des Lesers angeregt, der Text jedoch nicht durch Anmerkungen oder Literaturhinweise unterbrochen wird.

Um das Lernbuch nicht zu sehr anschwellen und zu rasch veralten zu lassen, ist auch von einer Zusammenstellung aller einzelkirchlichen Rechtsquellen und Besonderheiten abgesehen worden. Der auf Vertiefung bedachte Leser wird gebeten, beim genaueren Durcharbeiten des Textes die Verfassung seiner jeweiligen Gliedkirche mit aufzuschlagen und zu Rate zu ziehen. Bei den Landeskirchenämtern lassen sich Sonderdrucke oder entsprechende Nummern des Amtsblattes mit dem maßgeblichen Gesetzestext erwerben; für die meisten Gliedkirchen bestehen außerdem Gesetzessammlungen in Loseblattform. Das im Anhang gebotene Quellenregister soll hier dem Benutzer eine erste Hilfe anbieten. Die bewußt knapp gehaltenen Literaturhinweise im Anhang wollen erste Fingerzeige geben, ohne den Charakter einer pädagogisch gezielten, subjektiven Auswahl verleugnen zu können.

Der Verfasser kann hier nicht allen namentlich danken, die sich um das Projekt dieses Buches helfend und beratend verdient gemacht haben. Genannt werden sollen aber doch die Herren Kollegen Professor Dr. MÜLLER, Tübingen, und Oberkirchenrat Professor Dr. WENDT, Karlsruhe, sowie Oberkirchenrat LINDOW, Hannover, denen ich förderliche Hinweise verdanke. Die fachliche Beratung der Herren Lektoren des Luchterhand-Verlages war mir ebenso unentbehrlich wie die Einsatzbereitschaft der Sekretariatsdamen der Wiener Ev. theologischen Fakultät bei der Arbeit am Manuskript. Dem Assistenten des hiesigen Kirchenrechtlichen Institutes, Herrn Karl SCHWARZ, danke ich für fruchtbare Gespräche und viele technische Hilfen.

Widmen möchte ich das Buch meiner Frau, ohne deren Verzichte und Ermutigungen ich nicht in der Lage gewesen wäre, es zu schreiben.

Wien, im Mai 1980. ALBERT STEIN

Vorwort zur zweiten Auflage

Für die zweite Auflage wurde der Text durchgesehen und in einer Reihe von Einzelpunkten umgestaltet.

Eingehend überarbeitet wurden insbesondere die Abschnitte über die Biblischen Weisungen für das Kirchenrecht (1.3.) sowie über Geistliches Amt, Ordination und Gemeindeämter (3.3.2.-3.3.4). Eine Reihe von kurzen Zusätzen versuchen meine Auffassungen deutlicher zum Ausdruck zu bringen. Kritische Ratschläge, förderliche Gespräche und eigene Weiterarbeit am Thema fanden so ihren Niederschlag. Mit dankenswerter Hilfe kirchlicher Oberbehörden konnten die Rechtsquellenauszüge auf den Stand von Frühjahr 1984 gebracht werden. Eine Auswahl neuer Literaturhinweise wurde beigefügt.

Erneut habe ich den Mitarbeitern des Instituts für Kirchenrecht an der Evangelisch-theologischen Fakultät der Universität Wien, Herrn Dr. Karl Schwarz und Frau Helga Salomon, für ihre Hilfe zu danken.

Im Überwechseln vom akademischen Lehramt in die kirchenrechtliche Praxis widme ich diese Auflage meinen Wiener Studentinnen und Studenten, mit denen ich fast sieben Jahre lang gerne und fruchtbar zusammengearbeitet habe.

Wien, im September 1984

ALBERT STEIN

1. Kapitel: Voraussetzungen

1.1. Die Wissenschaft vom evangelischen Kirchenrecht im Gesamtsystem der evangelischen Theologie

Die Wissenschaft vom evangelischen Kirchenrecht befaßt sich mit der methodischen und kritischen Selbstprüfung der evangelischen Kirche im Blick auf ihr Recht. Als solche hat sie ihren Platz im System der wissenschaftlichen Theologie. Die Beschäftigung mit dem Kirchenrecht bedeutet einen sinnvollen, abrundenden Teilschritt nicht nur für die Ausbildung zum Juristen, sondern auch für den Werdegang eines evangelischen Theologen.

Beispielhafte Quellenstelle:

KARL BARTH, Kirchliche Dogmatik, IV/3, S. 1007:

Im Dienst der Theologie prüft die Gemeinde ihr ganzes Tun am Maßstab dessen, was ihr aufgetragen ist, gibt sich und der auch hier mithörenden Welt kritisch Rechenschaft über die Angemessenheit oder Unangemessenheit ihres Gotteslobes, ihrer Predigt, ihres Unterrichts, ihrer Evangelisation und Mission, aber doch auch ihres von dem allen nicht zu trennenden Handelns und also ihres Zeugnisses im ganzen umfassenden Sinne dieses Begriffes.

1.1.1. Kirchenrechtswissenschaft und Theologie

Theologie beginnt und endet zwar mit unserem Nachdenken über den in Jesus Christus offenbar gewordenen Gott und die ihn verkündigende Botschaft. Theologie befaßt sich aber auch mit alledem, was die christliche Kirche im Gehorsam gegenüber dem Zuspruch und Anspruch ihres Gottes zu hören, zu reden und zu tun hat. Theologie wird deshalb nicht nur als Exegese der biblischen Schriften und als dogmatische Besinnung über das daraus folgende Glauben und Bekennen betrieben. Praktische Theologie fragt insbesondere danach, welche Art kirchlicher Paxis dem Auftrag der Kirche gemäß ist und wie sie ihm hier und jetzt gerecht wird.
Dabei gerät das gesamte *Handeln der Kirche* in den Blick. Nach ihrem ganzen Tun und Lassen, aber auch nach allen bei ihr dafür gebräuchlichen Regeln und Üblichkeiten ist zu fragen. Dieses Fragen geschieht für die Predigt in der Homiletik, für den kirchlichen Unterricht in der Katechetik, für die Seelsorge in der Poimenik und für den Gottesdienst in der Liturgik. Dabei zeigt sich für die Homiletik eine nachbarschaftliche Beziehung zur allgemeinen Rhetorik, für die Katechetik eine solche zur Pädagogik, für die Poimenik eine solche zur Psychologie und für die Liturgik zur Ästhetik. Jedes theologische Fach kennt eine

»diesseitige« Nachbarwissenschaft, an deren Methode es teil hat und von der es sich durch den besonderen Bezug auf Botschaft und Auftrag der Kirche abhebt. Was für alle diese Wissensbereiche und etwa auch für Kirchenmusik, Diakonik oder Missionswissenschaft gilt, muß auch für das Kirchenrecht anerkannt werden. Auch hier geht es um einen Bereich kirchlichen Lebens, welcher wissenschaftlicher Untersuchung in kirchlicher Verantwortung fähig und bedürftig ist. Auch hier wird sich die Wissenschaftlichkeit der Bemühung in methodischem, aber auch kritischem Vorgehen zu bewähren haben. Als theologisches Fach aber wird auch wissenschaftliche Arbeit am Kirchenrecht in und mit der Kirche geschehen und sich so als eine ungeachtet wissenschaftlicher Form doch solidarische geistliche Selbstprüfung der christlichen Kirche erweisen. Diese Haltung kommt in dem einleitenden Gebet einer 1941 erschienenen Lebensordnung der Bekennenden Kirche Altpreußens zum Ausdruck, dem von OTTO DIBELIUS und OSKAR HAMMELSBECK 1941 herausgegebenen »Kirchbüchlein«:
»Komm, Schöpfer Geist, und schenke deiner Kirche neues Leben!
Du hast sie erschaffen, du willst sie erhalten . . .
Gib neuen Glauben und neue Liebe!
Gib neue Gemeinschaft unter deinem Wort!
Gib Einigkeit im Geist und heilige Zucht!
Lehre Deine Gemeinde heilsame Sitten!
Lass' nicht die Ordnung über dem Glauben sein,
sondern lass' die Ordnung den Glauben mehren und die Liebe!«

1.1.2. Der systematische Ort der Kirchenrechtswissenschaft

Im römisch-katholischen Bereich stellt die Kirchenrechtswissenschaft eine eigene hochgeachtete Teildisziplin der Theologie dar. Nach ihrer maßgeblichen Gesetzesgrundlage, dem Codex Iuris Canonici, auch *Kanonistik* genannt,wird sie innerhalb der katholisch-theologischen Fakultäten in eigenen Instituten gepflegt. Dem hat die evangelische Universitätstheologie zur Zeit nicht viel Vergleichbares entgegenzusetzen. MARTIN LUTHER hat zwar das kanonische Rechtsbuch zum Zeichen seines Protestes gegen die Verurteilung als Ketzer öffentlich verbrannt; später hat er über die Juristen und besonders über die konsistorialen Kirchenrechtspraktiker seiner Zeit oft grobe Worte gefunden. Gleichwohl hat er solide Kenntnisse des zeitgenössischen Kirchenrechts besessen, sich zeitlebens aus wechselnden Anlässen immer wieder mit dessen Grundfragen auseinandergesetzt und für ein evangelisches Verständnis des Kirchenrechts bleibende Anstöße gegeben.
In fast allen Disziplinen der evangelischen Theologie ist, auch wenn das Kirchenrecht in ihrem traditionellen *Fächerkanon* keinen gesicherten Ort gefunden hat, die kirchenrechtliche Fragestellung immer wieder einmal durchgebrochen. In FRIEDRICH SCHLEIERMACHERS System der Praktischen Theologie beispielsweise erhielten die Grundsätze des Kirchenregimentes einen Platz krönenden Abschlusses. Die im vorigen Jahrhundert verbreiteten Pastoraltheologien brachten mancherlei für die Pfarramtspraxis aufbereiteten kirchenrechtlichen Stoff.

Heute gehen praktisch-theologische Handbücher wenigstens kurz auf unser Thema ein. Innerhalb zeitgenössischer systematischer Theologie wird die Rechtsgestalt der Kirche im Zusammenhang der Ekklesiologie wie auch der Ethik mit gewürdigt. Aber auch in der neutestamentlichen Theologie finden sich Belege dafür, daß sich unsere Fragen in der theologischen Erörterung nicht auf Dauer zurückstellen lassen.
Eine folgerichtige Lösung findet sich in *Österreich*, wo das Kirchenrecht seit jeher zum Aufgabenkreis evangelisch-theologischer Lehre gezählt wird und im Lehrbetrieb wie im Prüfungswesen der Wiener Evangelisch-theologischen Fakultät einen gleichberechtigten Platz neben den übrigen theologischen Hauptfächern einnimmt. Das hat nicht nur historische, sondern wegen der besonderen Lage der österreichischen Diasporakirche auch Sachgründe. Es bedeutet aber auch allgemein einen beachtlichen Hinweis darauf, daß auch das Kirchenrecht einen Platz im System evangelischer Theologie beanspruchen darf.

1.1.3. Nachbarfächer der Kirchenrechtswissenschaft

Nur scheinbar bedeutet das Vorhandensein von Kirchenrecht auch als Teilfach des rechtswissenschaftlichen Universitätsstudiums ein Gegenargument gegen eine theologisch verstandene Kirchenrechtswissenschaft. Leider scheint die Bedeutung des Kirchenrechts als Studienfach innerhalb der *Juristenausbildung* heute eher zurückzugehen, indem es allerorten zu einem bloßen Wahl- oder gar Freifach zurückschrumpft. Das ist nicht nur im Blick auf die daraus zu erwartenden Schwierigkeiten für die Gewinnung künftiger rechtskundiger Kirchenbeamten bedauerlich. Es bedeutet den drohenden Niedergang einer glanzvollen Tradition gerade auch der deutschen kirchenrechtlichen Wissenschaft. Über den engeren Fachbereich hinaus sind von Lehrern des Kirchenrechts an deutschen rechtswissenschaftlichen Fakultäten wie RUDOLPH SOHM, ERIK WOLF, JOHANNES HECKEL, epochale Anstöße auch für die Theologie ausgegangen.
Auch für eine als theologisches Fach verstandene Kirchenrechtswissenschaft wird die allgemeine Jurisprudenz eine für das Verständnis ihres Arbeitsfeldes unentbehrliche Begleitwissenschaft bleiben. Das gilt besonders für das *Staatskirchenrecht*, das heißt für das Recht, welches der Staat für die in seinem Bereich wirkenden Kirchen und religiösen Gemeinschaften sowie für die Glaubensbetätigung des einzelnen setzt. Dieses »Staatskirchenrecht« kann für das Leben der Kirche ebenso wie für die Amtsführung des Pfarrers große Bedeutung gewinnen. In einem weiteren Sinne gehört es auch, ebenso wie die Kirchenrechtsgeschichte, zum Bereich der Kirchenrechtswissenschaft. In diesem Lernbuch wird jedoch nur das eigentliche, »innere Kirchenrecht« der evangelischen Kirche behandelt und das Staatskirchenrecht, für das genügend geeignete Lernhilfsmittel zur Verfügung stehen, nur bei einigen Grenzfragen mitberücksichtigt.
Neben dem Staatskirchenrecht sind wichtige Nachbarfächer aus dem Bereich der allgemeinen Rechtswissenschaft auch das Verfassungsrecht, die Allgemeine Rechtslehre, Rechtsphilosophie, Rechtssoziologie, Staats- und Verwaltungslehre und das Arbeitsrecht. Theologisch aber wird Kirchenrecht erst betrieben,

wenn es im ständigen Wechselgespräch nicht nur mit diesen rechtswissenschaftlichen Nachbardisziplinen, sondern gerade auch mit den anderen theologischen Fächern bleibt. An die aller Theologie gemeinsamen Voraussetzungen sich bindend, wird es kritisch und aufbauend seiner Kirche zu dienen versuchen. Dann wird es auch am ehesten den Aufgaben eines ökumenischen Gespräches mit dem Recht der Nachbarkirchen gewachsen sein.

1.1.4. Kirchenrechtswissenschaft und Theologenausbildung

Die Berechtigung dieses Ansatzes bestätigt sich durch fachdidaktische Überlegungen. Für einen künftigen Juristen wird, von dem Sonderfall der Vorbereitung auf einen kirchlichen Rechtsberuf abgesehen, das Kirchenrecht innerhalb des juristischen Studienganges als das Erlebnis eines »ganz anderen« und dennoch für das geschichtlich gewachsene Recht bedeutungsvoll gewordenen Rechtssystems neben dem in seinem Staate geltenden und im Studium den Schwerpunkt bildenden »eigentlichen« Recht interessant. Der künftige Theologe wird in seinem späteren *Pfarramt* sowohl als Seelsorger wie als Verwalter des Kirchengemeindevermögens immer wieder einmal Rechtsfragen begegnen, ohne deren klare Beantwortung er manchmal Schaden statt Nutzen stiften wird. Deshalb sollte er sich auch im weiteren Fortgang seiner praktischen Ausbildung mit den rechtlichen Aspekten der kirchlichen Verwaltungsarbeit näher bekanntmachen und von Fall zu Fall um Weiterbildung bemühen. Sein Universitätsstudium allerdings sollte er mit diesen, sicherlich später für ihn wichtigen Dingen besser nicht belasten. Er studiert ja auch nicht beiläufig noch Teilbereiche der Medizin, obgleich er später mit Kranken und Sterbenden genug zu tun haben wird.
So verzichtet auch dieses Lernbuch darauf, zugleich eine Art von »Hausjurist« für den Pfarrer im Amt sein zu wollen. Es konzentriert sich auf eine Einführung in das Recht der evangelischen Kirche deutscher Zunge. Auch hier muß es notgedrungen das Gemeinsame und die große Linie im Auge haben und also dem Leser die Einarbeitung in die Einzelheiten des Rechtes gerade seiner eigenen Landeskirche selbst anheimstellen. Ein vorheriges Bemühen um das Verständnis der Zusammenhänge wird das Studium heimischer *Kirchenrechtstexte* gewiß erleichtern. Die Notwendigkeit einer solchen Beschäftigung auch mit dem Kirchenrecht der eigenen Kirche soll hier ausdrücklich betont werden. Ohne sie wird ein Theologe schon beim ersten Praxiskonflikt hinsichtlich dessen kirchenrechtlicher Seite hilflos dastehen und mit etwa unjuristisch vorgetragenen Kirchenreformerwägungen mehr Verwirrung als Nutzen stiften. Ein nur praxisorientierter Schnellkurs über pastorale Verwaltungspraxis allerdings wird einem zu wissenschaftlich-kritischer Denkweise erzogenen Theologen mit Recht unzureichend erscheinen. Der Gefahr einer, kürzlich von Hans Dombois diagnostizierten »endemischen Rechtsneurose« der Theologen wird schon während des Studiums durch geeignete Lehrangebote vorgebeugt werden müssen, die schon dem werdenden Theologen zu einem Grundverständnis für die Probleme des Kirchenrechtes verhelfen. Solche Lehrveranstaltungen erfordern allerdings

angesichts der gegenüber Jusstudenten im Blick auf Vorkenntnisse und Problemstellungen völlig veränderten Lage eine *Didaktik*, die sich von dem für Studenten der rechtswissenschaftlichen Studiengänge Üblichen und Berechtigten deutlich abhebt. Der besondere Duktus dieses Lernbuches will dafür einen Beitrag leisten. Vielleicht kann auch ein Rechtsbeflissener bei seinen Kirchenrechtsstudien hier Anregungen erhalten, die das in den vorhandenen Kirchenrechtslehrbüchern ihm Gebotene sinnvoll ergänzen und es ihm erleichtern, auch mit Theologen über kirchenrechtliche Fragen zu diskutieren.

Es kann nur bedauert werden, daß kirchenrechtliche Fragen in den deutschen kirchlichen *Prüfungsordnungen* zum Ersten Theologischen Examen bisher lediglich als mögliches Schwerpunktwahlfach der Praktischen Theologie mit Bezeichnungen wie Kybernetik, Kirchenordnung oder Gemeindeaufbau berücksichtigt werden. Es kann auch nicht voll befriedigen, daß im Zweiten Examen das Kirchenrecht jedenfalls innerhalb des Stoffbereiches einer kirchlichen Verwaltungskunde mitberücksichtigt werden kann. Im Studiengang evangelischer Theologen sowohl mit dem Berufsziel des Pfarrers wie des Religionslehrers in *Österreich* wird das evangelische Kirchenrecht dagegen als selbständiges Fach an der Wiener Ev. theologischen Fakultät betrieben. Es sichert die Beziehung theologischen Denkens auf die Wirklichkeit der Kirche, erleichtert dem Studenten den Übergang ins geistliche Amt und hilft den kirchenrechtlichen Bemühungen der Kirchenleitung zu besserem Verständnis.

Das damit gegebene Beispiel sollte auch auf deutschem Boden Schule machen. Denn ein Grundverständnis der Theologen für Aufgabe und Arbeitsweise des Kirchenrechts ist ebenso unabdingbar wie ein Grundverständnis der Kirchenjuristen für Aufgabe und Arbeitsweise der Theologie, wenn es zwischen beiden innerhalb der Kirche zu einer fruchtbaren Zusammenarbeit statt zu gehäuften Mißverständnissen kommen soll. Auf solche Zusammenarbeit kann ein heute im Raume der Kirche arbeitender Theologe nicht erst als Mitglied von Kirchenbehörden, sondern auch schon als im Pfarramt zu ständigem Geschäftsverkehr mit einer solchen Kirchenbehörde Angewiesener nicht verzichten.

Größere kirchliche Zusammenschlüsse in unserer heutigen, weithin rechtlich geordneten Gesellschaft können ohne die Mitarbeit von Juristen nicht auskommen. Das heute an rechtswissenschaftlichen Fakultäten noch mögliche Studium des Kirchenrechts bereitet sie auf die Grundfragen einer juristischen Berufstätigkeit im kirchlichen Raum zwar vor. Tieferes Verständnis für die Denkweise ihrer theologisch ausgebildeten Kollegen in den kirchlichen Leitungsgremien müssen sie sich aber in freier Weiterbildung selbst erwerben, ebenso wie die genaue Kenntnis der Rechtsstruktur ihrer jeweiligen Teilkirche an keiner Universität gelehrt wird und also erst in der Praxis selbst erarbeitet wird. Im *Umgang mit Kirchenjuristen* sollte der Theologe nicht vergessen, daß für seinen Gesprächspartner die theologische Sicht der Kirche ebenso Gegenstand lernenden Bemühens war und ist, wie für den Theologen ihre kirchenrechtliche Seite. Je mehr jeder der beiden die besondere Sorge des anderen erkennt und achtet, um so eher kann es zu Verstehen und Zusammenarbeit kommen. Juristen wird oft juristischer Konservativismus nachgesagt; man setzt bei ihnen meist voraus, daß sie sich als Bewahrer gegebener Verhältnisse verstehen und sich auf Neuerungen und Reformen nicht gerne einlassen. Über eine solche Haltung bei seinen zeitgenössischen Juristen hat schon LUTHER geklagt. Sie liegt auch in etwa für einen Berufsstand nahe, dessen hauptsächliches Arbeitswerkzeug Sprachformeln der Vergangenheit sind. Deshalb braucht Konservativismus aber nicht zum bestimmenden Grundzug zu werden. Die verändernde und freimachende Kraft des Evangeliums soll und kann sich auch auf die Art und Weise auswirken, in welcher der Jurist in der Kirche des Evangeliums arbeitet. Dringlicher, als den Juristen in dieser Richtung Vorwürfe zu machen, wäre es aber, ihnen im besonderen diese freimachende Kraft des Evangeliums hörbar und an dem Umgang der Theologen miteinander auch je und dann zeichenhaft deutlich zu machen.

1.2. Begriff und theologischer Ort des evangelischen Kirchenrechts

Evangelisches Kirchenrecht nennen wir die Anleitungen, welche die Zusammenarbeit evangelischer Christen als Glieder ihrer Kirche ordnen wollen. Solche Anleitungen haben bei uns Rechtsform und erwarten Befolgung. Wenn wir sie recht entwerfen und anwenden wollen, machen wir die Probe auf den Gehorsam unserer Glaubensnachfolge.

Beispielhafte Quellenstellen:

Aus der theologischen Erklärung der I. Bekenntnissynode der Deutschen Evangelischen Kirche vom 29./31. Mai 1934 in Barmen (KJ 1933–44, S. 71):

3. »Lasset uns aber rechtschaffen sein in der Liebe und wachsen in allen Stücken an dem, der das Haupt ist, Christus, von welchem aus der ganze Leib zusammengefügt ist« (Eph. 4, 15, 16).
Die christliche Kirche ist die Gemeinde von Brüdern, in der Jesus Christus in Wort und Sakrament durch den Heiligen Geist als der Herr gegenwärtig handelt. Sie hat mit ihrem Glauben wie mit ihrem Gehorsam, mit ihrer Botschaft wie mit ihrer Ordnung mitten in der Welt der Sünde als die Kirche der begnadigten Sünder zu bezeugen, daß sie allein sein Eigentum ist, allein von seinem Trost und von seiner Weisung in Erwartung seiner Erscheinung lebt und leben möchte.
Wir verwerfen die falsche Lehre, als dürfe die Kirche die Gestalt ihrer Botschaft und ihrer Ordnung ihrem Belieben oder dem Wechsel der jeweils herrschenden weltanschaulichen und politischen Überzeugungen überlassen.

Aus einem Rundbrief Dietrich Bonhoeffers an Vikare der Bekennenden Kirche Altpreußens in der Bedrängnis der Kriegsjahre (Dietrich Bonhoeffer, Gesammelte Werke, Hg. Eberhard Bethge, II, München 1965, 594):

In Zeiten der Unsicherheit über den kirchlichen Weg gilt für uns folgende Regel:
a) Niemals soll ich aus Unsicherheit eine Entscheidung treffen; das Bestehende hat ein Vorrecht gegenüber der Veränderung, es sei denn, daß ich die Notwendigkeit der Veränderung mit Gewißheit erkenne.
b) Niemals soll ich allein handeln, erstens weil ich den Rat der Brüder brauche, zweitens weil die Brüder mich brauchen, drittens weil es eine kirchliche Ordnung gibt, die ich nicht leichtfertig mißachten darf.
c) Niemals soll ich eine Entscheidung übereilen oder mich drängen lassen. Verschließt sich heute eine Tür, so wird Gott, wenn er will, eine andere auftun.

Aus dem Vorspruch zur Verfassung der Evangelischen Kirche A. u. H. B. in Österreich vom 26. Januar 1949/14. Jänner 1983 (ABl EKiÖ 1983,1):

(IV) Die Evangelische Kirche A. u. H. B. in Österreich, gewiß, daß alle äußere Ordnung der Kirche bestimmt sein muß von dem Auftrag des Herrn der Kirche, gibt sich darum von diesem Auftrag her folgende Verfassung:

Aus dem Vorspruch zur Grundordnung der evangelischen Landeskirche in Baden vom 23. April 1958/5. Mai 1972 (GuVOBl 1972, 35; ABl EKiD 1972, 493):

(6) Sie (die Landeskirche) weiß sich verpflichtet, ihr Bekenntnis immer wieder an der Heiligen Schrift zu prüfen und es in Lehre und Ordnung zu bezeugen und lebendig zu erhalten.
Auf dieser Grundlage hat die Evangelische Landeskirche in Baden ihre Grundordnung neu beschlossen. Sie ist dabei überzeugt, daß alles Recht in der Landeskirche allein dem Auftrag ihres Herrn Jesus Christus zu dienen hat. Es findet in diesem Auftrag seine Vollmacht und seine Grenze. Daher ist jede Bestimmung der Grundordnung im Geist der Liebe Christi zu halten.

1.2.1. Kirchenrecht als ein Stück kirchlicher Wirklichkeit

Kirchenrecht ist ein Stück der im Raume evangelischer Kirchlichkeit bei uns heute tatsächlich vorfindbaren Wirklichkeit. An vielen Fundstellen, besonders in Amtsblättern und Rechtssammlungen sind kirchliche Gesetze oder Verordnungen abgedruckt. Schreiben kirchlicher Behörden enthalten Rechtsakte in Form von Bescheiden, Erlassen oder Urteilen. Gemeinsam ist alledem zunächst die Rechtsförmigkeit. Es wird ähnlich, meist »paragraphenmäßig« geredet und in bestimmtem Tone gesprochen so wie im Raume »weltlichen« Rechts von staatlichen Parlamenten, Ministerien, Behörden oder Gerichten. Durch solche Rechtsförmigkeit der Sprache unterscheidet sich Kirchenrecht von kirchlichen Anweisungen und Anleitungen anderer Art, die als seelsorgerlicher Ratschlag, amtsbrüderliche Anregung, Erfahrungsbericht oder Beschreibung kirchlicher Lebensformen ebenfalls Verhaltenserwartungen weitergeben wollen.
Allerdings hat die Sprache kirchlicher Leitungsgremien in den letzten Jahrzehnten öfters die sachliche *Juristensprache* mit predigtmäßigen Anreden vermischt und damit die Prüfung auf den Rechtscharakter erschwert. Klärend wirkt dann meist die Frage, ob der zu untersuchende Text nur Glauben wecken und durch innere Überzeugungskraft wirken will oder ob er auch von einem noch nicht von dem vollen Recht seiner Absichten überzeugten kirchlichen Adressaten auf jeden Fall Befolgung erwartet. Von einer gemeindlichen Sitte, einem amtsbrüderlichen Rat oder einer guten Gewohnheit darf man aus gutem Grunde auch einmal abweichen. Rechtssätze aber erwarten Befolgung und betrachten als Rechtsverstoß, wenn man sich ohne einen auch von der Rechtsordnung gebilligten Grund nicht nach ihnen richtet. Recht will *Geltung* haben.
Diese zum Wesen des Rechts gehörige *Befolgungserwartung* ist nicht gleichbedeutend mit einer *Erzwingbarkeit* der Rechtsforderung. Keineswegs jede Rechtsforderung ist erzwingbar. Zwar wird im Strafrecht ein Haftbefehl oder eine Strafe auch gegen den Willen des Betroffenen vollstreckt. Die Polizei kann ihre Verfügungen, beispielsweise auf Abschaffung eines tollwütigen Hundes, notfalls auch unmittelbar zwangsweise durchsetzen. Weite Bereiche des vom Staat gesetzten Rechts, etwa im Ehe- und Familienrecht, sind solcher Zwangsdurchsetzung nicht fähig. Wer ein Verlöbnis nicht einhält, wird nicht etwa

zwangsweise kopuliert; und wer sich gegen die Pflicht zur ehelichen Treue vergeht, riskiert zwar die Scheidung, aber nicht den Gerichtsvollzieher zur Wiederherstellung der Ehegemeinschaft. Recht verstandenes Kirchenrecht setzt sich nicht zwangsweise durch, sondern erhofft und erwartet eine aus Glauben frei erwachsende Befolgung seiner Anweisungen. Wo man, besonders im mittelalterlichen Ketzerrecht, das Gegenteil versucht hat, ist man zu Schaden und Schande der Christenheit von Christi Weisung abgewichen. Evangelisches Kirchenrecht kennt nur ein Sich-Zurückziehen von den Mitchristen, die selbst als erste die christliche Zusammenarbeit aufgegeben haben. Das bedeutet nicht Rechtszwang, sondern allenfalls gewaltlosen Widerstand gegen die Forderung einer dem Rechtsgebot zuwider angesonnenen Zusammenarbeit. Wo das Fehlen von Rechtszwang als Argument gegen den Rechtscharakter des Kirchenrechts verwendet wird, sieht man das Wesen des Rechts zu eng.

Zum Begriff evangelischen Kirchenrechts gehört es weiter, daß es ein Verhalten des christlichen Miteinander regeln will. Der Innenbereich des höchstpersönlichen Glaubens geht nicht das Recht, sondern die Seelsorge der Kirche an. Im evangelischen Kirchenrecht sprechen auch nur evangelische Christen zu anderen evangelischen Christen über die wechselseitig erwartete Zusammenarbeit. Wer noch nicht zu ihrer Gemeinschaft gehört oder nicht mehr zu ihr gehören will, kann auch von der Befolgungserwartung dieser Rechtssätze nicht betroffen sein.

Schließlich gehören auch diejenigen Rechtssätze nicht zum Kirchenrecht, die der Staat kraft seiner Rechtssetzungsgewalt für die Kirche und ihre Glieder etwa erläßt. Kirchenrecht ist nur Recht, das sich die Kirche selbst gibt. Staatliches Recht für die Kirche ist *Staatskirchenrecht* und als solches für die Kirche wie alles rechtmäßig gesetzte staatliche Recht grundsätzlich auch verbindlich. Daher ist es für die Praxis der Kirche von großer Bedeutung, wie der staatliche Gesetzgeber seiner Sicht der Dinge gemäß das religiöse Verhalten seiner Bürger und die Selbstorganisation Gleichgesinnter zu Religionsgesellschaften ordnet und teilweise auch durch Gewährung von Rechten erleichtert. Die Kirche wird vom Staat fordern, daß er das Menschenrecht der Glaubensfreiheit für alle Menschen wahrt, daß er die Rechtsstellung der Religionsgesellschaften mit Achtung vor ihrer Rolle als Treuhänderinnen solcher Menschenrechte ihrer Glieder regelt und sich den verschiedenen Kirchen gegenüber neutral und paritätisch verhält. Erst wenn der Staat mit Machtgeboten seine Grenzen überschreitet und von den Christen Verleugnung des Glaubens oder Mißachtung der Gottesgebote fordern würde, müßte die Kirche Gott mehr gehorchen als den Menschen und sich in gläubigem Ungehorsam gegen pervertiertes Staatskirchenrecht zum Martyrium bereithalten.

1.2.2. Versuche zur Begründung der Legitimität des Kirchenrechts

Die Faktizität von Kirchenrecht beweist noch nicht seine theologische Legitimität. Obgleich es Kirchenrecht gibt, könnten die Kirchen damit doch geistlich im Unrecht sein. Daher muß es eine Vorfrage für unsere weiteren Untersuchungen sein, ob das in der Kirche vorfindliche Recht zu bejahen oder zu verneinen, also zu pflegen und auszubauen oder zu bekämpfen und zu überwinden ist. Wissenschaftlich-kritische Beschäftigung mit dem Kirchenrecht muß mit der *Legitimitätsfrage* des Kirchenrechts einsetzen. In diesem und den folgenden Abschnitten wird von den Versuchen die Rede sein, das Kirchenrecht entweder aus dem Wesen der Kirche her zu begründen oder es aus dem anders verstandenen Wesen der Kirche her umgekehrt zu verneinen oder schließlich es in seiner besonderen Art als den Versuch einer Anleitung zu christlicher Zusammenarbeit zu verstehen.

Die erste dieser Grundantworten läßt sich auf die These zurückführen, Kirchenrecht müsse sein, denn es sei der Kirche von Anfang an stiftungsmäßig mitgegeben und gehöre daher in ihren Kernbereich. Das ist die Antwort des römischen *Katholizismus*, unseres bedeutendsten ökumenischen Gesprächspartners. Ähnlich denkt auch die orthodoxe Kirche. Nach den berühmten Kontroversthesen des *Tridentinischen Konzils* ist Christus den Menschen von Gott nicht nur als Erlöser gegeben, sondern auch als Gesetzgeber, dem sie zu gehorchen haben. Der gerechtfertigte Mensch ist also nicht nur zum Glauben, sondern gleichermaßen zum Gehorsam gegenüber den Geboten Gottes wie der Kirche berufen und ist so an eine gottgegebene Hierarchie verwiesen. Gottesgesetz, unabänderliches und allenfalls vom Menschen stufenweise erkanntes »*Jus divinum*« bindet demnach alle Menschen als »*Jus naturale*« oder als heilsgeschichtlich geoffenbartes »*Jus divinum positivum*« im Glaubensgewissen. Dazu zählen mit dem Kernbereich der kirchlichen Hierarchie- und Sakramentsordnung auch die Fundamente des römisch-katholischen Kirchenrechts. Neben dieses tritt, veränderlich und dispensfähig, das »*Jus humanum*«. Es läßt sich je nach Gesetzgeber und Regelungsbereich aufteilen in das staatliche Recht (»*Jus civile*«) und das kirchliche Recht (»*Jus humanum ecclesiasticum*«) als das von den zuständigen kirchlichen Oberen gesetzte menschliche Kirchenrecht; dies wird wieder nach geschriebenem Recht und nach Gewohnheitsrecht aufgegliedert. Das Zweite Vatikanische Konzil hat die Kirche zwar biblischer als eine geistliche Gemeinschaft und als den Leib Christi, als das wandernde Gottesvolk beschrieben; es hat aber zugleich doch wieder ihre Struktur als eine sichtbare, hierarchisch aufgebaute Gesellschaft und damit den Rechtscharakter der Kirche erneut bestätigt. Durch eine besondere Betonung des Amtes der Bischöfe und der gesamtkirchlichen Aufgabe des Bischofskollegiums hat das Konzil darüber hinaus neue Akzente des Kirchenrechts gesetzt, die in einer bevorstehenden Reform des kirchlichen Rechtsbuches »Codex iuris canonici« Gestalt gewinnen sollen.

Eine Abmilderung dieser These bedeutet die Auffassung, das Kirchenrecht sei jedenfalls eine notwendige Folgefunktion des Kirchenbegriffes. Dieses Verständnis des Kirchenrechts wird üblicherweise als das *konsekutive* bezeichnet und in Gegensatz gesehen zu einem *additiven* Verständnis des Kirchenrechts, für das Kirche und Recht sich bei grundsätzlicher Wesensverschiedenheit von unterschiedlichen Ausgangspunkten her verstehen und also erst im Wege der »Addition« Kirchenrecht bilden können; von ihm wird im folgenden Abschnitt die Rede sein. Das konsekutive Verständnis des Kirchenrechts ist im evangelischen Raume weithin in Gestalt der Erwägung gebräuchlich, Ordnung gehöre zum Wesen jeder Gemeinschaft und also auch zum Wesen der Kirche. In diesem Zusammenhang von einer »Heiligkeit der Ordnung« zu reden, heißt allerdings 1. Kor 14, 33 mißverstehen; Gott ist zwar »kein Gott der Unordnung«, aber auch kein Gott der Ordnung, sondern »ein Gott des Friedens«. Problematisch an solcher Argumentation erscheint weiter die, vom landeskirchlichen Sein auf das theologische Bewußtsein zurückschließende Gleichsetzung von kirchlicher *»Ordnung«* mit Rechtsordnung. Ordnung ist der gute Zustand eines Gemeinwesens, in welchem heute und also voraussichtlich auch zukünftig jeder in Zusammenarbeit und Rücksicht mit den anderen sinnvoll zusammenwirkt und alle Dinge an ihrem rechten Platze sind. Ein solcher Zustand guter Ordnung kann in einfachen, spontan sich bildenden oder besonders krisenhaften oder bedrängten Verhältnissen christlicher Zusammenarbeit auch ohne kirchenrechtliche Paragraphen, allein durch gutes Beispiel und guten Willen auskommen. Deshalb ist Kirchenrecht keine notwendige Folgerung aus dem Wesen der Kirche. Und auch wo es zum Zustand guter Ordnung dann ausdrücklicher Ordnungsregeln bedarf, ist damit die Ordnung selbst noch keineswegs bewirkt. Einleuchtender scheint demgegenüber der aus dem Konsekutivverhältnis sich ergebende *Folgecharakter* des Kirchenrechts gegenüber der Kirche selbst zu sein. Er wurde Anlaß zu vielfachen didaktischen Formeln. Die Ordnung der Kirche soll beispielsweise »das Gefäß für die Gotteskräfte der Gemeinde Christi«, »das Gewand ihres irdischen Daseins« sein. Eine *»Rechtskirche«* wird der *»Geistkirche«*, eine *charismatische* wird der *institutionellen, »verfaßten« Kirche* gegenübergestellt und als von ihr in Dienst genommen verstanden. Wie sich aber dieses Konsekutivverhältnis des näheren vollziehen soll, ist damit noch offen. Man ahnt, daß allein von einem solchen Ansatz aus sich Kirchenkrisen und Kampfzeiten schlecht meistern lassen. Für ein sich nur als Folgerung von einem angeblich über das Kirchenrecht erhabenen »Wesen der Kirche« ins Allgemein-Gesellschaftliche hinein verstandenes Kirchenrecht bleibt zwar der Druck eines »Heiligen Rechtes« vermieden. Die mit dem Rechtsdienst in der Kirche Betrauten aber werden letztlich an die vorfindlichen Modelle allgemeinen Rechtsdenkens verwiesen, solange die Beziehung zwischen Auftrag und Ordnung der Kirche nicht klarer wird.

1.2.3. Die rechtstheologische Bestreitung des Kirchenrechts (RUDOLPH SOHM)

Eine konsequent evangelische Antwort scheint demgegenüber auf den ersten Blick die Auffassung zu sein, das Kirchenrecht stehe mit dem geistlichen Wesen der Kirche in Widerspruch, es bedeute einen auf Kleinglauben beruhenden Sündenfall der Kirche.

Diese Auffassung spitzt die, eben erwähnte *»additive« Auffassung* vom Wesen des Kirchenrechts auf die These der Unvereinbarkeit der Summanden zu. Sie begegnet praktisch vor allem bei denjenigen christlichen Kleingruppen, die der evangelischen Kirche ihre Verfaßtheit und ihre Zusammenarbeit mit dem Staate vorwerfen und sich aus Glaubensgründen unter bewußtem Verzicht auf Rechtsformen als *»freie Gemeinden«* gestaltet haben oder ganz formlos leben.

Ihnen ist zuzugeben, daß es innerhalb der christlichen Großkirchen durchaus entartetes Kirchenrecht gegeben hat. Insbesondere eine übertriebene Anpassung kirchlicher Lebensformen an staatliche Rechtsordnung hat oft genug zu Verirrungen geführt. Aber Mißbrauch ist noch kein Argument gegen rechten Gebrauch. Und auch die meist bei genauerer Betrachtung doch recht feste, wenn auch ohne besondere Gesetzesformen geordnete Sozialgestalt der die rechtlich verfaßten Kirchen derart angreifenden Kleingruppen, erlaubt manche Gegenfragen.

Innerhalb der evangelischen Kirche selbst ist der theologische Angriff gegen das Kirchenrecht am energischsten von dem Leipziger Kirchenrechtslehrer RUDOLPH SOHM (1841–1917) vorgetragen worden. Sohms Kernsätze klingen eindeutig: »Das Kirchenrecht steht mit dem Wesen der Kirche in Widerspruch« – »Das Wesen der Kirche ist geistlich, das Wesen des Rechts ist weltlich« – »So ist die Geschichte des Kirchenrechts zugleich die Geschichte fortgesetzter Entstellung der kirchlichen Wahrheit gewesen« – »Die Kirche des Kirchenrechts ist nicht die Kirche Christi« – »Das Kirchenrecht bedeutet nach Luther nicht die Entfaltung der inneren Natur der Kirche . . ., sondern lediglich ein Kreuz, welches die Kirche Christi trägt«. Solche Formulierungen wirken zunächst recht überzeugend, zumal für Theologen, die sich schon einmal bei ihren theologisch wohlbegründeten Absichten mit dem kirchenrechtlich argumentierenden Widerspruch ihrer Kirchenbehörden auseinandersetzen und abfinden mußten.

Gegen Sohms Thesen liegt der Einwand nahe, sie seien von der Rechtslehre, dem theologischen Kirchenverständnis und der kirchenpolitischen Lage seiner Zeit beeinflußt. Und allerdings fällt seine Wirkung in die Jahrzehnte der Befreiung evangelischen Kirchentums aus den Fesseln eines rechtlich vermittelten landesherrlichen Kirchenregimentes. Sein *Rechtsbegriff*, der sich eng an die allgemeine Auffassung seiner Zeit anschließt, betont den Aspekt der Rechtsmacht und das Streben des Rechts nach zwangsweiser Verwirklichung. Die formale Natur der Satzung ist ihm wichtig; und das Recht findet für ihn seine Legitimation schließlich aus dem Gedanken nationaler Volksgemeinschaft. Sohms von solchen Voraussetzungen her vorgetragene Kirchenrechtskritik versucht daher zunächst einmal bewußt zu machen, daß ein aus diesem Zeitgeist heraus abgeleitetes Rechtsdenken mit einem Verständnis von Kirche, wie es gleichfalls durch die Epoche bedingt war, unvereinbar sei.

Heute leiten wir das Recht nicht mehr aus der Staatsautorität ab, sondern erkennen die Fähigkeit auch anderer und übergreifender Zusammenschlüsse zur Rechtssetzung an. Auch ist uns heute deutlicher, daß zum Wesen des Rechts zwar die Befolgungserwartung, aber nicht unbedingt auch die Zwangsdurchsetzung gehört (vgl. 1.2.1.). Und die Förmlichkeit der Rechtssprache ist nicht mit einem von der Rücksicht auf die Lebenssachverhalte absehenden Formalismus gleichzusetzen.

Jedoch macht die Einsicht in die Zeitbedingtheit ihrer Begründung Sohms These noch nicht in ihrer vollen Bedeutung bewußt und erklärt nicht die Faszination ihrer Weiterwirkung. Was Sohm aufbauend gewollt hat, wird hinter dem zunächst destruktiven Duktus seiner Thesen nicht leicht deutlich. Er hat sein kirchenrechtsgeschichtlich aufgebautes Hauptwerk nicht bis hin zu einer systematischen und breit genug ausgeführten Würdigung der gegenwärtigen Lage und ihrer Entwicklungsmöglichkeiten mehr fortsetzen können. Für sein *Anliegen* ist bedeutungsvoll, daß seine frühesten kirchenpolitischen Bemühungen der Beibehaltung einer eigenständigen kirchlichen Trauung galten, daß er später maßgeblich beim Evangelisch-Sozialen Kongreß mitarbeitete und sich noch im hohen Alter an die Spitze der Protestbewegung gegen die Lehrzuchtbestrebungen des Preußischen Oberkirchenrates stellte. Vieles spricht dafür, daß ihm letztlich die Umwandlung der protestantischen »Staatskirche« seiner Zeit in eine freiere Gestalt vorschwebte. Der Kirche selbst sollte keine Zwangsgewalt mehr eignen, auch ihre Geistlichen kein »Recht am Amt« gegenüber der Gemeinde beanspruchen; der Staat sollte seine Rechtsaufsicht über die Kirchen nur mehr liberal handhaben und diese dann eine Stellung etwa in der Mitte zwischen Landes- und Freikirche einnehmen. Der verbleibende Rest des Rechtes sollte von der Kirche ertragen werden. Diese Auffassung aber bedeutet gegenüber einem recht verstandenen evangelischen Kirchenrecht keinen durchschlagenden Einwand.

1.2.4. Kirchenrecht als Anleitung zu christlicher Zusammenarbeit

1.2.4.1. Zum Rechtsbegriff des Kirchenrechts

SOHM ist zuzugeben, daß sich ein auf Staatsmacht und Formalgeltung aufgebauter Rechtsbegriff nicht mit der Eigenart christlicher Kirche verträgt. Ein solcher Rechtsbegriff kann uns heute aber auch schon in Anwendung auf das allgemeine soziale Leben nicht zufriedenstellen. Eine auf die reine Formalstruktur von Sollenssätzen aufgebaute Rechtslehre mag allenfalls zum Auffinden rechtsdogmatischer Argumentationsketten erhellend sein. Neuere Rechtstheorien haben jedoch das Wesen des Rechts überzeugender von seiner gesellschaftlichen Funktion als *Verhaltensanweisung, Auftragszuschreibung, Konfliktregelungsmodell* her funktional beschrieben. Ein solches Verständnis kann besonders dem Theologen hilfreich werden, der beim »Recht« leicht an das »Gesetz« und bei diesem an das »Gesetz Gottes« denkt. Kirchenrecht ist menschliches Recht, von Menschen für Menschen gesetzt und angenommen, nur von da her zu verstehen und zu beurteilen.

Was mit einer funktionalen Regel gemeint ist, wird deutlich außerhalb des Rechtsbereichs etwa am Beispiel des für eine Wochenendfreizeit vereinbarten »*Tagesplanes*«. Ein solcher gibt Anweisungen für das von allen Teilnehmern erwartete Verhalten und will so zur Zusammenarbeit anleiten. Er erleichtert und ermöglicht weitgehend die Erreichung des gemeinsamen Zwecks und wird deshalb auch von der Erwartung getragen, daß sich alle nach seiner Ordnung richten. Wer ohne überzeugenden Grund gegen den Plan verstößt, dem droht zwar keine förmlich verhängte Beugestrafe, aber ihn erwartet doch als Störer der guten Ordnung die gemeinschaftliche Mißbilligung. Gleichwohl kann der Tagesplan abgeändert, etwa an eine veränderte Lage angepaßt oder sonst verbessert werden; denn er ist Mittel zum Zweck und gewinnt auch von seinem

Zweck her seine Bedeutung. Vielleicht kennt auch nicht einmal jeder Teilnehmer diesen Tagesplan; aber jedenfalls kann er ihn am Schwarzen Brett bei Bedarf nachlesen und er kommt auch schon ohne viel Nachfragen weit genug, wenn er sich nach dem guten Beispiel seiner Kameraden richtet. Auch im Bereich des allgemeinen Rechtes gibt es solche, aus gemeinschaftlicher Übung wachsende, optimaler Erreichung gemeinsam bejahter Zwecke dienende, mehr durch Prozeß und Entscheidung als durch Normsetzung von hoher Hand gebildete, kritik- und fortbildungsfähige Regelsysteme. Beispiele bieten aus dem staatlichen Bereich etwa die »Straßenverkehrsordnung« oder die »parlamentarische Geschäftsordnung«, beides typische *Konfliktregelungsmodelle*. Als solche enthalten sie zwar Elemente der Ausübung von *Macht* in dem Sinn, daß die jeweilige Minderheit sich der Meinung der Mehrheit und die je neu Hinzukommenden sich der Einigung der bereits Anwesenden einordnen müssen, wenn sie nicht auf Mitbeteiligung von vornherein verzichten wollen. Mit solcherart innerhalb der Strukturen menschlichen Zusammenlebens unvermeidbarer Machtausübung ist jedoch noch nicht *Herrschaft* oder gar *Zwang* verbunden, solange die funktionalen Regeln und Konfliktregelungsmodelle auf Zustimmung der Betroffenen angelegt, hinterfragbar und veränderlich bleiben.
Zum Bildvergleich für das Gemeinte ließe sich an die *Seekarten* denken. Nicht starr formuliert wie Fahrpläne, geben sie für den möglichen Kurs stets auch notwendigen Spielraum und machen so nicht nur dem einzelnen, sondern allen Schiffen gemeinsam die Seefahrt möglich. Sie haben ohne das hinzukommende Wagnis der tatsächlichen Kursfahrt in sich selbst noch keinen Sinn. Sie versuchen die Weitergabe von Erfahrungen der Vorgänger und sind deshalb dem Benutzer meist recht hilfreich. Sie können jedoch ebenso falsch sein wie nachträglich unzutreffend werden und fordern daher kritische Benutzung wie auch laufende Überprüfung. Gerade in dieser Begrenzung aber werden sie zu Hilfen und dürfen bejaht werden.

1.2.4.2. Kirchenrecht und Kirche

SOHM hat weiter damit Recht, daß zwischen menschlicher Rechtssetzung und -anwendung in der sichtbaren Kirche einerseits und dem von Christen geglaubten wahren Wesen des Leibes Christi auf Erden eine *Disparität* besteht. Nur ist dies keine Besonderheit des Kirchenrechts, sondern gilt für alle Lebensäußerungen der christlichen Kirche. Auch die Predigt der Kirche steht mit dem Worte Gottes, auch ihre Diakonie und Seelsorge mit der Liebe Christi in unaufhebbarer Spannung. Trotzdem darf und muß alles dies gewagt werden. Den theologischen Schlüssel für das Angebot und die Aufgabe, solche Spannung auf sich zu nehmen, gibt die Lehre von *Gesetz und Evangelium*. Wer sich die theologisch-systematisch unterschiedlichen Positionen in diesem Problembereich vergegenwärtigt, wird sich über die unterschiedlichen Akzentuierungen hinsichtlich der Funktion des Kirchenrechts nicht verwundern. Insbesondere die Kirchenrechtslehre JOHANNES HECKELs hat in subtiler Auslegung von Luthers rechtstheologischen Äußerungen zur *»Zweireichelehre«* die Ordnung der im regnum Christi lebenden *ecclesia spiritualis* einerseits auf das *Jus divinum positivum* von Wort-

verkündigung, Sakramentsstiftung und Schlüsselgewalt, andererseits auf eine im Hören auf das Gebot der Bruderliebe selbst geschaffene autonome Kirchenordnung der Christen abgestellt. Beides unterscheidet sich sowohl von dem im Reich der Welt oder in einer verweltlichten Scheinkirche geübten Rechte wie auch von dem Recht, welches rechte Obrigkeit als Werkzeug von Gottes Regiment zur Linken setzt. Demgegenüber hat etwa FRANZ LAU die Auffassung vertreten, die Kirche als ein *corpus permixtum* müsse jedenfalls für den Bereich des disziplinaren Vorgehens gegen unwürdige Amtsträger neben seelsorgerlicher Amtszucht auch weltliches und mit Zwang statt Liebe vorgehendes Recht zur Verfügung haben; das bedeutet ein Nebeneinanderstehen von aus Evangelium und aus Gesetz begründetem Kirchenrecht. Wiederum unterschiedlich von ihrem besonderen, christokratischen Ansatz her sehen KARL BARTH und ERIK WOLF das Kirchenrecht als eine *christokratische Ordnung*, in welcher die von Christus auferbaute Gemeinde der Christen sich ordnet, darstellt und für die rechtliche Verfassung der Welt vorbildhaft sich auswirkt.
Die so gegebenen, durch Folgerungen aus theologischen Grundentscheidungen bedingten Unterschiede des Kirchenrechtsverständnisses können von der Kirchenrechtswissenschaft allein nicht harmonisiert, sondern allenfalls dargestellt werden; eine Einführung der hier gegebenen Art muß sich dafür auf Andeutungen beschränken. Immerhin aber darf gesagt werden, daß alle genannten Positionen doch ein Gemeinsames haben. Sie setzen voraus und bringen zur Geltung, daß Kirchenrecht in Setzung und Anwendung zum Leben des Christen, zu seiner *Christusnachfolge* in der *Rechtfertigung* gehört und ihn auch auf diesem Felde zur Bewährung in der *Heiligung* gelebten Glaubens aufruft. Ebenso wie in den anderen Bereichen ihres Lebens, ist die christliche Kirche auch in der Setzung und Anwendung ihres Rechts »auf dem Wege«.
Weil ihr Gott die Rechtfertigung um Christi willen zuspricht, hat sie vor Gott ihr Recht gewonnen; um dieses gottgeschenkten Rechtes willen können ihre Glieder sich untereinander im Recht sehen und achten. Weil die Kirche aber auch als Gerechtgesprochene noch Sünderin bleibt, steht sie sich gerade auch bei dieser Aufgabe ständig selbst im Wege. So wird die den Umgang der Christen miteinander entwerfende Ordnung der Kirche immer im Zwielicht stehen, fragwürdig bleiben, paradoxe Ordnung bedeuten. Aber eine solche Bewertung teilt sie mit allen anderen »guten Werken«, die auch nicht rechtfertigen können und vergebungsbedürftig bleiben, dennoch aber als freies Geschenk der Güte Gottes gelingen und Gott zur Ehre dienen können. Ihr Kirchenrecht muß der Kirche ebenso vergeben werden wie ihre Predigt und Seelsorge; gleichwohl kann und soll auch das dieser Aufgabe gewidmete Bemühen innerhalb einer Gemeinde von Sündern an der Aufgabe der Christenheit mit teilhaben, die Herrschaft Jesu Christi zu bezeugen.

1.2.4.3. Die Funktion des Kirchenrechts

Solches Kirchenrecht hat auch in der Form des Rechts die *Funktion von Handlungsanweisungen*, insbesondere von Auftragszuschreibungen, Freiraumge-

währungen und Konfliktregelungsmodellen. Seine Sätze sagen etwas darüber, wie sich die Christen untereinander verhalten und wie sie in bestimmten Fällen miteinander umgehen sollen. Sie verdeutlichen, was im einzelnen von dem Träger eines bestimmten Auftrags an Einsatz erwartet wird und wie sich die übrigen Christen auf das Handeln dieses Beauftragten einstellen sollen. Sie treffen schließlich für den Fall Vorsorge, daß es durch verschiedene Auffassungen von alledem zwischen Christen zu einem Konflikt kommt, und entwerfen Modelle für seinen Ausgleich. Solche Hilfen wird sich die Kirche im Hören auf ihre Sache schaffen, sobald, soweit und solange die gegebenen Verhältnisse ihr Mittel, Zeit und Raum zu sozialen *Voraussetzungen des Kirchenrechts* gewähren.
Wo sich Christen im Unterwegs oder etwa in Verfolgung, im Schützengraben oder Gefangenenlager spontan zum gemeinsamen Beten und Hören zusammenfinden, ist eine besondere Form und Regel nicht vonnöten, ja wäre sogar hinderlich. Wo sie sich wiedertreffen und auf weitere Zukunft beieinander bleiben wollen, werden sie ganz von selbst allmählich auf die Notwendigkeit geführt werden, Vereinbarungen zu treffen und daraus Regeln zu entwickeln. Solche Anleitungen ergehen mit den Worten von heute auf Grund der Erfahrungen von gestern und wollen Hilfen für die Aufgaben von morgen sein. Sie auch als Recht zu bezeichnen, bedeutet für heutiges Rechtsverständnis keine Begriffsverschiebung. Ob es zu einem Recht der Kirche auch taugt und als solches von ihren Gliedern angenommen werden kann, ist eine Frage an seinen Inhalt und also nach der für das Kirchenrecht nach evangelischem Verständnis gegebenen bestimmenden und begrenzenden Weisung.
Wenn wir nun die schon früher (vgl. 1.2.2.) angedeuteten *»Unterscheidungsschemata«* des konsekutiven und additiven Kirchenrechtsverständnisses noch einmal in Erinnerung bringen, erkennen wir ihr Ungenügen gegenüber dem so entfalteten Kirchenrechtskonzept. Recht der Kirche ist ihr nicht so fremd, daß es als ein von außen erst Herangetragenes ihrem eigentlichen Wesen hinzugefügt und letztlich fremd bliebe. Andererseits ist die Existenz von Kirchenrecht keine konsekutive in dem Sinne, daß sie notwendig aus dem Dasein von Kirche sich ergeben müßte. Im Setzen und Handhaben von Kirchenrecht bleibt die Kirche bei ihrer Sache und tut kein fremdes Werk. Aber wo sie zum Setzen und Handhaben von Kirchenrecht nicht gelangt, da fehlt ihr deshalb noch nicht ein notwendiges Stück ihres Wesens. Am Beginn ihrer Geschichte hat zwar schon die Weisung ihres Herrn gestanden, aber noch kein Kirchenrecht im heutigen Sinne. Und in Missions- und Verfolgungszeiten hat Kirche gelebt, auch wenn sie ihr Leben nicht in kirchenrechtlichen Formen ordnen konnte.
Die evangelische Kirche in Österreich ist trotz jahrhundertelanger Verfolgung durch die staatliche und kirchliche Obrigkeit und trotz Fehlens aller Rechtsgestalt dennoch Kirche im Geheimprotestantismus geblieben.
Kirche würde auch in Zukunft noch nicht untergehen, wenn sie einmal ihr Kirchenrecht aufgeben müßte. Damit wird die kirchenrechtliche Arbeit an ihrem Ort nicht überflüssig, aber eine Grenze des Kirchenrechts wird sichtbar. Das Leben der Kirche geht nicht im Kirchenrecht auf.
Kirchenrecht hat, wie wir sahen, mit der planenden Ordnung des äußeren Miteinanders der Christen zu tun. Es braucht und will mit seinen Handlungsanwei-

sungen nicht alles vorsorglich regeln, was Christen miteinander verbindet. Wesentliches und Wichtiges ereignet sich zwischen Christen, ohne daß es kirchenrechtlich geregelt wäre oder auch nur einer Regelung bedürfte. Auch damit wird die kirchenrechtliche Arbeit an ihrem Ort nicht überflüssig, aber die Grenzen des Kirchenrechts werden sichtbar. Wo die, in seinem Wesen liegenden, Grenzen des Kirchenrechts beachtet werden, da bleibt das Kirchenrecht vor Überschätzung und Überforderung bewahrt. In einer diese Grenzen wahrenden Sachlichkeit aber kann es eine wichtige Hilfe dazu werden, daß äußere gute Ordnung in der Kirche gewahrt und dem, rechtlich nicht machbaren Wirken des Geistes die Bahn freigehalten wird.

Für ein solches Verständnis von Kirchenrecht bietet sich der, durch WILHELM STEINMÜLLER für die Kirchenrechtstheologie von HANS DOMBOIS geprägte Ausdruck einer »*realgeschichtlichen Methode*« an. Setzt man bei dem an, was Kirche real tagtäglich zu tun hat und worin sie geschichtlich lebt, so ist der Gegensatz von konsekutivem und additivem Verständnis überwindbar. Ebenso ist dann die Gegenüberstellung von monistischer und dualistischer Kirchenrechtsauffassung, wodurch die unterschiedliche Bewertung der Zugehörigkeit des Kirchenrechts zum allgemeinen Recht oder seine Eigengeartetheit betont werden soll, als überspitzt zu erkennen. Sieht man Kirchenrecht als dem allgemeinen Rechte zugehörig an, so muß man zugeben, daß es Voraussetzungen und Besonderheiten in sich birgt, die sich in die Grenzen des allgemeinen Rechts nicht einordnen lassen. Stellt man umgekehrt das Kirchenrecht um seiner Eigenart willen dem allgemeinen Recht gegenüber, so muß man doch eine weitgehende Gemeinsamkeit mit Sprache, Methode und Zielsetzung des umgebenden allgemeinen Rechtes einräumen. Realgeschichtliches Kirchenrechtsverständnis gibt beiden Erwägungen ihr relatives Recht. Realgeschichtliches Kirchenrechtsverständnis muß allerdings dann weiterfragen, wie es sich zu der Heiligen Schrift als der realen geschichtlichen Grundlage von Auftrag und Arbeit der Kirche stellen will.

1.3. Die Bestimmtheit des Evangelischen Kirchenrechts durch seine geistlichen Voraussetzungen

Alles evangelische Kirchenrecht, ob es nun die geistlichen Kernaufgaben von Glaubensverkündigung und Sakramentsvollzug, das Miteinander der Christen und ihre Dienste gemäß der Vielfalt aufeinander angewiesener Gaben oder nur scheinbar äußerliche Dinge regelt, wird bestimmt und begrenzt durch die biblischen Weisungen, die wir für diese Aufgaben im Hören auf die Schrift gemäß den unter uns geltenden kirchlichen Bekenntnissen als Gesetz und Evangelium gewinnen. Von ihnen erhält rechtes evangelisches Kirchenrecht seine konfessorische, liturgische, diakonische und emanzipatorische Ausrichtung.

Beispielhafte Quellenstellen:

Aus der Erklärung der Bekenntnissynode der Deutschen Evangelischen Kirche vom 29./31. Mai 1934 in Barmen zur Rechtslage der Deutschen Evangelischen Kirche (KJ 1933–44, 72):

1. Die unantastbare Grundlage der Deutschen Evangelischen Kirche ist das Evangelium von Jesus Christus, wie es in der Heiligen Schrift bezeugt und in den Bekenntnissen der Reformation neu ans Licht getreten ist.

...

Im Namen der Deutschen Evangelischen Kirche rechtmäßig zu sprechen und zu handeln sind nur die berufen, welche an der Heiligen Schrift und dem Bekenntnis der Kirche als ihrer unantastbaren Grundlage festhalten und beidem die maßgebende Geltung in der Deutschen Evangelischen Kirche wieder verschaffen wollen.

...

3. In der Kirche ist eine Scheidung der äußeren Ordnung vom Bekenntnis nicht möglich ...

Aus dem Vorspruch zur Ordnung des Kirchlichen Lebens der Evangelischen Kirche der Union vom 6. 5. 1955, Berlin 1955:

(3) Die Ordnung des kirchlichen Lebens ist kein Gesetz, dessen Erfüllung uns vor Gott rechtfertigt. Sie ist auch kein Gesetz, das jede einzelne Entscheidung in der Gemeinde schematisch regelt und die seelsorgerliche Verantwortung einschränkt oder gar aufhebt. Sie kann nur in solcher Verantwortung recht gehandhabt werden. Die Ordnung ist eine Regel, der sich niemand ohne gewichtigen Grund entziehen soll. Wer meint, in einem Einzelfall anders entscheiden zu müssen, der frage sich ernsthaft, ob er das Wort Gottes für sich habe. Er hole auch den Rat seiner Kirchenleitung ein.

1.3.1. Der Grundbezug des Kirchenrechts auf Schrift und Bekenntnis

Für das Evangelische Kirchenrecht ist gemäß seinen allgemeinen systematisch-theologischen Voraussetzungen die Berufung auf ein schon mit unmittelbarem Rechtscharakter eindeutig vorgegebenes »göttliches Recht« nicht angängig. Auch wo mit der Formel vom »*Jus divinum*« eine Legitimation von Kirchenrecht aus den theologischen Voraussetzungen von Kirche versucht wird, bleibt der postulierte Ertrag doch noch oberhalb der Ebene praktisch anwendbarer, rechtsförmiger Handlungsanleitung und bedarf erst konkretisierender Umsetzung in die Gestalt einer Rechtsform. Deshalb ist es auch nicht sinnvoll, ihn als Kirchenrecht im hier vorausgesetzten Sinne zu bezeichnen. Deswegen bleibt aber die Kirche bei ihrer Kirchenrechtssetzung doch nicht etwa mit sich selbst allein. Insbesondere durch die Ereignisse des deutschen *Kirchenkampfes* 1933–1945 und seine rechtstheologischen Erkenntnisse ist klar geworden, daß evangelisches Kirchenrecht nicht nur der Beliebigkeit zeitgeschichtlicher Strömungen oder der Zweckmäßigkeit praktischer Erwägungen überlassen werden darf. Wie kann hier zwischen Scylla und Charybdis ein Weg gefunden werden? Die sich so stellende Frage ist nicht nur eine solche der theologischen Begründung des Kirchenrechts; sie beschäftigt in allgemeinerer Form die *evangelische Ethik*. Menschliches Handeln hat sich an Gottes Gebot auszurichten; dieses trifft uns konkret in unsere jeweilige Geschichtlichkeit hinein und bleibt nicht zeitlose Wahrheit. Jedoch erweist es sich auch nicht etwa als nur punktuell und zufällig, sondern hat Teil an der Stetigkeit und Kontinuität des göttlichen Handelns mit der Welt. So werden die *Weisungen des Neuen Testaments*, auch bei voller Anerkennung der geschichtlichen Bedingtheit ihrer Gestalt, zu einem hervorgehobenen Zeugnis relativer, aber wirksamer Autorität. Die kirchlichen *Bekenntnisse* der reformatorischen Väter bilden für uns dabei den maßgeblichen Kommentar. Unter dieser Ausrichtung steht nicht nur die evangelische Ethik, sondern auch das evangelische Kirchenrecht.

Im deutschen Kirchenkampf 1933–45 kam die Formel vom »*Bekennenden Kirchenrecht*« dafür auf. Rechtssätze des Kirchenrechts bedeuten allerdings als solche noch nicht Bekenntnisaussagen. Sie wollen ja nicht etwa wie solche durch Schriftauslegung zur Predigt anleiten, sondern wollen das Miteinanderumgehen der Christen in der Kirche ordnen. Die Rede vom »bekennenden Kirchenrecht« erscheint aber deshalb sachgerecht, weil jedenfalls auch ein häretisches Kirchenrecht mit rechtsförmlicher Festschreibung schriftwidriger Strukturen vorkommen kann, so wie es beispielsweise der »*Arierparagraph*« des deutschchristlichen Kirchenregimentes 1933 bedeutet hat. Ihm mußte durch ein gehorsames Kirchenrecht widersprochen werden, das dadurch zu bekennendem Kirchenrecht wurde.

Allgemeiner gesprochen besagt das: Alle äußere Ordnung der Kirche muß bestimmt sein von dem Auftrag des Herrn der Kirche. Eben dieser Auftrag aber ist immer neu zu suchen und zu hören in der, nach den Bekenntnisschriften geschehenden und somit an der Mitte der Schrift ausgerichteten rechten Lehre der Kirche. Theologische Vorsprüche und Einleitungssätze neuerer Kirchenverfassungen sprechen solche Erwägungen demgemäß mit klarem, für das kirchliche

Recht kennzeichnendem Gehorsamsanspruch aus. Diesem Anspruch entsprechend ist nicht nur das »*Kirchliche Notrecht*« der Bekenntnissynoden des deutschen Kirchenkampfes 1933–1945, sondern schon die Reformation trotz und gerade wegen ihres vom Bekenntnis und Bekennen der Kirche her gegen aktuellen Mißbrauch des Kirchenrechts gerichteten Aufstandes geistlich und rechtlich legitim gewesen.

1.3.2. Die Problematik biblischer Voraussetzungen für das Kirchenrecht

Die Frage ist, ob sich von solcher Bekenntnisbestimmtheit des evangelischen Kirchenrechts her über allgemeine Postulate hinaus auch deutlichere Linien in Richtung auf kirchenrechtliche Einzelfragen ziehen lassen. Die Bekenntnissynoden des deutschen Kirchenkampfes 1933–1945 hatten auf diese Frage noch keine Antwort geben können; sie mußten es bereits in Barmen der theologischen Weiterarbeit innerhalb der einzelnen Bekenntnisse anheimstellen, was ihre Erkenntnisse im einzelnen noch bedeuteten.

Mein erster Lehrer des Kirchenrechts, der 1977 verstorbene Freiburger Professor ERIK WOLF hat in diesem Zusammenhang besonders die Bedeutung der »Biblischen Weisung« für das Kirchenrecht herausgestellt. In seinen nach dem Kriege gehaltenen programmatischen Vorträgen, in Kernabschnitten seines großen Kirchenrechtshandbuches und in späteren rechtstheologischen Einzelstudien hat er ihr Wesen zu verdeutlichen gesucht. Demnach sieht er in ihnen vor allem grenzensetzende Richtschnuren: was ihnen widerspricht, ist ungültig; was vor ihnen Bestand hat, muß sich nach ihnen ausrichten.

ERIK WOLF war reformierten Bekenntnisstands; worum es ihm ging, ist aber auch bei lutherisch denkenden Rechtstheologen der Sache nach zu finden. JOHANNES HECKEL etwa erhebt aus LUTHERs Rechtstheologie ein neutestamentliches Jus divinum positivum ecclesiae spiritualis mit allem kirchlichen Recht vorhergehenden »Richtpunkten«. Dazu gehören im Bereich der Kirche deren Auftrag zur Wortverkündigung, die beiden Sakramente, die Grundrechte der Bruderliebe, Freiheit und Rechtsgleichheit unter Christen, die Schlüsselgewalt und das Predigtamt der Kirche. Allerdings stehen für ihn, dem der Entfaltung von LUTHERs kirchenrechtlichem Denksystem gewidmetem Ziel seiner Bemühung entsprechend, weder die einzelnen Rückbindungen dieser Richtpunkte an die Heilige Schrift noch eine Auseinandersetzung mit ERIK WOLFs Theorem im Mittelpunkt seines Interesses.

HANS DOMBOIS geht vom Missionsbefehl als maßgeblicher Ordnung christlicher Nachfolge aus. Er wertet die Taufe als Rechtsvorgang, das Herrenmahl als kirchenrechtlich bedeutsames Strukturelement; er sieht die Ordination biblisch begründet und erhebt aus alledem Grundformen des Kirchenrechts. Hier überall erscheint jedenfalls der Sache nach das aufgenommen, was ERIK WOLF mit »Biblischen Weisungen« gemeint hat. Der Einfachheit und Klarheit halber bezeichne ich im folgenden die biblischen Voraussetzungen für das Kirchenrecht als „Weisungen", ohne damit für diesen Ausdruck eine Alleingeltung in Anspruch nehmen oder ERIK WOLFs rechtstheologische Voraussetzungen verbindlich machen zu wollen.

Es liegt nahe, dem Gedanken einer kirchenrechtlichen Bedeutung biblischer Weisungen gegenüber auf die Gefahr eines Evangelium und Gesetz verkürzenden »*Jus biblicum*« zu verweisen. Durch diese Gefahr aber wird die Bedeutung der biblischen Weisungen nicht entkräftet. Solche Warnungen können nur einen Mißbrauch, nicht den sachgemäßen Gebrauch treffen; sie lassen sich mit ebenso viel oder wenig Recht auch gegenüber einer biblisch verantworteten Ethik oder gegenüber der Textpredigt erheben. Allerdings darf, wie MICSKEY geistvoll dazu betont hat, dann die biblische Weisung nicht nur als eine „begründete Bestätigung und bestätigende Begründung" des vorhandenen Kirchenrechtes angesehen werden, sondern muß als dessen kritisches Gegenüber in Erscheinung treten.
Die reformatorische Lehre vom »dritten Gebrauch des Gesetzes« Gottes weist den im Glauben gerechtfertigten Christen gerade darauf hin, das ihm in der biblischen Paränese begegnende Wort Gottes zur Richtschnur seines Lebens in der christlichen Heiligung werden zu lassen; dazu gehört auch sein Umgang mit anderen Christen innerhalb der Aufgaben der christlichen Gemeinde, wie sie auch den Regelungsbereich des Kirchenrechts darstellen. Möglichen Bedenken gegenüber sollte berücksichtigt werden, daß biblische Weisungen ebenso wie biblische Perikopen überhaupt stets im Blick auf ihren literarischen und historischen Kontext, mit Unterscheidung zwischen »Schale und Kern« und vor allem in Verantwortung vor dem Generalskopus der Schrift gelesen sein wollen. Nichts anderes ist gemeint mit der Aufforderung, sie nach *Anleitung der Bekenntnisse* zu lesen und zu verstehen. Denn auch die Bekenntnisschriften verweisen uns letztlich wieder auf die Heilige Schrift selbst.
Biblische Weisungen entfalten ihre Bedeutung für das Kirchenrecht nicht in wörtlicher Anwendung, sondern das von ihnen hier und jetzt Gewiesene wird erst deutlich, wenn wir sie ebenso im Kontext der Heiligen Schrift insgesamt wie vor dem Hintergrund der uns jeweils vorgegebenen Verhältnisse zu verstehen suchen. Eben deshalb sind sie, da es ihnen an rechtsförmig anwendbarer Bestimmtheit mangelt, auch nicht selbst Rechtssätze, sondern grenzsetzende und ausrichtende Weisungen. In beiden *Funktionen* haben sich biblische Weisungen durchgesetzt, als in den Anfangsjahren der Reformation die für die evangelische Predigt gewonnenen Gemeinden und Theologen nach Lebensformen suchten. Mit der Bibel konnten sie Freiheit von den als untragbar empfundenen herkömmlichen Kirchenrechtssätzen gewinnen und evangeliumsgemäßer christlich zusammen leben. Insgesamt bedeuten die biblischen Weisungen im hier vertretenen Verständnis den Versuch, im Bereiche der Ordnung der Kirche die von Gott vorgegebenen Grundbedingtheiten ihres Auftrages festzuhalten, ohne dabei das Verwiesensein auf ihren jeweiligen geschichtlichen Ort zu übersehen und ohne in unkritischen Biblizismus oder geistlosen Formalismus zu verfallen. Wie SCHLAICH innerhalb eines Plaidoyers für einen einheitlichen Rechtsbegriff im Kirchenrecht ausführt, wird dabei die „Ausstrahlungswirkung der Vorgaben Aufträge und Anrufe des Evangeliums" auf das Kirchenrecht je nach den verschiedenen Themenbereichen vom Gottesdienst- bis zum Reisekostenrecht und nicht ohne Wechselwirkung zur jeweiligen Lage differenzieren.

1.3.3. Der neutestamentliche Befund zu Fragen des Kirchenrechts

1.3.3.1. Kriterien

Wenn wir uns durch die unter uns geltenden Bekenntnisschriften auf die Mitte der Schrift haben hinführen lassen, wird uns auf der Suche nach den näheren biblischen Weisungen für die Art und Weise des Miteinanderlebens mit anderen Christen die dankbare, dem Evangelium vertrauende Nachfolge wichtiger sein als ein, womöglich nur gesetzlich argumentierendes Sammeln von jeweils für sich gelesenen Einzelstellen. Aber auch eine Jesus Christus als die Mitte der Schrift in den Mittelpunkt stellende Bemühung um biblische Weisungen kann nicht davor die Augen verschließen, daß uns innerhalb des Neuen Testaments die mit der Autorität Jesu Christi und seiner Apostel geltend gemachte Weisung für unser christliches Miteinanderleben in der Kirche in manchen Perikopen mit besonderer Deutlichkeit und Dringlichkeit entgegentritt. Gerade wenn wir jeden einzelnen Textabschnitt von der Mitte des Neuen Testaments her verstehen und von dem Ganzen seiner Botschaft nicht isolieren wollen, darf eine um nachfolgenden Gehorsam bemühte evangelische Kirchenrechtswissenschaft auch den Versuch einer Zusammenstellung der herausgehobenen, für die Grenzsetzung und Richtungsbestimmung evangelischen Kirchenrechts bedeutsamen neutestamentlichen Weisungen nicht scheuen. Wer biblische Weisungen als grundlegend für evangelisches Kirchenrecht ansieht, muß deutlich machen, was er damit im einzelnen meint. Deshalb soll hier mit den gebotenen Vorbehalten der Versuch gewagt werden, Kriterien für die Auffindung dieser Weisungen zu formulieren und diesen gemäß auch Belegstellen zu nennen und zu ordnen. Das Ergebnis wird zeigen, daß dieses Vorgehen auf einen Grundbestand kirchenrechtlichen Konsenses zurückführt.
Weisungen zeichnen sich in ihrer literarischen Form dadurch aus, daß sie schon im Wortlaut trotz des Fehlens einer rechtsförmigen Eindeutigkeit doch auf ein deutliches Verhaltensziel hin-»weisen«. Sie geben, sich darin von den durch Ernst Käsemann erhobenen »Sätzen heiligen Rechtes« prophetisch-urgemeindlichen Rechtshandelns unterscheidend, eine auf Dauer und allgemeine Geltung angelegte, konkretisierungsfähige und -bedürftige Paränese, die als solche den mitdenkenden Gehorsam der Nachfolge erwartet. Eine Weisung für das Kirchenrecht wird sich weiter mit dem Gegenstand eben dieses Kirchenrechts befassen, also mit dem äußeren Umgang der Christen miteinander; als Weisung an die Gemeinde des Neuen Bundes werden sie im Neuen Testament zu finden sein.

1.3.3.2. Versuch einer Zusammenstellung

Gemäß diesen Kriterien sollen nun zehn Gruppen biblisch-neutestamentlicher Hinweise für die Ordnung des christlichen Gemeindelebens beispielhaft zusammengestellt werden:
Zunächst sind dabei drei grundlegende Herrenworte zu nennen, die in Wort und Sakrament Gemeinde stiften, nämlich:

1) Der *Auftrag zur Verkündigung* des Glaubens an die Welt
   – Mt 28, 19 f. (»Gehet hin und machet zu Jüngern alle Völker . . .«); Luk 24, 46 ff.; Mk 16, 15.

2) Der *Taufbefehl*
   – Mt 28, 19 b (»Taufet sie auf den Namen des Vaters und des Sohnes und des Heiligen Geistes!«); Mk 16, 16.

3) Der *Herrenmahlsbefehl*
   – Luk 22, 19 (»Das tut zu meinem Gedächtnis!«); 1 Kor 11, 23 ff.

Hier wird zugleich ersichtlich, daß diese biblischen Hinweise sich in den kirchenrechtlich relevanten Aussagen der reformatorischen Bekenntnisschriften wiederfinden, wofür Art. VII und VIII der Augsburgischen Konfession als Beispiel genügen mögen.

In den Evangelien finden sich weiter drei Gruppen förmlicher Weisungen für das Zusammenleben der Christen untereinander. Sie richten sich auf das Werden »christokratischer Bruderschaft« und lassen sich zusammenfassen als

4) Die Weisung zum *Rechtsverzicht* statt Richten
   – Mit 5, 39 ff (»Ich aber sage euch, daß ihr nicht widerstreben sollt dem Übel«); Röm 12, 9 ff.; 1 Kor 6, 1 ff.; 1 Petr 3, 8 f.

5) Die Weisung zum *Dienen* statt Herrschen in kirchlichen Aufträgen
   – Mt 20, 26 (»Wer groß sein will unter euch, der sei euer Diener; und wer der Erste sein will unter euch, sei euer Knecht!«); Mt 16, 24 ff.; Joh. 13, 1 ff.

6) Die Weisung zu nachgehender, verbindlicher *Seelsorge*
   – Mt 18, 15 ff. (»Sündigt aber dein Bruder, so gehe hin und halte es ihm vor zwischen dir und ihm allein!«), Joh 20, 19 ff. (»Schlüsselgewalt« der Jünger Jesu), Gal 6, 1 f.; Jak 5, 16.

Auch hier darf daran erinnert werden, daß die Augsburgische Konfession von der besonderen, ohne äußere Zwangsgewalt wirkenden Weise der geistlichen Kirchenleitung und Schlüsselgewalt spricht (Art. 28).

Daneben stehen drei Weisungen über die Gestaltung der gemeinsamen Arbeit der christlichen Gemeinde, nämlich

7) Die Weisung zur Wahrung der *Vielheit der Gaben und Dienste*
   – 1 Kor 12, (19 ff.) 27 (»Ihr aber seid der Leib Christi und Glieder, ein jeglicher nach seinem Teil«); Röm 12, 3 ff.; Eph 4, 7 ff.

8) Die Weisung zur *innergemeindlichen Schlichtung*
   – 1 Kor 6, (1 ff.) 5 (»Ist so gar kein Weiser unter euch, auch nicht einer, der da könnte richten zwischen Bruder und Bruder?«); Apg 15; Gal 2.

9) Die Weisung zur *Freistellung der Beauftragten von hinderlicher Arbeit*
   – 1 Kor 9, (3 ff.) 14 (»So hat auch der Herr befohlen, daß, die das Evange-

lium verkündigen, sollen sich vom Evangelium nähren«); Luk 10,7; Gal 6,6; 1 Tim 5, 18.

Die Antriebe aller dieser Weisungen sind zusammengefaßt in der

10) Weisung zu *ökonomischer Einigkeit*
 – Eph 4, (1 ff.) 3 (»Seid fleißig, zu halten die Einigkeit im Geist durch das Band des Friedens!«); Joh 17, 11 ff.; 1 Kor 1, 10 f.; 1 Petr 2, 17.

1.3.3.3. Ökumenische Kontroverspunkte

Lehre und Kirchenrecht nichtevangelischer Christen nimmt teilweise auch noch weitergehende biblische Weisungen als nach ihrer Auffassung verbindlich in Anspruch, ohne daß die evangelische Kirche dem folgen könnte. Immerhin soll von diesen Unterschiedlichkeiten hier die Rede sein.
Es geht zunächst um das von der römisch-katholischen Kirche als charismatisch-diakonisches »Amt der Einheit« den Bischöfen zu Rom zugeschriebene geistliche Herrschaftsamt (*Papsttum*). Es wird als fortbestehendes »Petrusamt« nach Mt 16, 18 f. zu begründen gesucht. Das Pauluswort über die besondere Kleidung und das Schweigen der *Frauen in der Gemeinde* – 1 Kor 11, 4 ff.; 14, 34 ff. – ist inzwischen von evangelischer Theologie und Kirchenrechtssetzung wohl einhellig als ein paränetischer Ratschlag auf Grund der damaligen tatsächlichen Gemeindesituation erkannt worden. Es verbietet sich, auch im Blick auf Jesu eigenes Verhalten, für die Rechtsstellung der Frauen in Gemeinde und kirchlichem Amt daraus repressive Einschränkungen abzuleiten.
Die Perikope von der *Fußwaschung* enthält in ihrer johanneischen Fassung – Joh 13, 3 ff. – eine ausdrückliche Weisung zur Wiederholung. Dementsprechend halten die Adventisten und Mennoniten den Brauch einer gottesdienstlichen Fußwaschung; auch in der römisch-katholischen Kirche hat er in der Gründonnerstagliturgie, besonders in Kathedral- und Klosterkirchen seinen Platz. Die Kirchen der Reformation haben in dieser Perikope keinen auf eine liturgische Handlung gerichteten Wiederholungsbefehl erblickt und sind jedenfalls insoweit damit in der Tradition der Alten Kirche geblieben, als auch diese in der Perikope nicht die Stiftung eines Sakramentes gesehen hat. Um so mehr sollte evangelisches Kirchenrecht sie als Aufruf dazu empfinden, in allen ihren Strukturen das Abrücken von dem Modell einer Herrschaftsausübung und die Ausrichtung auf eine Grundhaltung des Dienens zu verdeutlichen.
Zum Wesen und zur Bedeutung der *Ordination* als unter Handauflegung vollzogener Einsetzung zum geistlichen Amt der Kirche, soll später im Zusammenhang mit dem Wege ins Pfarramt ausführlicher Stellung genommen werden (vgl. 3.4.2.). Hier ist vorweg festzuhalten, daß es sich bei ihr allerdings um einen ehrwürdigen altkirchlichen Brauch handelt, der zwar nicht im eigenen Handeln Jesu, wohl aber in der Apostelgeschichte (6, 6; 13, 3) und den Pastoralbriefen (1 Tim 4, 14; 2 Tim 1, 6) Vorbilder findet. Er sollte schon um seiner ökumenischen Bedeutung willen beibehalten werden. Den genannten Schriftstellen fehlt aber ein genügend deutlicher Hinweis auf eine Unverzichtbarkeit dieses Brau-

ches als christus-bezogener Lebensform. Ich vermag daher hier keine biblische Weisung in dem hier vorausgesetzten Sinne zu erblicken, auch wenn teilweise die Ordination als kirchenrechtliche Grundstruktur oder von Gott selbst so befohlene Einsetzungshandlung gewertet und ihr von der römisch-katholischen Kirche sogar sakramentaler Charakter zugesprochen wird. Die neutestamentlichen Eidesverbote (Mt 5, 33 f.; Jak 5, 12) sind von den Reformatoren nicht als eine das geordnete Rechtswesen berührende Weisung verstanden worden. Gleichwohl sollten auch kirchenrechtliche Ordnungen gelegentlich deutlicher erkennen lassen, daß unter Christen ein schlichtes „Ja" oder „Nein" keiner förmlichen Bekräftigung bedarf.
Diese Erwägungen erheben weder Anspruch auf Vollständigkeit noch auf Überschneidungsfreiheit. Sie wollen zu weiterführenden Überlegungen anregen und zu einem Überdenken auch weiterer Schriftstellen auf ihre Bedeutung für die Ordnung der Kirche führen. Die gebrachte Zusammenstellung möchte vor allem zeigen, daß die biblischen Weisungen tatsächlich eine verpflichtende Hilfe für den Umgang der Christen in der Gemeinde miteinander bedeuten.
Für die Anerkennung als solche biblische Weisung kann dabei nicht letztlich entscheidend sein, ob und mit welchem Grade der Wahrscheinlichkeit die wissenschaftliche neutestamentliche *Textkritik* ihren Charakter von verba ipsissima Jesu oder eines Apostels als historisch gesichert bestätigt. Wenn hier ein auf das christliche Miteinander bezogenes, in apodiktischer Gebotsform ausgedrücktes Wort innerhalb des neutestamentlichen Kanons tradiert wurde, so wird darin auch für uns seine Bedeutung für die »kirchengründende Predigt« im Blick auf die Ordnungsfrage unterstrichen. Besonders wenn eine solche Weisung in der Form eines Herrenwortes überliefert wurde, wird der darin liegende Anspruch auch für uns heute deutlich.

1.3.4. Die Ausrichtung des Schrift und Bekenntnis folgenden evangelischen Kirchenrechts

In den biblischen Weisungen sieht sich die Kirche hinsichtlich ihrer Rechtsgestalt im Spiegel ihres Ursprunges. Von diesem Ursprung her begründet sich vor allem die ökumenische Bedeutung der biblischen Weisungen. Sie sind zwar nicht ein gemeinsames Arsenal grundlegender Kirchenrechtssätze; dazu fehlt es den biblischen Weisungen an der für Rechtssätze erforderlichen rechtsförmlichen Bestimmtheit. Wohl aber bringen die Weisungen alles sich vor ihnen verantwortende Recht jeder christlichen Teilkirche in eine gleiche Richtung; das führt zur Möglichkeit weithin im Grundsätzlichen sich anbahnender *Rechtsgemeinsamkeiten* in den verschiedenen christlichen Kirchen und Konfessionen, insoweit sie auch bei ihrer Rechtssetzung im Hören auf die Schrift verbleiben. So gesehen gestatten die biblischen Weisungen schließlich die Herausarbeitung von Grundstrukturen des Kirchenrechts, wie sie sich in der Geschichte des Kirchenrechts oftmals wiederentdecken lassen und sinnvoll auch Neuordnungen zugrunde gelegt werden.
Gerade ein evangelisches Kirchenrecht wird seine Evangeliumsbezogenheit darin zeigen, daß es im Gefälle der es bestimmenden biblischen Weisungen eine

prägende Ausrichtung findet. Diese läßt sich als konfessorische, liturgische, diakonische und emanzipatorische Ausrichtung zusammenfassen.

Konfessorisch zeigt sich evangelisches Kirchenrecht dadurch, daß es, obzwar nicht selbst Bekenntnis, doch zur Mitteilhabe an der Bekenntnisaufgabe der Kirche strebt. Das geschieht allerdings nicht schon durch Einbau dogmatischer Formeln in rechtliche Regelungen oder mittels einer Ersetzung juristischer Präzision durch predigtförmige Argumentation. Teilhabe am Bekennen der Kirche oder aber die Verfehlung einer solchen kommt besser in der Art und Weise zum Ausdruck, wie das Kirchenrecht mit dem vom Bekennen der Kirche Gemeinten umgeht und auf das von diesem Bekennen Erwartete selbst antwortet. Bedeutsam dafür könnte etwa die Frage werden, ob eine bestimmte Regelung beispielsweise des Pfarrerdienstrechts das vom Bekenntnis der Kirche bezeugte und von dem Bekennen des christlichen Glaubens erwartete grundsätzliche Vertrauen zu Gott und um Gottes willen auch zu den Menschen erkennen läßt. Wo es dagegen umgekehrt die Bestimmtheit durch ein grundsätzliches Mißtrauen erkennen ließe, würde auch die vollmundigste Präambel das tatsächliche Verlassen des Bekenntnisses nicht mehr lange verbergen. Wo der konfessorische Charakter des Kirchenrechts gewahrt bleibt, werden Schrift und Bekenntnis seine maßgeblichen und grenzsetzenden Wegweiser.

Liturgisch zeigt sich evangelisches Kirchenrecht dadurch, daß es seinen Bezug zum Gottesdienst der christlichen Gemeinde als eine Grundausrichtung erkennen läßt. Kirchenrecht hat sich schon in der Alten Kirche im wesentlichen dadurch entwickelt, daß die Aufgabe einer Vorausplanung des gottesdienstlichen Lebens nach festen Regeln strebte. Ähnliches ließe sich für die kirchenrechtlichen Neuordnungen der Reformation aufzeigen. Und auch wenn es durch besondere Umstände heute noch einmal zu der Notwendigkeit kommen sollte, für die Selbstordnung des Lebens einer christlichen Gemeinde ganz von vorn beginnend eine Form zu finden, so würde dabei die Gestaltung und Sicherung ihres gottesdienstlichen Lebens an die erste Stelle gehören. Je mehr innerhalb einer kirchlichen Gesetzgebung erkennbar bleibt, daß alle ihre Einzelregelungen erst in dem Lebensvollzug der gottesdienstlichen Gemeinde ihren Sinn erhalten, desto gehorsamer hat sie dem liturgischen Grundzug ihres Wesens entsprochen. Je deutlicher dagegen statt dessen beispielsweise die Kompetenzprobleme kirchlicher Organe in den Vordergrund geraten, umso mehr ist der Gehorsam gegenüber den alles Kirchenrecht legitimierenden biblischen Weisungen bedroht. Von den Folgerungen aus diesem liturgischen Charakter des Kirchenrechts für seine Strukturen wird noch die Rede sein (vgl. 2.1.).

Diakonisch zeigt sich evangelisches Kirchenrecht dadurch, daß einem nach dem Vorbild der Fußwaschung Jesu auf Eigenanspruch verzichtenden, tätig demütigen Helfen Raum und Auftrag gegeben wird. Dazu reicht nicht hin, wenn in den Abschlußkapiteln einer Kirchenverfassung einige Paragraphen hindurch von der Diakonie geredet wird oder Aufgaben der Inneren Mission in den Pflichtenkatalog kirchlicher Amtsträger eingearbeitet werden. Gerade weil Kirchenrecht bestimmten Amtsträgern auch Amtsaufträge zuschreiben muß, liegt die Gefahr einer Festschreibung von »Oben« und »Unten« auch für den Raum der Kirche besonders nahe. Erst die Einzelheiten der Ausgestaltung eines kirchlichen Amtes und die dem Amtsträger im Verhältnis zu den seiner Arbeit Anbefohlenen zugedachten Aufgaben können den diakonischen Grundbezug evangelischen Kirchenrechts anschaulich machen, aber je und dann auch das Abirren von ihm bloßlegen. Die Nagelprobe auf den diakonischen Charakter des Kirchenrechts wird Art und Geist seiner Anwendung bringen.

Als ein konfessorisches, liturgisches und diakonisches Recht wird sich evangelisches Kirchenrecht schließlich auch *emanzipatorisch* auswirken. Es richtet sich an das von Gott zu seinem Dienst befreite Volk, das ihm folgend zu ihm hin unterwegs ist, wie das Gottesvolk des Alten Bundes aus der ägyptischen Knechtschaft. Es steht in der Erwartung einer neuen Welt Gottes, in der sein durch ihn freigemachtes Volk ihm in ewiger Freiheit dienen wird. So darf und soll evangelisches Kirchenrecht als Ordnung der Befreiten die Christen in allen seinen Anweisungen sehen. Es wird sie als solche sehen und zu behandeln haben, die zur Freiheit berufen sind und in ihrem Miteinander jetzt schon Zeichen dieser Freiheit setzen, indem sie sich gegenseitig um der Freiheitsverheißung wie des Gehorsamsanspruches Gottes willen geschwisterlich zur Freiheit helfen. Damit sind die Haltungen gemeint, die JOHANNES HECKEL in scharfsinniger Analyse von Luthers kirchenrechtlichen Äußerungen als die drei göttlichen *Grundrechte des gläubigen Christen* herausgestellt hat: »Bruderliebe, Gleichheit, Freiheit«. Mein verehrter Wiener Kollege KURT LÜTHI hat diesen Gesichtspunkt anläßlich einer Ansprache zu meinem Abschied so formuliert: zu dem utopischen Element des evangelischen Kirchenrechts muß die konkrete Bemühung treten, welche sich mit Mut und Phantasie für eine „humane Kirche" einsetzt.

Wo evangelisches Kirchenrecht sich auf dem Wege zu diesen Zielen als Zeichen und Hilfe deutlich macht, hat es mit der Ausrichtung auf die biblischen Weisungen Ernst gemacht und bedeutet eine Hilfe zum Werden der christlichen Kirche im Sinne der Dritten Barmer These als einer »Gemeinde von Brüdern, in der Jesus Christus in Wort und Sakrament durch den Heiligen Geist als der Herr gegenwärtig handelt«. Ob dies auch in seinen Folgerungen ernst genommen oder zugunsten einer Anpassung an Ordnungsmodelle anderer Herkunft doch wieder zurückgestellt wird, zeigt sich exemplarisch besonders im Amtshandlungsrecht (vgl. 2.4.) und im Pfarrerdienstrecht (vgl. 3.4.).

1.4. Quellen und Auslegungsgrundsätze des evangelischen Kirchenrechts

Im evangelischen Kirchenrecht stellt sich die Kirche, aus den Erfahrungen von gestern schöpfend und mit den Worten von heute redend, für die Fragen von morgen ihre Ordnung bereit. Kirchenrechtlicher Stil ist heute der des auch im staatlichen Raum üblichen Gesetzesrechts.
Quellen heutigen evangelischen Kirchenrechts sind zunächst die unterschiedlichen kirchlichen Rechtssätze, daneben das kirchliche Gewohnheitsrecht. Auslegungsmittel der kirchenrechtlichen Texte sind vor allem ihr Zusammenhang und ihre Entstehungsgeschichte, sowie die ihren Sinn und Zweck setzende biblische Weisung.

Beispielhafte Quellenstellen:

Aus der Kirchenordnung der Evangelischen Kirche im Rheinland vom 2. Mai 1952 (KABl 57, ABl EKiD 167) / 15. Januar 1981 (KABl 39; ABl EKiD 151):

Grundartikel
. . .
In dieser Bindung an Schrift und Bekenntnis, die auch für die Setzung und Anwendung ihres gesamten Rechtes grundlegend ist, gibt sich die Evangelische Kirche im Rheinland die folgende Ordnung:

Art. 1
Gebunden an Jesus Christus, den Herrn der Kirche, urteilt die Evangelische Kirche im Rheinland über die Lehre und gibt sich ihre Ordnungen. In der gleichen Bindung und in der darin begründeten Freiheit gibt sie sich ihre Leitung, überträgt und entzieht sie ihre Ämter und Dienste und erfüllt sie ihre Aufgaben.

Aus der Kirchenordnung der Evangelisch-lutherischen Kirche in Oldenburg vom 20. Februar 1950/20. 10. 1970 (KABl 1950, 135; ABl EKiD 1953, 265):

Art. 114
Das Recht der Gesetzgebung für die Kirche hat die Synode. Gesetzesvorlagen werden vom Oberkirchenrat oder aus der Mitte der Synode eingebracht.

Art. 115
Kirchengesetze werden von der Synode mit einfacher Mehrheit beschlossen. Abänderungen und Auslegungen der Artikel . . . der Kirchenordnung bedürfen einer Mehrheit von zwei Dritteln aller Synodalen.

Art. 116
Kirchengesetze werden vom Oberkirchenrat im Gesetz- und Verordnungsblatt veröffentlicht. Sie treten, wenn nichts anderes bestimmt ist, am siebenten Tage nach Ablauf des Tages in Kraft, an dem das Gesetz- und Verordnungsblatt am Sitz des Oberkirchenrats ausgegeben ist.

Art. 117
Solange die Synode nicht versammelt ist, kann der Oberkirchenrat in Fällen, die keinen Aufschub dulden, Fragen, die der Regelung durch Gesetz bedürfen, mit Zustimmung des Synodalausschusses durch Verordnung regeln. Die Verordnungen sind im Gesetz- und Verordnungsblatt zu veröffentlichen.
Die auf Grund dieser Zuständigkeit erlassenen Verordnungen sind der Synode auf ihrer nächsten Tagung zur Bestätigung vorzulegen. Wenn die Synode die Bestätigung versagt, sind sie aufzuheben.
...

Art. 118
Der Oberkirchenrat kann im Rahmen seiner Aufgaben und zur Ausführung von Kirchengesetzen allgemeine Verwaltungsanordnungen erlassen. Sie sind im Gesetz- und Verordnungsblatt zu veröffentlichen.

1.4.1. Der geschichtliche Charakter evangelischen Kirchenrechts

Ebenso wie die evangelische Kirche insgesamt bedeutet auch ihr *Recht eine geschichtliche Größe*. Das Kirchenrecht bezieht zwar seine Legitimität und seine Ausrichtung aus der biblischen Weisung. In jeder geschichtlichen Lage aber hat es dennoch zwischen dem jeweils schlechthin Notwendigen und dem schlechthin Abzulehnenden die je angemessenste und zweckmäßigste Lösung zu finden. Dazu darf und muß es den Raum des ihm je geschichtlich Freigestellten gehorsam und mutig ausnutzen. Dies geschieht derart, daß es im geschichtlichen Prozeß eine heute getroffene Vorentscheidung im Blick auf ihre für morgen erwartete Anwendung in einem »Sprachspiel« vorweg ausdrückt. Wer derart Kirchenrecht konzipiert, steht unvermeidlich unter der Wirkung der Erfahrungen von Gestern, auch wenn er Recht im Heute verantwortlich weiterdenkend für Zukunft entwerfen will.
Ein Rechtssatz ist stets geschichtlich eingebunden und mitbedingt. Damit droht die Gefahr, daß formuliertes Recht ein zurückblickendes, nachhinkendes Ansehen gewinnt. Dem kann und soll aber durch kritisch-mündige Zukunftsoffenheit gerade im Raume der Kirche entgegengewirkt werden. Daß etwas eben nun einmal früher schon so gewesen ist, legitimiert weder, daß es deshalb auch weiter so bleiben muß, wie daß es schon deshalb nun unbedingt geändert werden müßte.
In seiner Geschichtlichkeit hat das Kirchenrecht auch Anteil an Form und Eigenart des Rechts überhaupt. Sein Besonderes liegt in dem Kreis der Menschen, die es ansprechen will sowie in den Zielen, welchen es zu dienen sucht und von denen her es sich legitimiert. Nur insofern hat es Sinn, von einer *dualistischen Rechtsordnung* zu sprechen und damit weltliches und kirchliches Recht einander gegenüberzustellen. Wird jedoch nach dem formalen Charakter des Kirchenrechts gefragt, so muß seine Übereinstimmung mit dem allgemeinen Recht hinsichtlich seiner Denk- und Redeweise anerkannt werden. Von einer *monistischen Rechtsordnung* im Sinne einer Zusammengehörigkeit von Kirchenrecht

und weltlichem Recht kann jedoch nur so lange gesprochen werden, wie die Besonderheit des Adressatenkreises und des Normzieles anerkannt bleiben.

1.4.2. Denkform und Sprache des Kirchenrechts

Die kontinentale Weise neuzeitlicher Rechtssetzung arbeitet, anders als das im angelsächsischen Raum traditionelle System des Richterrechts (Case Law, Präjudiziensystem), mit einem in systemfähigen und oft kodifikatorisch systematisierten Bestimmungen gefaßten Gesetzesrecht. Seine, meist als Paragraphen oder Artikel bezeichneten und durchnumerierten Sätze stellen je nach ihrer grammatischen Form abstrakte konditionale Imperative dar und wollen durch das jeweilige konkrete Urteil im Einzelfall nach Art eines Syllogismus ausgefüllt werden. Das verläuft nach dem logischen Schlußschema »Barbara«, in dem vom Allgemeinen auf das Besondere gefolgert wird:

Alle Menschen müssen sterben.

Sokrates ist ein Mensch

Sokrates muß sterben.

Dem gleichen *Denkschema* folgen auch die Rechtssätze. Am deutlichsten wird das bei den Strafrechtsnormen. Das Strafgesetzbuch sagt beispielsweise: »Der Mörder wird mit lebenslanger Freiheitsstrafe bestraft«. Der Richter hat dann im Prozeß nur zu prüfen, ob ein bestimmter Angeklagter tatsächlich gemordet hat, und muß ihm bejahendenfalls unausweichlich die gesetzliche Strafe zusprechen. Im Verwaltungsrecht dagegen herrscht weithin zwar ein ähnliches Schlußdenken, aber keine solche Unausweichlichkeit des Imperativs. So kann das Gesetz beispielsweise durch eine Ermessensvorschrift der zuständigen Behörde einen Spielraum zusprechen und dekretieren: »Die Straßenverkehrsbehörde kann Parkverbote erlassen«. »Sie kann«; das heißt, sie muß vom Grenzfall abgesehen eben nicht, sondern darf auf Grund ihrer Würdigung der örtlichen Umstände von dieser Befugnis dann im konkreten Einzelfall Gebrauch machen oder nicht. Das Recht gewährt ihr einen eigenverantwortlich zu verwirklichenden Handlungsspielraum.

Wieder anders steht es mit den *»Sollvorschriften«*. So heißt es im gerichtlichen Verfahrensrecht beispielsweise: »Der Zeuge soll bei der Eidesleistung die rechte Hand erheben«. Dann erwartet das Gesetz auch grundsätzlich die Befolgung seiner Anweisungen. Nur wenn aus einem, mit Sinn und Zweck dieser Vorschrift zu vereinbarenden Grunde eine Ausnahme gerechtfertigt erscheint, etwa weil der Zeuge als Verletzter die Hand in der Schlinge trägt, darf man davon absehen. Und die rechtliche Wirksamkeit des Vorgangs hängt nicht (wie bei *»Mußvorschriften«* in Sachen von Rechtsformen, etwa dem »Muß« der Unterschrift beim Privattestament) an der Einhaltung der »Sollvorschrift«.

In der Praxis sind die Elemente eines Rechtssatzes meist zahlreicher und oft komplizierter als in den gewählten Beispielen. Viele Rechtsbegriffe sind auslegungsfähig und -bedürftig, manche verlangen zur rechten Anwendung eine besondere Wertungsentscheidung des Rechtsanwenders (z. B. »wichtiger Grund«, »schwerer Fall«). Im Raume des staatlichen Rechts bewirkt die, oft von der Rechtswissenschaft angeregte und kritisch begleitete und amtlich veröffentlichte Spruchpraxis oberster Gerichte, über derartige Begriffsauslegung eine weitgehende *Rechtsfortbildung* und -konkretisierung im »Richterrecht«. Beide Wege der Rechtsfortbildung sind für das evangelische Kirchenrecht, das eine solche kritische Begleitung durch Rechtsprechung und Wissenschaft nicht in vergleichbarer Dichte aufweist, weniger fruchtbar. Umso wichtiger wird das Bemühen der das Kirchenrecht Anwendenden um den rechten Umgang mit seinen Sätzen.

1.4.3. Die Rechtsquellen des Kirchenrechts

Auch im Kirchenrecht hat sich, dem Sprachstil des staatlichen Rechtes folgend, eine Stufenordnung der Rechtsquellen herausgebildet: das Recht der jeweils höheren Stufe hat auch den höheren Rang und setzt damit Grenzen und Maßstäbe für das Recht der unter ihm stehenden Stufen. Kirchliche *Verfassungen* oder Grundordnungen setzen die Kernentscheidungen des innerkirchlichen Strukturaufbaues. Deshalb bedarf ihre Verabschiedung oder Abänderung regelmäßig einer qualifizierten, meist einer Zweidrittelmehrheit der Synode.
Nach ihren Regeln werden von den zuständigen Organen, meist den Synoden, kirchliche *Gesetze* und *Weisungsbeschlüsse* erlassen, die einzelne Arbeitsbereiche der Kirche auf weite Sicht regeln sollen. Die Ausfüllung eines gesetzlichen Rahmens geschieht durch *Ausführungsverordnungen*, welche meist von den obersten Verwaltungsstellen auf Grund von Gesetzen, oft nur mit Zustimmung von synodalen Ausschüssen erlassen werden können. Eine Besonderheit des evangelischen Kirchenrechts ist der weitgehende Gebrauch von gesetzesvertretenden Verordnungen *(Notverordnungen*, Verfügungen mit einstweiliger Geltung); durch sie kann die oberste kirchliche Verwaltungsstelle in Eilfällen die Zwischenzeit bis zum Wiederzusammentritt der Gesetzgebungskörperschaft überbrücken (vgl. 4.1.3.). Verordnungen sind zu unterscheiden von *Erlassen* und anderen Verlautbarungen, mit welchen die Verwaltungsbehörde ihre auf Grund der Gesetze gebildete Rechtsansicht bekannt gibt oder einen Einzelfall regelt, ohne damit selbst auf Dauer Recht setzen zu wollen.
Verfassungen, Gesetze und Verordnungen werden stets, Erlasse von allgemeiner Bedeutung meistens in dem *Amtsblatt* der jeweiligen Kirche veröffentlicht und mit der Herausgabe der jeweiligen Nummer rechtswirksam verkündet. Daher sind diese Amtsblätter die entscheidenden Zugangsmittel zum geschriebenen Recht evangelischer Kirchen, auch wenn ihr wesentlicher Inhalt teilweise in besonderen Rechtsquellensammlungen gesammelt wird.
Gewohnheitsrecht steht in dieser Stufenordnung vor und unter dem gesetzten Recht. Eine längere, von der Überzeugung der Rechtmäßigkeit begleitete tatsächliche Übung allgemeinen Umfanges kann auch ohne ausdrückliche Rechtsetzung ein Gewohnheitsrecht begründen. Dieses kann zwar durch ausdrückli-

che Rechtsetzung verdrängt werden, bleibt aber bis dahin rechtsverbindlich. Für das Kirchenrecht ist Gewohnheitsrecht bedeutungsvoller als für das Recht des Staates, weil es zu gesetzlichen Gesamtkodifikationen weniger häufig gekommen ist und solche auch oft nicht vordringlich erscheinen. So können etwa kirchliche Abgaben und Lasten kraft unvordenklicher Gewohnheit rechtswirksam sein. Rechtsquellen früherer Zeiten, beispielsweise Rechtssätze des vorreformatorischen kanonischen Rechts über *Patronatsfragen*, können gewohnheitsrechtliche Geltung behalten haben, obgleich sich evangelisches Kirchentum von päpstlicher und bischöflicher Gesetzgebungsgewalt frei weiß. Ein solches Gewohnheitsrecht kann sich dann dadurch gebildet haben, daß man jahrhundertelang nach den – nicht im Rechtssinne als Kirchengesetz geltenden – Regeln tatsächlich weiter verfahren ist und zu abweichenden eigengesetzlichen Regelungen keinen Anlaß hatte. Auch *liturgische Ordnung* kann ohne besondere Kirchengesetze kraft allgemeiner langer Übung gewohnheitsrechtlich verfestigt sein. Nur gehört dann dazu die Überzeugung, daß man sich eben nicht nur mit der Möglichkeit freier Abweichung so zu verhalten pflegt, sondern in Erfüllung der obliegenden Pflicht auch so verhalten soll. Im Bereiche der Evangelischen Kirche in Österreich beispielsweise besteht das liturgische Recht mangels entsprechender Kirchengesetze weithin aus Gewohnheitsrecht; denn man hat sich ohne ausdrückliche synodale Rechtsetzung praktisch allgemein dem Beispiel der, dort kirchengesetzlich geordneten, liturgischen Formen benachbarter deutschsprachiger Schwesterkirchen angeschlossen.
Von daher ist auch das Phänomen der »*Lebensordnungen*« zu verstehen, die im Anschluß an die Erfahrungen des Kirchenkampfes in den evangelischen Landeskirchen Deutschlands weithin eingeführt worden sind. Sie ordnen den Bereich der Amtshandlungen und des sonstigen kirchlichen Lebens der Gemeindeebene auf eine Weise, die unter Verzicht auf eine förmliche Rechtssprache in seelsorgerlichem Tone zugleich Anleitungen geben und Verständnis wecken, ordnen und werben will. Lebensordnungen sind nicht schon als solche kirchliche Rechtsnormen. Teilweise betonen sie ausdrücklich, daß ihre pastoralen Weisungen in geistlicher Freiheit gehandhabt werden wollen. Jedoch geben die in den Lebensordnungen enthaltenen Anweisungen über die Verwaltung der Amtshandlungen für die jeweilige Kirche in ihrem Kerngehalt dennoch gewohnheitsrechtlich verfestigte liturgische Ordnung wieder. Ein Pfarrer, der sich mit diesem in erklärten Widerspruch setzen und beispielsweise eine durch die Lebensordnung geregelte Amtshandlung auch bei Vorliegen aller vorgesehenen Voraussetzungen aus Gründen mißverstandener evangelischer Freiheit grundsätzlich verweigern wollte, verstieße damit gegen innerkirchliches Gewohnheitsrecht.

1.4.4. Die Auslegung kirchenrechtlicher Texte

Wo Rechtssätze bestehen, da stellt sich auch das Problem ihres rechten Verständnisses und ihrer sinnvollen *Handhabung*. Die Fachkunde und Berufstüchtigkeit des gelernten Juristen liegen weniger darin, daß er alle Rechtssätze im

Kopf habe; wichtiger ist seine durch Übung gesteigerte Fähigkeit zum raschen Erfassen des Sinnes der immer neu ihm unterkommenden Vorschriften. Gerade diese Aufgabe wird einem Nichtjuristen, zumal dem nur gelegentlich mit Kirchenrechtsfragen befaßten Theologen oft schwer fallen. Planvolles Vorgehen aber bietet auch hier oft Wege zum Erfolg.
Hat man sich in der kirchlichen Praxis mit einem Rechtsfall auseinanderzusetzen,so gilt es zunächst, überhaupt einmal die für den anstehenden Fall einschlägigen Rechtsnormen aufzufinden. Erste Hilfe und entscheidende Quellen dazu sind die kirchlichen *Amtsblätter*, deren Register oft dem fleißig Blätternden Hilfe geben. Daneben sind inzwischen für viele Kirchen auch Rechtsquellensammlungen und Gesetzesverzeichnisse herausgegeben worden. Man orientiert sich über das in der jeweiligen Kirche dazu Vorhandene am besten schon, solange man es nicht für aktuelle Streitfälle braucht. Amtsblattsammlungen nützen meist nur dann, wenn sie sorgfältig geführt sind und kein Heft fehlt; Loseblatt-Ausgaben helfen dem nicht, der die Mühe des Einordnens der letzten Nachlieferungen auf ruhigere Zeiten aufgeschoben hat.
Ist schließlich so eine auf den Fall zugeschnittene Vorschrift gefunden, so bleibt noch nach ihrer Gültigkeit zu fragen. In unseren reformeifrigen Zeiten wird auch im Bereich der Kirchen mehr an Gesetzen geändert, als man im Kopfe behalten kann. Wer längere Zeit mit einer Gesetzessammlung zu arbeiten hat, sollte schon beim ersten Lesen einer Vorschriftenänderung die geänderte Vorschrift im zurückliegenden Jahresband mit einem handschriftlichen Randvermerk versehen.
Ist die Gültigkeit der einschlägigen Vorschrift gesichert, so stellt sich die Aufgabe ihrer Auslegung. Der Zeitaufwand, welcher bei juristischer Exegese gegenüber biblischen Texten an der Berücksichtigung von Textvarianten erspart wird, ist für Rechtstexte an Erarbeitung des Kontextes zusätzlich erforderlich. Gerade Rechtstexte besitzen die dem Laien gefahrvolle Eigenschaft, erst in größerem Zusammenhang voll verständlich zu werden. Ein scheinbar auf das Problem genau passender Satz etwa kann durch eine erst auf der nächsten Seite folgende Sondervorschrift für die Lösung unseres Falles klar ausscheiden; ein zunächst eindeutig erscheinender Ausdruck kann durch eine längst vorhergegangene Legaldefinition in einem besonderen Sinne festgelegt sein. Überdies ist gerade bei Kirchenrechtsquellen neueren Datums leider damit zu rechnen, daß ihre legistische Qualität diejenige früherer Zeiten nicht mehr ganz erreicht.
Die Auslegung kirchlicher Rechtsquellen ist in besonderem Maße darauf verwiesen, den vermutlichen Sinn und Zweck einer Vorschrift zu berücksichtigen. Oft liegt die Frage nahe, ob sich im Bereiche des staatlichen Rechts für verwandte Probleme ähnliche Regelungen finden und sich also der Zusammenhang zwischen allgemeiner Rechtsentwicklung und Kirchenrecht zum Verständnis eines Kirchengesetzes heranziehen läßt. Dabei sollte aber die Erinnerung an die, für alles Kirchenrecht grundlegenden und richtunggebenden biblischen Weisungen und die an ihnen ausgerichteten Bekenntnissätze eine entscheidende Auslegungshilfe bleiben. Manchmal kann eine sinnverwandte Vorschrift aus dem Recht einer anderen evangelischen Kirche für das sinngemäße Verständnis eines kirchenrechtlichen Institutes Hinweise geben, manchmal ein Blick in die

kirchenrechtliche Vergangenheit, in einschlägige Kommentarwerke oder in die sonstige kirchenrechtliche fachwissenschaftliche Literatur. Kirchengesetze, die von Synoden verabschiedet wurden, werden manchmal durch ihre aus den gedruckten Synodalprotokollen ersichtliche Entwurfsbegründung und weitere Entstehungsgeschichte verständlicher. *Denkschriften* und *Thesenreihen* kirchlicher Kammern oder Gruppen und *synodale Meinungsbeschlüsse (»Worte«)* stehen oft am Anfang kirchlicher Reformen; zumal wenn eine Synode sie ausdrücklich verabschiedet oder auf ihre Verantwortung genommen hat, machen sie die darauf fußenden Beschlüsse verständlicher. Kirchenbehördliche Erlasse und – seltene – kirchengerichtliche Entscheidungen zeigen auf, wie ein kirchlicher Rechtssatz von den für ihre Anwendung maßgeblichen Stellen verstanden wird.

Auch eine so mit allem Fleiß betriebene Auslegung wird nicht immer sicher sein dürfen, daß ihre Ergebnisse auch von den jeweils zur Fallentscheidung Berufenen geteilt werden. Aber jedenfalls kann ein solches Bemühen immer dazu beitragen, daß die Betroffenen im Rechtsgespräch mit ihnen auf sinnvolle Weise nach der besten Lösung suchen und so der Rechtsfortbildung gedient wird.

2. Das Recht des Gottesdienstes

2.1. Grundregeln des Gottesdienstrechts

Den besten Ansatz für alles rechte Verständnis evangelischen Kirchenrechts bedeutet der Gottesdienst als der Mittelpunkt des Lebens einer christlichen Gemeinde. Evangelische Gottesdienstordnung will dazu helfen, daß Jesus Christus nach der Heiligen Schrift öffentlich bezeugt wird und die ökumenische Gemeinschaft der Christen mit Christus und untereinander zu ihrem geordneten Ausdruck kommt. Hier zeigen sich Grundstrukturen eines evangelischen Kirchenrechts, die sich als Auftrag und Dienstgemeinschaft, Sendung und Aufsicht, Regel und Befreiung umschreiben lassen.

Beispielhafte Quellenstellen:

Aus der Kirchenordnung der Evangelischen Kirche von Westfalen vom 1. Dezember 1953 (KABl 1954, 25; ABl EKiD 119) / 17. Oktober 1975 (KABl 198, ABl EKiD 117):

Artikel 162
(1) Jesus Christus, der Herr, erbaut, regiert und erhält seine Kirche in der Kraft des Heiligen Geistes durch sein Wort und Sakrament. Darum versammelt sich die Gemeinde im Gottesdienst zum Hören des Wortes Gottes, zur Feier der Sakramente, zum Gebet und Lobgesang und zur Darbringung des Dankopfers.
(2) Der Gottesdienst soll in Liturgie und Predigt wie in der Feier der Sakramente das Evangelium bezeugen, wie es in der Heiligen Schrift Alten und Neuen Testamentes offenbart ist.

Artikel 163
(1) Der Gottesdienst wird nach einer der von der Landessynode genehmigten Gottesdienstordnungen gehalten. Auf Beschluß des Presbyteriums können in angemessenen Abständen anders gestaltete Gottesdienste gefeiert werden.
(2) Einführung oder Änderung einer Gottesdienstordnung in der Gemeinde ist nur auf Beschluß des Presbyteriums mit Zustimmung des Landeskirchenamtes zulässig.
(3) Die in der Gemeinde geltende Ordnung des Gottesdienstes ist für alle Diener am Wort verpflichtend.

Artikel 164
(1) Im Gottesdienst soll Luthers Übersetzung der Heiligen Schrift verwendet werden. Die Predigttexte müssen aus den kanonischen Büchern der Heiligen Schrift entnommen werden. Es ist gute kirchliche Ordnung, sich an die überlieferten Perikopen oder an feste Textreihen zu halten. Für besondere Tage kann der Präses einen einheitlichen Predigttext bestimmen.

(2) Die Lieder, die von der Gemeinde im Gottesdienst gesungen werden, sind aus einem von der Landessynode genehmigten Gesangbuch zu wählen. Es ist dafür zu sorgen, daß die Kirchenmusik dem Wesen des evangelischen Gottesdienstes entspricht.
(3) In jedem Gottesdienst wird ein kirchliches Opfer abgekündigt und durch Presbyter eingesammelt.
(4) In den Abkündigungen werden Taufen, Trauungen und Beerdigungen von Gemeindemitgliedern und andere wichtige Mitteilungen der Gemeinde bekanntgegeben. Der Täuflinge, der Brautpaare sowie der Entschlafenen und ihrer Angehörigen wird in der Fürbitte der Gemeinde gedacht.
...

Aus dem Beschluß der Landessynode der Evangelischen Kirche im Rheinland »Gottesdienst in neuer Gestalt« vom 15. Juni 1971 (KABl 1971, 179; ABl EKiD 1971, 612):

I.2. Bei allen ... agendarischen Formen ist eine lebendige, dialogische und zeitbezogene Ausgestaltung möglich und anzustreben. Die Presbyterien werden ermutigt, von dieser Möglichkeit mehr Gebrauch zu machen um der missionarischen und seelsorgerlichen Verantwortung der Gemeinde willen ...
II.1. Außerdem (d. h. neben dem Gemeindegottesdienst am Sonntagvormittag) können Gottesdienste in anderer Gestalt gehalten werden. Sie müssen vom Leitungsorgan beschlossen werden ...
II.1.3. Schriftgebundene Wortverkündigung, Gebet und Lob Gottes bleiben unaufgebbare Grundlage jedes Gottesdienstes ...

2.1.1. Der Ort des Gottesdienstrechts

Wenn diese Darstellung mit dem Recht des Gottesdienstes beginnt, so soll dadurch die Hauptaufgabe der Kirche auch als Hauptsache ihres Rechts erkennbar gemacht werden. Dieses Ziel rechtfertigt den gewagten Weg. Damit weicht der Aufbau von dem, oft nachgeahmten Vorbild des katholischen kirchlichen Rechtsbuches ab, kirchenrechtliche Darstellungen mit einer Schilderung »höherer« kirchlicher Ämter und Körperschaften zu beginnen und von dort zu Pfarramt und Gemeinde fortzuschreiten, als deren Aufgaben dann erst die kirchlichen Handlungen erscheinen. Bei einer solchen Anordnung wird zu wenig deutlich, daß der Gottesdienst ein Hauptziel aller übrigen kirchlichen Bemühungen bedeutet und daß kirchliche Ämter und Gemeinden erst durch ihn ihren vollen Sinn finden. Im Bereiche der Wirtschaft oder Industrie mag das »Oben« der Leitungsorgane einer Aktiengesellschaft bedeutungsvoller erscheinen als das »Unten« der praktischen Arbeit vor Ort; der evangelischen Kirche steht eine umgekehrte Sicht wohl an. Unverzichtbar und als Prüfstein für die Sinnhaftigkeit alles sonstigen Bemühens im evangelischen Kirchenrecht entscheidend bleibt, was sich »vor Ort« als Lebensäußerung christlichen Glaubens und Gehorsams vollzieht.
In solchem Sinne ist auch die schon erörterte Formel (vgl. 1.3.4.) vom evangelischen Kirchenrecht als *liturgischem Recht* zu verstehen. Damit ist nicht gemeint,

Kirchenrecht müsse eine hymnische Sprache reden oder sein Vollzug sei in liturgischer Art zu zelebrieren. Im Gegenteil wird zu der Sachgemäßheit kirchlicher Rechtssätze auch die, einem Juristen wohl anstehende schlichte Sachlichkeit des Ausdrucks gehören. Der liturgische Charakter allen evangelischen Kirchenrechts zeigt sich darin, daß die Verbindung mit dem gottesdienstlichen Leben der Gemeinde sein entscheidendes Anliegen sein muß. Er wird verkannt und gefährdet, wenn der Gottesdienst lediglich als eine Betätigung erscheint, die einer Organisation kirchlicher Amtsträger neben anderen Aufgaben obliegt.
Gottesdienst als das Zusammenkommen von Christen im Namen Jesu vor Gott und für die Welt soll nach Gottes Willen sein. Er wird uns in biblischer Weisung ebenso geboten wie angeboten. Ihn voraus zu planen, zu entwerfen und zu ordnen bedeutet die erste und letzte *Aufgabe* rechtlich verfaßter Christenheit. Kirchenrecht entwickelt sich im Leben der Christen dort, wo diese Aufgabe nicht mehr nur mit dem gutwilligen Einsatz einzelner Christen, dem formlosen Sich-Verabreden von Fall zu Fall und dem spontanen Zusammenbringen von Sachmitteln zu lösen ist. Regeln des gottesdienstlichen Lebens darüber, was im Gottesdienst nun wann und wo geschehen soll, wessen besondere Mitwirkung dabei erwartet wird und wie die für längere Zeit im Voraus zu beschaffenden Sachmittel zusammenkommen sollen, bilden den Grundstock kirchenrechtlicher Konzepte. Solches Gottesdienstrecht bedeutet nicht starren Zwang, sondern eine um einer gemeinsamen bejahten Sache willen erarbeitete und zu mitdenkendem Nachvollzug angenommene Regel. Nicht alles am Gottesdienst kann und soll freilich ausdrücklich geregelt werden; ebensowenig aber kann und darf eine so große Sache wie das gottesdienstliche Geschehen nur der Improvisation und dem guten Willen der sich jeweils dazu Bereitfindenden anheimgestellt bleiben. Zufälle und Eingebungen werden immer noch Raum genug behalten, wenn nur erst einmal in Verantwortung das jeweils vorweg zu Regelnde in gute Ordnung gebracht worden ist.
In seinen *Einzelheiten* wird das Recht des Gottesdienstes möglichst auf die Besonderheiten von Ort und Zeit Rücksicht nehmen. Das folgt schon aus der Dienststruktur aller kirchlichen Rechtsordnung, die für die Menschen Hilfen und nicht Belastungen bringen soll. Die Zuständigkeit zur Ordnung des Gottesdienstes, das »Jus liturgicum« gebührt grundsätzlich der Gemeinde, die dabei aber den Zusammenhang mit der Gesamtkirche (vgl. 2.1.2.) und die besondere Verantwortlichkeit des Pfarrers (vgl. 2.1.4.) zu achten hat. Mit diesem Dienstcharakter des Gottesdienstrechts ist es auch vereinbar, daß es bei gegebenen Umständen womöglich auf ausdrückliche Rechtsetzung hier weitgehend verzichtet und im Rahmen der aufgezeigten Grundforderungen die Einzelheiten des Gottesdienstes solange dem geltenden Gewohnheitsrecht und der jeweiligen Entscheidung vor Ort anheimstellt, bis es zu ausdrücklich gemeinsam beschlossenem Gottesdienstrecht kommt. Das Recht der Evangelischen Kirche A. u. H. B. in Österreich etwa beweist pastorale Weisheit, insofern es bisher liturgische Fragen weithin von gesetzlicher Festschreibung freigehalten hat.
Schon der Apostel Paulus empfiehlt der charismatischen Christenversammlung von Korinth, sich auf einige Grundregeln für ihr Zusammenkommen zu einigen: das Mahl soll ein wirklich gemeinsames sein, die Zungenredner sollen sich in

Rücksicht auf ihre Hörer selbst begrenzen, Erwartungen und Hemmungen neu Hinzukommender sollen berücksichtigt werden, die Verbundenheit zu den Mitchristen am anderen Ort soll bis in die Kollekte hinein Ausdruck finden. So bleibt die Kirche in schriftgemäßer apostolischer Tradition, wenn sie Gottesdienste nicht nur feiert, sondern auch rechtlich ordnet. Dabei wird sie, dem hier vertretenen Kirchenrechtsverständnis gemäß, durch Handlungsaufträge die für den Gottesdienst der Gemeinde sich stellenden Aufgaben geeigneten Beauftragten zuweisen und möglichen Konflikten zwischen ihnen durch klare Regeln vorbeugen. Die Einzelheiten darüber sollen zur Sprache kommen, wenn weiter unten (vgl. 3.3.) von den *Aufträgen* der christlichen Gemeinde geredet wird.

2.1.2. Grundforderungen des Gottesdienstrechts

Christlichkeit des Gottesdienstes bedeutet *Christusbezogenheit*, durch ein in ihm zur Sprache kommendes Sich-Ausrichten auf den biblisch bezeugten Jesus von Nazareth, seinen Vater, seinen Geist und seine Sache. Wo das aufgegeben oder zurückgestellt würde, könnte auch ein noch so einleuchtendes anderes Anliegen einer Zusammenkunft nicht mehr den Charakter eines christlichen Gottesdienstes verleihen. Christen können dazu versucht werden, Namen und Rechtsschutz eines christlichen Gottesdienstes für die Propaganda eines anderen Namens, einer anderen Sache und eines anderen Evangeliums in Anspruch zu nehmen. Der deutsche Kirchenkampf 1933–1945 hat uns gelehrt, daß nur die Christusbezogenheit ein Zusammenkommen von Christen als christlichen Gottesdienst auch im Rechtssinne legitimieren kann. Dieser Anforderung dieses Anliegens muß sich jeder Christ bewußt bleiben, der für Gestalt und Gehalt christlichen Gottesdienstes Mitverantwortung trägt.
Die Christusbezogenheit des Gottesdienstes führt zunächst entsprechend der biblischen Weisung des Verkündigungsauftrages (vgl. 1.3.3.) zur Rechtsforderung seiner Öffentlichkeit. Die Öffentlichkeit des christlichen Gottesdienstes folgt aus der Öffentlichkeit und Weltbezogenheit des Christusgeschehens. Öffentlichkeit meint in diesem Zusammenhang ein verantwortliches für alle bestimmtes Reden. Daraus folgt freie Zugänglichkeit, also Offenhalten der christlichen Versammlung für alle Hörbereiten. Dazu wieder gehören außer unverschlossenen Türen und deutlicher Anzeige von Ort und Stunde auch der Versuch von Stetigkeit und Regelmäßigkeit im gottesdienstlichen Vollzug und das Streben danach, in Sprache und Form für die Eingeladenen verständlich zu bleiben. Diese Grundforderungen evangelischen Gottesdienstrechts sind in der Reformation erkannt und durchgesetzt worden, als den gewohnten lateinischen Privat- und Winkelmessen ein allgemeiner Gottesdienst der Gemeinde in der Volkssprache entgegengesetzt wurde.
Das hat bis heute nicht nur als liturgisches Gestaltungsprinzip, sondern auch als kirchlicher Rechtssatz Bedeutung. Wenn in der Zeit der Hitlerherrschaft häretische Kirchenbehörden sogenannte Fremdrassige von evangelischer gottesdienstlicher Gemeinschaft ausschließen wollten, wurde nicht nur Christus gelästert, sondern auch eine allem kirchlichen Recht von der biblischen Weisung ge-

setzte Grenze durchbrochen. Wo auf der Welt kirchliches Recht heute noch Trennungen gleicher Art zwischen Schwarz und Weiß anordnet oder hinnimmt, darf unser Urteil nicht anders lauten. Die Geschichte der Kirche kennt Beispiele dafür, daß staatliche Obrigkeiten einer christlichen Kirche die Öffentlichkeit ihres Gottesdienstes rechtlich beschränkt oder sogar verboten haben. Dann war jeweils abzuwägen, ob das in leidendem Gehorsam hinzunehmen war oder den Ruf zum Wagnis des Martyriums bedeutete. So hat die Evangelische Kirche in Österreich jahrhundertelang den gefährlichen Weg des Geheimprotestantismus im gottesdienstlichen Leben verschwiegener Hausgemeinden gewählt, als ihr die freie Öffentlichkeit eines schriftgemäßen Gottesdienstes mit hartem Zwang verboten wurde.
Eine zweite Rechtsforderung an den Gottesdienst ist biblischer Weisung gemäß (vgl. 1.3.3.) die nach seiner *Ökumenizität*, seiner Bezogenheit auf die ganze Christenheit. Evangelischer Gottesdienst will die ökumenische Gemeinsamkeit aller Christen ausdrücken. Auch wenn er vielleicht spontan entsteht, weiß er doch die Geschichte der Sache Jesu Christi hinter sich, weiß andere Christen weltweit neben sich und die eigene Mitverantwortung für die Zukunft der ganzen Christenheit vor sich. Daher gehört es zum unaufgebbaren Bestand christlichen Gottesdienstes, daß er über den Kreis der hier und jetzt Versammelten hinausweist. Nicht nur was ihnen heute jeweils dienlich und für sie selbst zweckvoll erscheint, darf im Gottesdienst seinen Platz finden. Dem Element des auf die Stunde und den Ort Bezogenen fügen sich daher die Elemente des Beständigbleibens und Weitergebens, des Erinnerns und Miteinschließens ein. So würde die Sache des christlichen Gottesdienstes auch im Rechtsbereich verlassen, wenn jede Anknüpfung an überkommene und nachbarschaftlich gewohnte Formen fehlte und wenn von den Mitchristen an anderen Orten nicht mehr die Rede wäre. Dabei geht es um mehr als eine äußerliche Hinzufügung. Der geschichtliche wie der weltweite Bezug der Christenheit wollen im Gottesdienst sichtbar sein und werden es in unseren Gottesdiensten besonders da, wo wir Gott mit den Worten der Väter unserer altkirchlichen Glaubensbekenntnisse loben oder uns in dem Herrengebet mit der ganzen Christenheit zusammenschließen.

2.1.3. Der Gottesdienst als Gericht über das Kirchenrecht

Das Recht des Gottesdienstes bedeutet die formgebende Mitte allen kirchlichen Rechts. Keine andere Betätigung der rechtlich verfaßten Christenheit kann, richtig gesehen, für ihre Ordnung einen höheren Rang gewinnen, jede muß letztlich auf ihn zulaufen, in ihm neu gewonnen und durch ihn mitbestimmt werden können. Dazu genügt nicht schon ein äußerliches Hinzufügen liturgischer Stilelemente an kirchliche Rechtshandlungen, vielmehr wird hier eine Frage an die *Grundbestimmtheit* jeden kirchlichen Tuns gestellt. Beispielsweise kommt der gottesdienstliche Bezug des Amtes eines Küsters nicht nur in seiner gottesdienstlichen »Einführung« in seinen Dienst zum Ausdruck, sondern stellt Fragen auch an die rechtliche Ausgestaltung des Dienstverhältnisses mit seiner Kirchengemeinde. Die Ordnung eines kirchlichen Disziplinarverfahrens wird nicht schon dadurch christlich, daß sie für die Eröffnung der Verhandlung ein Gebet vorschreibt, zumal wenn sie sich ansonsten einseitig an den Vorbildern staatlichen Strafrechts ausrichtet. Nicht ob für eine kirchliche Wahl ein Gottesdienst als »Rahmenhandlung« vorgeschrieben wird, sondern ob in der Zulassung zum aktiven und passiven Wahlrecht das werbende, befreiende, aufrufende Angebot des christlichen Gottesdienstes deutlich wird, macht ein kirchliches Wahlrecht gottesdienstbezogen.

Christlicher Gottesdienst wird damit zum Gericht über das Kirchenrecht der christlichen Gemeinde, daß ein seinen gottesdienstlichen Ursprung vergessendes und seiner gottesdienstlichen Ausrichtung entgegenarbeitendes Kirchenrecht widerlegt wird, indem der Lebensvollzug stiftungsgemäßen Gottesdienstes mit ihm in *Spannung* gerät. Eine solche Spannung liegt allerdings nicht schon darin, daß kirchenrechtliche Rechtssätze und die darauf fußenden Vollzüge sich einer sachlichen Rechtssprache befleißigen.

Sie wird aber schon deutlicher bei dem *Gedankenexperiment*, die bei einem solchen Kirchenrechtsvollzug miteinander konfrontierten oder auch zusammengeführten Christen sollten anschließend im Gottesdienst nebeneinanderstehen und miteinander das Heilige Abendmahl feiern. Bei einer sachgerechten kirchenrechtlichen Ordnung müßte das ohne Unbehagen und innere Belastung möglich sein. Dann würde nur bestätigt, daß die kirchenrechtliche Einzelregelung dieses Gegenstandes der biblischen Weisung entspricht und mittelbar so gottesdienstbezogenen Charakter aufweist. Anderenfalls würde beides widerlegt, wenn die Einzelregelung sich als widersprüchlich zu dem Gedanken einer gottesdienstlichen Gemeinschaft zwischen den rechtlich Beteiligten darstellt. Freilich darf es hier nicht mit einem Gefühlsurteil sein Bewenden haben. Es wird vielmehr darauf ankommen, daß die Grundstrukturen der kirchenrechtlichen Einzelregelungen mit der Grundstruktur des gottesdienstlichen Geschehens in Einklang bleiben. Dies aber setzt eine nähere Besinnung über eben diese Grundstrukturen des Gottesdienstes im kirchenrechtlichen Bezugsfeld voraus.

2.1.4. Gottesdienstgemäße Grundstrukturen des Kirchenrechts

In dem Recht des Gottesdienstes zeigen sich Grundstrukturen für das gesamte Kirchenrecht. Gerade das Recht des Gottesdienstes steht unter der Ausrichtung durch die biblischen Weisungen. Diese haben, wir wir sehen, von ihrem Kontext her den christlichen Gottesdienst im Blick; der christliche Gottesdienst wieder ist hergeleitet von und ausgerichtet auf die Heilige Schrift. Darin liegt mehr als nur formaler Bezug. Gerade von den biblischen Weisungen (vgl. 1.3.3.) her wird es nämlich möglich, im Blick auf den durch die Jahrtausende durchgehaltenen Grundbestand an gemeinchristlichen Gottesdienstformen Grundstrukturen zu erkennen. Diese aber gewinnen ihrerseits Bedeutung als *Grundstrukturen* eines im Blick auf die jeweilige geschichtliche Lage entworfenen, schriftgemäßen und in Verantwortung vor der liturgischen Aufgabe konzipierten Kirchenrechts. Das Bemühen um Klärung und Aufweis solcher Grundstrukturen kann dazu beitragen, daß die Fragen nach der Legitimität kirchenrechtlicher Sätze im Blick auf die biblischen Weisungen und nach einer sinnvollen Ausrichtung des Kirchenrechts im Blick auf die jeweiligen geschichtlichen Verhältnisse, aber auch die Frage nach der rechtstheologischen Aussagekraft des Kirchenrechts lebendig bleiben.

Besonders HANS DOMBOIS hat nachdrücklich eine Besinnung auf solche liturgischen Grundstrukturen des Kirchenrechts gefordert und als solche die beiden Begriffspaare *traditio: receptio* und *ordinatio: jurisdictio* vorgeschlagen. Dieser Ansatz zur Gewinnung allgemeiner, die verschiedenen Formen kirchenrechtlicher Einzelstrukturen in ihrem geistlichen Sinn erhellenden Grundstrukturen, verdient hohe Anerkennung. Die von Dombois bei der Formulierung der Leitbegriffe solcher Strukturen verwendete Redeweise wird vor allem da überzeugen, wo wie bei Dombois von der Rechtssprache und liturgischen Tradition der frühmittelalterlichen Kirche aus gedacht wird. Anliegen und Verdienst von Dombois sollen voll anerkannt bleiben, wenn hier nach allgemeinen verständlichen Ausdrücken für die Lösung der gleichen Aufgabe gesucht wird. Statt von ordinatio und jurisdictio möcht ich, im Kern Gleiches meinend, eher von *Sendung und Aufsicht* reden. Damit ist der, für heutige Ohren doch etwas zu betont auf die Übertragung gerade des gemeindlichen Hirtenamtes ausgerichtete Begriff der Ordination durch den weitergreifenden der *Sendung* zum Dienst ersetzt. Dieser soll die herkömmliche Ordination durchaus mitmeinen, aber auch alle Formen der zugleich fürbittenden wie verpflichtenden Inpflichtnahme für eine der unterschiedlichen kirchlichen Aufgaben umfassen. Ihr entspricht als Gegenbegriff m. E. der der *Aufsicht*. Der Ausdruck Jurisdictio klingt heute eher nach einer in Form des Rechtsentscheides ausgeübten Gewalt. *Aufsicht* dagegen meint mehr Funktion statt Position. Sie erwartet eine Handhabung, die zwar die mitverantwortende Begleitung sucht, diese aber sine vi sed verbo, als eine rechtlich geordnete Form wechselseitiger Seelsorge, vollzieht.

Ähnlich läßt sich das Begriffspaar traditio: receptio heute leicht in der Richtung der Weitergabe förmlicher Amtsrollen von einer Generation zu der folgenden verstehen. Umfassenderer Nachbargesichtspunkt zu dem der Sendung, der sich allgemein auf eine kirchliche Aufgabe bezieht, ist der zur Wahrnehmung innerhalb eines bestimmten Umkreises die Sendung konkretisierende *Auftrag*. Ein Auftrag kann von einem einzelnen Amtsträger wie von einer Gemeinde erteilt sein, kann auf Dauer oder auch nur auf Zeit gelten und ist nicht auf bestimmte Weisen des Dienstes festgelegt. Für den Theologen beispielsweise wird die allgemeine Sendung in den kirchlichen Volldienst, die er in der Ordination erhalten hat, durch die Einweisung in eine bestimmte Pfarrstelle zum Auftrag an den zu ihr gehörigen Christen konkretisiert. Der Entsprechungsbegriff *Dienstgemeinschaft* bringt zum Ausdruck, daß ein unter Christen einem Einzelnen erteilter Auftrag immer auch Zusammenarbeit einleiten, dadurch geschwisterliches Vertrauen begründen, Gemeinschaft stiften und gegenseitige Verantwortung füreinander fördern soll. Hier ist zuvörderst an die Gemeinschaft des Herrenmahles, aber dann auch beispielsweise an Konzil, Amtsträgerbruderschaft, Synode und Presbyterium zu denken.

Das hier noch vorgeschlagene dritte Begriffspaar, *Regel* und *Ausnahme*, möchte schließlich auch den zu Freiheit und auf Entwicklung weisenden Charakter evangelisch verstandenen Kirchenrechts verdeutlichen. Dieses lebt in formulierten Regeln, die zum gemeinsamen Dienst das Zusammenwirken ordnend anleiten. Solche Regeln aber wollen keine unabänderlichen »Gesetze der Meder und Perser« sein. Zur Anerkennung ihres Dienstcharakters gehört vielmehr die Denkbarkeit und zugelassene Möglichkeit einer durch ihren geistlichen Sinn gerechtfertigten Befreiung. Solche kennt die kanonistische Rechtssprache als die Gewährung einer Dispens von der gesetzlichen Vorschrift, als Gewährung eines Gnadenerweises zum Zeichen des Aufleuchtens von Vergebung auch über der Welt des Rechts oder als Rechtsauslegung gemäß Billigkeit (nach kath. Rechtsbrauch auch »Epikie«, ostkirchl. »Ökonomie«). Ein im Bereich evangelischen Kirchenrechtsdenkens typisches Beispiel dafür ist das Notrecht des Laien, kraft dessen er durch die unabweisbare Ausnahmelage des Fehlens eines gemäß den Regeln eingesetzten Amtsträgers selbst zur Wahrnehmung des Amtsauftrages berufen wird.

Alle diese Elemente finden wir der Sache nach auch wieder in Ordnung und herkömmlichem *Vollzug evangelischen Gottesdienstes*.

Dieser entfaltet sich nicht in bindungsloser Spontaneität, sondern als ein vor Gott wie Menschen verantwortetes Tun. Um dieser Verantwortung willen steht, wenn nicht die besondere Lage missionarischen Anfangs oder die Not etwas anderes gebieten, eine ausdrückliche Sendung für das gottesdienstliche Tun durch andere Mitverantwortung übernehmende Christen an seinem Anfang.

Kein Gesendeter aber soll mit seiner Sendung alleingelassen werden, sondern ihn begleitet eine Aufsicht, die ihm seine Verantwortung mittragen hilft und ihn ebenso vor der Rücksichtslosigkeit eines nur für sich selbst Stehenden behütet wie vor den Gefahren einer Vereinzelung. Eine allgemeine Sendung zu gottesdienstlichem Tun gewinnt erst Leben durch den Auftrag an konkrete Menschen zu gottesdienstlichem Handeln eben für konkrete Menschen. Gottesdienst ist auf Zusammenführung von Gemeinschaft, auf Zusammenfinden und Zusammengehaltenwerden ausgerichtet und will davon sichtbar und hörbar Zeichen geben. Gottesdienst als solches Zusammenwirken und Zusammenfinden von Christen wird aber erleichtert und gestützt durch das Bestehen *gottesdienstlicher Regeln*, die den Beteiligten erst ihre persönliche Vorbereitung ermöglichen und ihre Erwartungen entlastend ausrichten. Gottesdienstliche Regel tritt vor allem in der Form des liturgischen Formulars als Handlungsanweisung für die Entscheidung über die Angemessenheit geistlichen Handelns im Einzelfalle auf. Der christliche Glaube will aber in Freiheit führen und zusammenführen. Deshalb wären solche gottesdienstliche Regeln mißverstanden, wenn sie als keiner sinnvollen Anpassung fähige, starre Gesetze angesehen würden. Vielmehr wollen sie in einer verantwortlichen Freiheit gehandhabt werden, die sich durch ihre Offenheit zur Seelsorge und ihre Ausrichtung auf die Liebe von Willkür unterscheidet. Solche Freiheit rechnet auch mit durch die Umstände gebotenen Ausnahmen, welche die Regel nicht brechen, sondern aus Einsicht in ihre Grenzen lebendig erhalten. Diese Freiheit ermöglicht eine durch den Einzelfall gebotene Rücksicht auf dessen Besonderheit, aber auch die Erprobung neuer Formen in begrenztem Rahmen, beides in Verantwortung und Bereitschaft zur Rechenschaft.

Sendung und Aufsicht, Auftrag und Dienstgemeinschaft, Regel und Ausnahme mögen sich jeweils auch in anderen Bereichen sozialer und rechtlicher Ordnung aufweisen lassen. Das kann darauf zurückgehen, daß vom Kirchenrecht der alten Kirche die entsprechenden Anregungen für das allgemeine Recht ausgegangen sind. Im übrigen macht uns ein solcher Sachverhalt Aufgabe und Chance bewußt, als Kirche gerade auch durch die Art und Weise rechtlicher Selbstordnung Vorbildhaftigkeit zu beweisen, wie sie die Christengemeinde als das „Salz der Erde" (Matth 5, 13) auch auf diesem Felde zu leisten versuchen soll.
Die obengenannten Grundstrukturen erscheinen in ihrem wechselseitigen Zusammenspiel insbesondere für ein biblischer Weisung verpflichtetes Kirchenrecht als eine die Vielfalt geschichtlicher Einzelformen auf einleuchtende Grundstrukturen zurückführende Verstehenshilfe. Deshalb werden sie hier zu Beginn der Erörterung evangelischen Gottesdienstrechts vorgestellt. Sie sollen aber auch bei allen nachfolgenden Darlegungen zum Durchblick auf die großen Zusammenhänge behilflich sein und den Blick auf die Gemeinsamkeit lenken, in welcher die Christenheit immer wieder auch in den Formen ihrer Selbstordnung Antworten des Glaubens zu geben versucht hat.

2.2. Das Recht der christlichen Taufe

Das Sakrament der christlichen, mit Wasser unter Anrufung des dreieinigen Gottes vollzogenen Taufe hat auch kirchenrechtliche Bedeutung. Es legt den Grund dafür, daß der Getaufte als Christ von Mitchristen angenommen wird. Zu dieser Wirkung der Taufe gehört die bewußte, dem Taufgeschehen zum wenigsten nachfolgende Bejahung durch den Getauften.

Beispielhafte Quellenstellen:

Kirchengesetz der Lippischen Landeskirche über die Ordnungen des Lebens in der Gemeinde vom 23. November 1954 (KABl 1954, 137; ABl EKiD 117):

Artikel 11
(1) Die Kirchen der Reformation feiern die beiden vom Herrn selbst eingesetzten Sakramente, die heilige Taufe und das heilige Abendmahl.
(2) Die Verwaltung der Sakramente geschieht gemäß dem Bekenntnisstand der Gemeinde nach der für sie geltenden kirchlichen Ordnung.

Artikel 12
(1) Die heilige Taufe wird nach Christi Befehl auf den Namen des dreieinigen Gottes vollzogen. Dabei wird das Haupt des Täuflings mit Wasser begossen.
(2) Die heilige Taufe schließt ihrem Wesen nach eine Wiederholung aus.
(3) Nur eine auf den Namen des dreieinigen Gottes mit Wasser vollzogene Taufe ist gültig. Ist die Handlung nicht stiftungsgemäß vollzogen, so ist die Taufe nachzuholen.

Kirchenordnung der Evangelischen Kirche im Rheinland in der Fassung des Kirchengesetzes vom 12. Januar 1973 (KABl 1973, 16; ABl EKiD 1973, 246):

Artikel 31
(1) Die Kirche bezeugt mit der Taufe die Zueigung der in Christus offenbarten Verheißung Gottes und den lebenslangen Anspruch Gottes auf Glauben und Gehorsam des Täuflings.
(2) Auf Befehl Christi und im Vertrauen auf die Gnade Gottes, die allem Erkennen vorausgeht, tauft die Kirche Kinder ihrer Glieder wie auch Erwachsene, die die Taufe begehren.

. . .

Artikel 34
(1) Durch die Taufe wird der Täufling Glied der Kirche. Die Gemeinde nimmt mit dem Bekenntnis ihres Glaubens und mit ihrer Fürbitte an der Taufe teil.
(2) Die Taufe soll in der Regel in einem Gottesdienst der Gemeinde vollzogen werden.

. . .

Artikel 35
(1) Wird für Kinder die Taufe begehrt, so hält der Pfarrer mit den Eltern ein Gespräch über Verheißung und Verpflichtung der Taufe.
(2) Mit der Taufe von Kindern verpflichtet sich die Kirche, die getauften Kinder im Worte Gottes zu unterweisen und sie am Leben der Gemeinde zu beteiligen.
(3) Die Eltern versprechen bei der Taufe der Kinder, für die christliche Unterweisung der Kinder nach ihren Kräften zu sorgen.
. . .

Artikel 39
(1) Die Taufe eines Kindes muß versagt werden, solange weder Vater noch Mutter der evangelischen Kirche angehören. Die Taufe kann mit Zustimmung des Presbyteriums ausnahmsweise vollzogen werden, wenn anstelle der Eltern ein evangelischer Christ für die evangelische Unterweisung sorgt.
(2) Die Taufe eines Kindes muß ferner versagt werden, solange die Eltern das Taufgespräch ablehnen.

Ordnung des kirchlichen Lebens der Vereinigten Evangelisch-Lutherischen Kirche Deutschlands, Berlin 1955 (S. 11):

II. Vom Dienst der Gemeinde an ihrer Jugend . . .
In der Konfirmation bezeugt die Gemeinde den Kindern die in der heiligen Taufe empfangene Gnade Gottes und Gliedschaft am Leibe Christi . . . Sie ruft die Kinder dazu auf, das bei ihrer Taufe stellvertretend für sie gesprochene Ja des Glaubens aufzunehmen und läßt sie auf ihr öffentliches Bekenntnis hin zum heiligen Abendmahl zu.

2.2.1. Die kirchenrechtliche Seite der Taufe

Die Taufe ist ein Heilsmittel der christlichen Kirche und geht daher allen ihrem Kirchenrecht voran. Deshalb hat sie aber doch auch eine kirchenrechtliche Seite. Andere theologische Disziplinen fragen nach geistlicher Notwendigkeit, liturgisch richtigem und pastoral fruchtbarem Vollzug der Taufe. Dem Kirchenrecht geht es im Blick auf die Taufe um die Frage, welche *Rechtswirkungen* innerhalb der rechtlich geordneten Kirche diese, durch biblische Weisung gebotene sakramentale Handlung haben soll.
Dafür bildet den Ausgangspunkt der Überlegungen der Umstand, daß sich so gut wie alle christlichen Konfessionen und Kirchen über eine kirchenrechtliche Grundbedeutung der Taufe einig sind. Christwerden und Sich-taufen-Lassen, Christsein und Getauftsein gehören danach grundsätzlich zusammen. Wo jemand getauft worden ist, da hat er oder wurde für ihn auch die wahre christliche Kirche gesucht. Und wer sich in einer bestimmten christlichen Kirche hat taufen lassen, kann von dieser dann auch auf die Folgerungen dieser Taufe hin angesprochen werden. Wo man jemand als Getauften anerkennt, da erkennt man ihn auch als Christen an. Mehr noch, man erkennt dann die Christen, die ihn getauft haben, als Christen an – und umgekehrt. Die Frage nach der *Anerkennung einer*

Taufe läuft auf die Frage der Anerkennung von Christsein hinaus. Wenn christliche Teilkirchen wechselseitig ihre Taufen als rechte anerkennen, so bedeutet das mit dem dadurch ausgesprochenen Anerkenntnis ihres Christseins einen ersten Schritt in Richtung auf ökumenische Gemeinschaft. Alle diese Rechtsaspekte der Taufe rechtfertigen ihre Behandlung auch unter dem Teilaspekt eines kirchlichen Rechtsaktes, obgleich das Sakrament der Rechtsordnung der Kirche geschichtlich und sachlich vorausgeht und sein Rechtscharakter als ein zeitgebundener Nebenaspekt durchaus im Schatten seiner geistlichen Bedeutung steht. Um dieser Rechtsbedeutung willen werden alle Taufen in ein *Taufbuch* der Kirchengemeinde eingetragen und erhalten der Täufling oder seine Eltern zum künftigen Beweis und zur Erinnerung die vom Pfarrer unterfertigte *Taufurkunde*.
Im einzelnen stellt sich für das evangelische Kirchenrecht zunächst die Frage, wie eine Taufhandlung im einzelnen beschaffen sein soll, um als rechte christliche Taufe anerkannt zu werden. Von der weiteren Frage nach den rechtlichen Folgerungen der Taufe wird später noch im Zusammenhang mit den Rechtsaspekten der Gemeindegliedschaft die Rede sein (vgl. 3.2.2.).

2.2.2. Die Beteiligten der Taufe

Die kirchenrechtliche Frage nach der rechten Taufe richtet sich zunächst einmal auf die dabei Beteiligten. Beteiligt ist, wer getauft wird und wer die Taufe vollzieht. Schon im Neuen Testament hat niemand sich selbst getauft, sondern jeder ist als Täufling durch jemand anderen getauft worden.
Zur Taufe gerufen ist gemäß biblischer Weisung, wer zum Glauben und zum Bekennen dieses Glaubens vor den Menschen berufen ist. Zu taufen ist also vornehmlich der seine Taufe verantwortlich begehrende, den christlichen Glauben selbst frei bekennende Mensch. Demgegenüber hat seit der Zeit der Alten Kirche die Taufe schon des Säuglings bald nach seiner Geburt gemäß dem Begehren seiner Eltern die Regel des kirchlichen Lebens und damit auch eine kirchenrechtlich anerkannte Taufweise gebildet. Durch den Protest der Baptisten, neuerdings durch die Angriffe Karl Barths gegen die volkskirchliche Praxis der *Säuglingstaufe* ist auch erneut die theologische Frage aufgeworfen worden, ob diese eine rechte oder eine unordentliche Taufpraxis darstellt. Das evangelische Kirchenrecht kann die hier anstehende, auf exegetischem und systematischem Felde vorzubereitende und von der Kirche insgesamt zu treffende Entscheidung nicht vorwegnehmen wollen. Immerhin sollte es zwei Eckpfeiler für die noch nicht ausgetragene Debatte festhalten. Der eine Eckpfeiler ist die Gültigkeit auch der Säuglingstaufe. Das eindeutige Bekenntnis der reformatorischen Kirchen würde verlassen, wenn man die Säuglingstaufe zu einer in sich unkräftigen und deshalb in besserer Weise wiederholungsbedürftigen Nicht-Taufe erklären wollte. Wer auf dem Boden des bekenntnisbestimmten evangelischen Kirchentums die volkskirchliche Praxis der Säuglingstaufe angreifen will, kann sich damit zwar gegen einen Brauch wenden und dessen Änderung verlangen, aber er darf nicht die Gültigkeit einer durch den jetzt noch geltenden, seiner Meinung

nach änderungsbedürftigen Brauch vollzogenen Taufe angreifen. Umgekehrt sollte auch die evangelische Kirche einem solchermaßen nur noch die Mündigentaufe fordernden und praktizierenden Theologen zubilligen, daß er bei seiner Kritik in zulässiger Weise kirchenrechtliche Reformen fordert, aber noch nicht deshalb das Bekenntnis verläßt. Einzelne Teilkirchen haben inzwischen auch kirchenrechtlich klargestellt, daß bei ihnen Pfarrer bleiben kann, wer mit Duldung seiner Gemeinde die Säuglingstaufe für die eigenen Kinder ablehnt und auch sonst nicht mehr übt, ohne damit zugleich ihre Gültigkeit zu bestreiten. Die Versuche der Einführung einer liturgischen »*Darbringung*« eines Säuglings allerdings, dessen Taufe die Eltern noch aufschieben wollen, haben sich im Blick auf die liturgischen und kirchenrechtlichen Probleme bisher nicht durchgesetzt.

Die Debatte um die Säuglingstaufe hat uns für ihre Problematik empfindlicher werden lassen. So wie nach gemeinevangelischer Kirchenrechtsüberzeugung die Taufe eines Mündigen dessen klares Begehren nach empfangenem Unterricht voraussetzt, so sollte auch für die Taufe eines Unmündigen jedenfalls die nach menschlichem Ermessen gesicherte Erwartung einer *christlichen Erziehung* bestehen. Wo Eltern oder andere Erziehungsberechtigte für ein noch unmündiges Kind um die Taufe bitten und ihr Bemühen um eine christliche Erziehung glaubhaft versprechen, kann nach dem volkskirchlichen Konzept des geltenden Taufrechts die Verantwortung für eine dem Taufbegehren des Täuflings selbst vorgreifende Taufe getragen werden. Von hierher hat auch das Rechtsinstitut der *Taufpaten* seinen Sinn, die als verläßliche Mitbürgen des elterlichen Taufversprechens das Wagnis einer solchen Taufe mittragen sollen. Aus dem Zweck des Patenamtes ergibt sich, daß Kirchengesetze und Lebensordnungen weithin evangelische Konfessionszugehörigkeit und erhaltene Konfirmation für die Mehrheit der Paten vorsehen. Christen, die mit ihrer Kirche im Streit liegen, sind auch als Paten abzulehnen. Andererseits kann nach den gleichen Ordnungen in begründeten Grenzfällen auf Paten verzichtet werden und genügt die Gegenwart von Taufzeugen, wo das Vertrauen in die christliche Erziehung des Täuflings keiner weiteren Unterstützung durch Paten zu bedürfen scheint.

Zwischen den Grenzfällen der Taufe eines das Sakrament unbewußt empfangenden Säuglings und der eines mündigen, seinen Glauben verantwortlich bekennenden Erwachsenen liegt die *Kindertaufe im engeren Sinne*, also die Taufe eines noch unter dem elterlichen Erziehungsrecht stehenden, seine Taufe aber schon bewußt miterlebenden Kindes. Hier fordert das staatliche Recht, daß die Erstverantwortung der Erziehungsberechtigten geachtet, also an einem noch nicht religionsmündigen (das heißt noch nicht vierzehnjährigen) Kind, ohne ihren Willen keine kirchliche Handlung vollzogen wird. Auf der Seite des zu taufenden Kindes aber wird es darauf ankommen, ob es in einer seinem Alter und Verständnis entsprechenden Weise das Sakrament versteht und bejaht. Eine solche Kindertaufe wird also zur Voraussetzung haben, daß der taufende Pfarrer durch einen dem Kind erteilten Taufunterricht sich von diesem Verstehen und Bejahen überzeugt hat.

Nun ist zu fragen, wer als *Spender der Taufe* in Frage kommt. Der Taufakt, den ja der Täufling nicht an sich selbst vollziehen kann, bringt ihn notwendig mit anderen Christen in Beziehung. Weiteres, als daß dieser Täufer Christ ist und christlich taufen will, läßt sich rechtlich nicht fordern. Jeder Christ, mit oder ohne Amt und kirchlichen Auftrag, kann also gültig taufen, wenn er ernstlich das Sakrament der christlichen Taufe verwalten will. Damit ist die sogenannte »*Nottaufe*«, die nach lutherischem Bekenntnis bei Lebensgefahr für ein todbedrohtes, noch ungetauftes Kind auch außerhalb des Kirchenraumes und durch Gemeindeglieder wie etwa Eltern oder Pflegerin vollzogen werden kann, auch kirchenrechtlich statthaft. Um der Klarheit und Sicherheit der kirchenrechtlichen Taufwirkung willen verlangt jedoch das evangelische Kirchenrecht, daß eine Laientaufe dem Pfarramt gemeldet und der rechte Taufvollzug vor ihm durch Zeugen klargestellt wird, also eine förmliche *Taufbestätigung* vollzogen wird. Eine so, meist liturgisch bestätigte Taufe ist dann ebenso wie die vom Amtsträger vorgenommene in die Kirchenbücher einzutragen. Wo sich für eine solche Laientaufe eine klare Taufbestätigung nicht erreichen läßt, sollte statt ihrer eine rechte evangelische Taufe erstrebt werden; denn zu ihrem Wesen gehört die Klarheit eines für die Öffentlichkeit eindeutigen geistlichen Handelns. Eine Handlung aber, mit der nach ihren offensichtlichen Umständen keine kirchliche Absicht verfolgt wurde, wie die »Theatertaufe« oder das »Taufe-Spielen« der Kinder, ist auch kirchenrechtlich keine gültige Taufe.

2.2.3. Der Vollzug der Taufe

Für das Taufgeschehen selbst verlangt die biblische Weisung und das ihr folgende evangelische Kirchenrecht allgemein, daß mit Gebrauch von Wasser an dem Täufling eine das Zeichen des Abwaschens verdeutlichende Handlung vollzogen und dabei Gott angerufen wird. Mit gutem Grund ist heute wieder für die Spendung der Taufe die Öffentlichkeit des Gottesdienstes die Regel geworden und die Haus- oder Krankenhaustaufe eine nur aus besonderen Gründen zuzulassende Ausnahme. Nach *evangelischer Auffassung* ist zwar der Gebrauch von Wasser, aber nicht auch eine bestimmte Form des Untertauchens, Besprengens oder Begießens Voraussetzung der Gültigkeit der Taufe, ebensowenig wie der wörtliche Gebrauch einer bestimmten Formel bei der Anrufung Gottes. Ob der Taufende sich genau nach der Agende seiner Kirche gerichtet hat oder nicht, hat unter Umständen seine Bedeutung für die Dienstpflichterfüllung des Pfarrers, aber nicht für die Frage der Wiederholung einer »verunglückten« Zeremonie. Wenn es um die Anerkennung einer in nichtevangelischen Kirchen vollzogenen Taufe geht, wird daher bei Wahrung der genannten Erfordernisse das evangelische Kirchenrecht sich mit mancherlei Abweichungen von Gewohnheiten abfinden können, ohne die Gültigkeit der Taufe anzuzweifeln.
Mit Recht geben die evangelischen Agenden allerdings genauere Anweisungen für den Taufvollzug. Sakramentstheologie und *Kirchenrecht der römisch-katholischen Kirche* sind nämlich hier strenger und gehen sehr viel mehr ins einzelne. Sie schreiben insbesondere den Gebrauch reinen und natürlichen Wassers zu einer die Haut des Täuflings wirklich erreichenden Abwaschung sowie die gleichzeitige Verwendung der trinitarischen Taufformel vor. Danach sollten

nicht aus Sorge um die Gültigkeit des Sakraments, wohl aber aus ökumenischer Verantwortung auch wir evangelische Christen uns richten. Würden wir nämlich hinter diesen Forderungen in unserem eigenen Taufhandeln zurückbleiben, so würden wir damit nur wieder die Gefahr der Nichtanerkennung unserer Taufen durch die Nachbarkirche heraufbeschören. Der heute erreichte Verzicht römisch-katholischer Bischofskonferenzen auf eine grundsätzliche »bedingte Taufe« evangelischer Konvertiten ist durch das Vertrauen darauf erreicht worden, in der evangelischen Kirche werde ihren Agenden entsprechend ausnahmslos in einer auch für die katholische Kirche zureichenden Weise getauft.

2.2.4. Die Konfirmation als Bestätigung der Taufe

Der schon erörterte Streit um die Säuglingstaufe hat uns ernster nehmen gelehrt, daß nach einer ohne eigenverantwortliche Bejahung durch den Getauften vollzogenen Taufe Folgerungen anstehen müssen. Wir sahen, daß eine solche Taufe nur gewagt werden darf, wo die Erwartung christlicher Erziehung des Täuflings oder die Handlung durch das noch unmündige Kind bejaht wird. Damit aber kann es noch nicht sein Bewenden haben. Nicht etwa nur die Eltern, sondern auch Amtsträger und Glieder der taufenden Gemeinde haben ja die Verpflichtung übernommen, für die Hinführung eines ohne persönliches Bekenntnis Getauften zum christlichen Glauben alles ihnen Mögliche zu versuchen und anzubieten. Diese Verpflichtung wird eingelöst, wenn zum Abschluß einer von der Gemeinde getragenen Einweisung in den christlichen Glauben die *Konfirmation* als nachgeholter Taufzusageakt angeboten wird.
Für die Zulassung zur Konfirmation kommt es auf die Verhältnisse des Konfirmanden selbst an; seine Eltern müssen nur dann mit der Konfirmation einverstanden sein, wenn der Konfirmand noch religionsunmündig ist. Auf seiten des Konfirmanden wird demnach vorausgesetzt, daß der Konfirmand an dem angebotenen kirchlichen Unterricht erfolgreich teilgenommen hat und daß er selbst die Konfirmation auch ernstlich begehrt. Die hierüber zu treffende seelsorgerliche Entscheidung sollte nicht schematisch von dem befriedigenden Ausfall eines unterrichtlichen Prüfungsgesprächs vor der Gemeinde abhängig gemacht werden.
Weitere Voraussetzung ist natürlich, daß der Konfirmand schon als Säugling oder Kind getauft worden war. Ein ungetaufter Jugendlicher kann allerdings am Konfirmandenunterricht mit teilnehmen; er sollte dann aber zur Taufe als mündiger Christ hingeführt werden.
Die gewichtigen kritischen Anfragen an die gegenwärtige Praxis von Konfirmandenunterricht, Konfirmandenalter und jahrgangsweisen Konfirmationsfeiern gehören in die Praktische Theologie. Das Kirchenrecht hat zu dieser Debatte allerdings den Hinweis beizutragen, daß neben der heutigen Konfirmationspraxis schon mehrere andere *Möglichkeiten* dafür bestehen, die einer Säuglingstaufe fehlende persönliche Zusage nachzuholen. Auch jetzt schon wird von der Konfirmation ja abgesehen, wenn ein als Säugling in einer anderen Kirche Ge-

taufter im Erwachsenenalter zu uns übertritt. Hier ersetzt der Übertritt seine Konfirmation.

Bedeutsam wird die Konfirmation oder der bei ihrem Unterbleiben besonders vollzogene *Admissionsakt* für den Erwerb der vollen mitgliedschaftlichen *Rechtsstellung* in der Kirche. Erst durch sie erwachsen dem als Säugling Getauften die vollen gemeindlichen Gliedschaftsrechte zu, welche ein mündig Getaufter schon in seiner Taufe ergriffen hat. Dazu gehören, wie noch zu erörtern sein wird (vgl. 2.3.3.), die Zulassung zum Heiligen Abendmahl und – altersgerecht – zu den kirchlichen Wahlrechten, aber auch die Befähigung zum Patenamt. Denn erst durch die ausdrückliche Bestätigung und Übernahme des in der Taufe Geschehenen wird die Ungewißheit beseitigt, die nach der Taufe eines Säuglings oder eines zu eigenverantwortlicher Taufbejahung noch nicht fähigen Unmündigen offenblieb.

2.3. Das Recht des Herrenmahles

Das Herrenmahl soll unter Christen regelmäßig und gottesdienstlich mit dem gemeinsamen Essen und Trinken der Gaben und der Verkündigung von Christi Tod und Auferstehung gefeiert werden. Im Miteinladen und Mitzulassen zum Herrenmahl erkennen Christen einander die Mit-Gliedschaft am Leib Christi zu. Dafür ist keine andere Grenze als die zwischen erkannter und noch als fehlend erkannter Gemeinschaft im Glauben angemessen.

Beispielhafte Quellenstellen:

Kirchengesetz der Lippischen Landeskirche über die Ordnungen des Lebens in der Gemeinde vom 23. November 1954 (ABl 1954, 137; ABl EKiD 1957, 117):

Artikel 19
(1) Das Heilige Abendmahl wird im Gottesdienst, in Verbindung mit dem Gottesdienst oder in einem besonderen Abendmahlsgottesdienst unter Leitung eines ordinierten Dieners am Wort gehalten. Dabei werden die Einsetzungsworte gesprochen und Brot und Wein ausgeteilt.
(2) Die Feier des Abendmahls muß nach der Gottesdienstordnung geschehen, die dem Bekenntnis der Gemeinde entspricht.
(3) Falls in Notzeiten ordinierte Diener am Wort für die Verwaltung des Sakraments nicht zur Verfügung stehen, so sind nichtordinierte, zum heiligen Abendmahl zugelassene Gemeindeglieder mit diesem Dienst ordnungsgemäß zu beauftragen, in erster Linie Älteste und andere Diener der Gemeinde.

Artikel 20
(1) Das heilige Abendmahl soll möglichst häufig gefeiert werden.
(2) Begehren Gemeindeglieder, die nicht zum Gottesdienst der Gemeinde kommen können, das heilige Abendmahl, so wird die Feier im Hause gehalten. An dieser Feier sollen nach Möglichkeit auch die übrigen Familienglieder und andere Gemeindeglieder teilnehmen.

Artikel 22
(1) Zum heiligen Abendmahl kann nur zugelassen werden, wer konfirmiert ist oder in einer entsprechenden Feier ein Bekenntnis des Glaubens abgelegt hat.
(2) Gemeindeglieder, die nicht konfirmiert sind, werden nach genügender Unterweisung gemäß bestehender Ordnung zum heiligen Abendmahl zugelassen.
. . .
(4) Alle Angehörigen eines in der Evangelischen Kirche in Deutschland geltenden Bekenntnisses sind in jeder Gemeinde der Landeskirche zum heiligen Abendmahl zugelassen. Die rechtliche Kirchenzugehörigkeit und die Bestimmungen über die allgemeine Kirchenzucht bleiben in jedem Falle unberührt.

Artikel 23
(1) An der Feier des heiligen Abendmahls kann nicht teilnehmen, wer ein öffentliches Ärgernis gibt.
...

Grundordnung der Evangelischen Kirche in Deutschland vom 13. Juli 1948 (ABl EKiD 1948, 233):

Artikel 4 ...
(4) Über die Zulassung zum Heiligen Abendmahl besteht innerhalb der Evangelischen Kirche in Deutschland keine volle Übereinstimmung. In vielen Gliedkirchen werden Angehörige eines anderen in der Evangelischen Kirche in Deutschland geltenden Bekenntnisses ohne Einschränkung zugelassen. In keiner Gliedkirche wird einem Angehörigen eines in der Evangelischen Kirche in Deutschland geltenden Bekenntnisses der Zugang zum Tisch des Herrn verwehrt, wo seelsorgerliche Verantwortung oder gemeindliche Verhältnisse die Zulassung gebieten...

Grundordnung der Evangelischen Kirche in Deutschland – Entwurf vom 7. November 1974:

Artikel 4
In der Evangelischen Kirche in Deutschland gilt für den Dienst der Verkündigung und der Sakramentsverwaltung:
...
2. es besteht Abendmahlsgemeinschaft.

2.3.1. Die Gestalt der Feier des Herrenmahles

Wir sprechen im folgenden von Herrenmahl statt vom Heiligen Abendmahl oder der Eucharistie, weil dieser Ausdruck am deutlichsten erkenntlich macht, daß es hier um ein Gehorchen, Begegnen und Beschenktwerden geht, bei dem Jesus Christus als der Herr gegenwärtig handelt. Gemäß dem Vorbild der Mahlgemeinschaft Jesu Christi mit seinen Jüngern geht es im Herrenmahl um ein gemeinsames Essen und Trinken in seinem Namen. *Materie* des Sakramentes sind nach dem Neuen Testament Brot und »das Gewächs des Weinstockes«. Römisch-katholisches Kirchenrecht verlangt dafür ungesäuertes Brot in Hostiengestalt sowie vergorenen Naturwein. Evangelisches Kirchenrecht zeigt sich hier freier, weil die biblische Weisung sich im Kern auf ein Gemeinschaftsmahl und nicht auf eine genau bestimmte Speisung richtet. Wo also die Rücksicht auf Alkoholkranke zur Verwendung alkoholfreien Traubensaftes führt, ist kein kirchenrechtliches Bedenken dagegen zu erheben. Auch wo in Notlagen von Gefangenschaft oder Vertreibung das eucharistische Mahl statt mit unerreichbarem echtem Brot und Wein mit den allein greifbaren Speisen und Tischgetränken gefeiert wurde, sollte bei uns nicht von rechtlich bedingter Ungültigkeit gesprochen werden. Unverzichtbar erscheinen dagegen nach evangelischem Verständnis zwei Forderungen zur Form, die beide durch den Kampf der Reformation gegen die damalige Meßpraxis wichtig geworden sind. Zum einen gehört zur Feier nach biblischer Weisung die ausdrückliche Anrufung Gottes im Gedenken an das Sterben Jesu Christi. Daher ist bei jeder Mahlfeier das Wort der Schrift laut zu verkündigen und mit Gebet zu beantworten. Der notwendige Gemeinschaftsbezug der Mahlfeier zeigt sich im Miteinander-Feiern von Mehreren, die sich weiterhin im Austeilen von Brot und Kelch an der Feier wechselseitig Anteil gewähren. Die »Winkelmesse« eines nur für sich allein feiernden Christen würde daher gegen eine kirchenrechtlich-verbindliche Regel verstoßen.

Eine andere Grundforderung der Reformation war, entgegen dem Brauch der nur vom Priester vollzogenen Kommunion in beiderlei Gestalten, das Heilige Abendmahl wieder als ein gemeinsames Essen und Trinken aller Mitfeiernden zu gestalten. Die Forderung nach dem *»Laienkelch«* brachte den Willen zu einer das allgemeine Priestertum der Gläubigen verwirklichenden Kirchenordnung auf eine bildhafte Formel. Heute, wo die römisch-katholische Kirche ihn jedenfalls für besondere Ausnahmefälle wieder zuläßt, bedeutet der »Laienkelch« vielen Protestanten eher eine Bedrückung aus hygienischen Erwägungen. Eine deutliche Rücksicht des Liturgen auf solche Hemmungen durch regelmäßige, sorgfältige Desinfektion des Kelchrandes könnte solche Bedenken vielleicht beruhigen. Eine weitere, jedenfalls kirchenrechtlichen Grundsätzen nicht widerstreitende Abhilfe wäre die Intinktionskommunion nach dem Vorbild der orthodoxen und der altkatholischen Kirche. Wo sich, zumal bei Kranken, einer Kommunion in beiderlei Gestalten gewichtige Schwierigkeiten entgegenstellen, wird man aus dem Geschenk des eucharistischen Tischrechtes keine das Gewissen drückende Vollzugspflicht machen und die Kommunion nur unter einer Gestalt als den zulässigen Ausweg ansehen können.

2.3.2. Die Leitung der Feier des Herrenmahles

Es ist gemeinevangelische Rechtserkenntnis, daß das Sakrament des Herrenmahles um seines biblischen Wiederholungsbefehles willen von uns gefeiert werden soll, also keine Sache von Beliebigkeit oder empfundenem Bedürfnis ist. Wo überhaupt planende Regel möglich ist, soll sie auch eine solche regelmäßige und nicht zu seltene Feier vorsehen. Diese Feier soll als eine gottesdienstliche geschehen; für ihre Öffentlichkeit wie für ihre Leitung und ihren Ort gilt nichts anderes als für alle anderen Gottesdienste. Damit ist also die Regel, daß das Sakrament öffentlich unter Leitung eines dazu öffentlich Berufenen, also zumeist des Pfarrers gefeiert wird. Dabei bleibt, wie noch zu zeigen sein wird (vgl. 3.3.), eine Sakramentsverwaltung auch durch andere hierzu beauftragte Amtsträger oder durch einen in der Stunde der Not spontan berufenen *»Laien«* als eine durch die Verhältnisse gerechtfertigte Ausnahme möglich. Das gleiche gilt für die außerhalb der Gottesdienststätte gestaltete häusliche Feier mit Christen, die zum Kommen in die Gemeinde nicht mehr fähig sind. Kirchliche Gruppen, etwa bei einer Freizeit oder Konferenz, können gute Gründe dafür haben, das Sakra-

ment gemeinsam am Ort ihrer Zusammenkunft und also gegebenenfalls außerhalb des Kirchenraumes zu feiern. Eine solche Ausnahme aber wird sich um der guten Ordnung willen der Regel nach Möglichkeit doch zu nähern versuchen. Daher wird die Feier eines »Notabendmahls« baldmöglich den berufenen Vertretern der geordneten Gemeinde angezeigt werden; zu einem *Hausabendmahl* am Krankenbett sollten die Angehörigen als Hausgemeinde mit eingeladen werden, das besondere Abendmahl einer kirchlichen Gruppe der Gemeinde angekündigt und für sie offengehalten werden.
Im älteren evangelischen Kirchenrecht ist die Frage viel verhandelt worden, ob der Liturg der Abendmahlsfeier auch zur *»Selbstkommunion«* berechtigt sei oder nicht. Das geistliche Recht dieser Frage erwächst aus der Überlegung, daß auch und gerade der Liturg des Herrenmahles mit in die Mahlgemeinschaft gehört. Die Frage löst sich, wenn man die besondere Stellung des Liturgen bei der Feier nicht mehr als eine ihm kraft Ordination verliehene Standesvollmacht auffaßt, sondern richtig als die Wahrnehmung eines besonderen, in Verantwortung vor Gemeinde und Kirche wahrzunehmenden Auftrages. Inhalt dieses Auftrages und Gegenstand der besonderen Verantwortung ist nicht die Konstituierung, sondern die Leitung der Feier. Damit verträgt es sich und kann sogar daraus folgen, daß innerhalb dieser Leitung auch andere Mitchristen mittätig werden.
Die katholische Liturgie kennt den assistierenden Kleriker als berufenen Träger solcher Hilfeleistungen. Die evangelische Kirche braucht für solche Altarhelfer keine besonderen Weiheakte. Die durch sie hochgehaltene Erkenntnis vom Priestertum aller Gläubigen wird dadurch zu Ehren gebracht, daß gerade bei der Feier der Eucharistie das Zusammenwirken Vieler im Tischdienst Gottes sichtbar wird. So sollte sich der Pfarrer nicht nur selbst das Sakrament von einem Mitchristen reichen lassen, sondern solche auch gerne und sichtbar gerade an seinem sakramentalen Auftrag mithelfend teilnehmen lassen. Nach guter Ordnung sollte allerdings die Mithineinnahme in solchen Dienst mit Einweisung und Einführung verbunden sein.

2.3.3. Die eucharistische Mahlgemeinschaft

In dem Miteinander-Feiern des Herrenmahles erkennt jeder Feiernde die Mitfeiernden als Mitchristen an und macht mit der daraus erwachsenden Gemeinschaft ernst. Insofern setzt die Zulassung eines Christen zur eucharistischen Feier einen kirchlichen Rechtsakt. Deshalb fragt das Kirchenrecht nach den Voraussetzungen und Grenzen von *»Abendmahlsgemeinschaft«*.
Als gemeinevangelischer, ja gemeinchristlicher und aus dem Sinn der Handlung zu begründender kirchenrechtlicher Satz ist zunächst festzuhalten: zum sakramentalen Mahl soll jeder zugelassen werden, der Christ ist und als Christ daran teilnehmen will. Weil in der Christenheit Vertrauen herrschen soll und also einem jeden auch mit Vertrauen zu begegnen ist, bleibt Abendmahlzulassung die selbstverständliche Regel. Die Verweigerung des Zutritts dagegen bedarf stets besonderer Gründe, ist im Zweifel nicht angebracht und nur als unaus-

weichliche Notausnahme denkbar. Von ihr ist weiter unten die Rede (2.3.4.). Zur Feier zugelassen ist also, wer durch die Taufe Anteil am Christsein gewonnen hat, zu dieser Taufe sich bekennt und durch die Gemeinschaft des Glaubens von den Mitfeiernden als im gleichen christlichen Glauben stehend anerkannt wird. Einem noch Ungetauften müßte die Gemeinde zunächst die Taufe anbieten, wenn er die Mahlgemeinschaft mit ihr begehrt. Bleibt dieser Fall wohl eher ein gedachter, so regt sich neuerdings die Frage nach dem Beginn der *Abendmahlszulassung* eines als Säugling getauften Christen. Das spätere persönliche Bekenntnis eines so als Säugling Getauften geschieht in der Regel zum Abschluß seiner Einweisung in den christlichen Glauben in der Konfirmation. (vgl. 2.2.4.). Dieser liturgischen Handlung wird daher die kirchenrechtliche Bedeutung einer allgemeinen Zulassung zum Heiligen Abendmahl zuerkannt. Für Täuflinge, die schon im Konfirmationsalter stehen, bedeutet die Taufe von ihrem Wesen her die Zulassung zum Abendmahl. Für einen dem Konfirmandenalter schon entwachsenen, bereits getauften, aus einer anderen Kirche Übertretenden bedeutet der Akt seiner Aufnahme zugleich seine Zulassung zum Herrenmahl. Ähnlich können auch Geistigbehinderte aufgrund des ihnen gegebenen Verständnisses nach besonderer Vorbereitung zum Sakrament zugelassen werden, auch wenn eine Teilnahme am Konfirmandenunterricht und ein Erwerb voller Gemeindegliedschaft für sie ausscheidet.
Im Zusammenhang mit den Bestrebungen, den kirchlichen Unterricht der Konfirmanden als Hinführung zum Sakrament zu verstehen und zu gestalten, wird neuerdings gefragt, ob nicht auch schon ein Konfirmand oder ein getauftes Kind unter Umständen an der Mahlfeier teilnehmen darf. Diese Frage des *Konfirmanden-* oder *Kinderabendmahls* wird in den Ordnungen der verschiedenen Teilkirchen derzeit noch unterschiedlich beantwortet. Wer mit der Ordnung der seinigen unzufrieden ist, der sollte sie mit Sachgründen abzuändern suchen und nicht einfach mißachten. Rechtlich folgerichtig erscheint es jedoch, die Mahlgemeinschaft für Konfirmanden oder auch schon vorher mit ihren Eltern hinzutretenden Kindern jedenfalls dann zu gewähren, wenn sich die verantwortlichen Amtsträger der Gemeinde vom Ernst ihres Begehrens und der Angemessenheit ihres Verständnisses überzeugt haben. Denn nicht die Konfirmationshandlung als solche, sondern die ihr vorausgehende Einweisung in das Sakramentsverständnis und die mit der Zulassung zur Konfirmation verbundene Anerkennung des Begehrens voller christlicher Gemeinschaft tragen den Charakter der Konfirmation als Sakramentszulassung.

2.3.4. Die Frage der Zurückweisung von der Mahlgemeinschaft

Nunmehr fragt es sich noch, ob ein grundsätzlich zum Sakrament zugelassener Getaufter unter besonderen Umständen dennoch zurückzuweisen ist. Herkömmlich wird dabei vor allem an die Möglichkeit gedacht, daß ein Christ trotz seiner Taufe unchristlich an der Mahlfeier teilnehmen und sie dadurch entwürdigen will. Ein zum *Ärgernis* der Gemeinde in offensichtlicher Verachtung des Sakramentes sich Herzudrängender, also etwa ein lästerlich randalierender Angetrunkener, muß gerade seiner Taufe wegen daran gehindert werden, auf solche Weise sein eigenes Christsein öffentlich zu schmähen. Pflicht und Recht zu einer solchen, nur aus dem Augenblick heraus zu wagenden Zurückweisung liegt dann zunächst bei dem Leiter der Feier. Nicht leicht wird dann allerdings die Aufgabe sein, ein so aus der Lage des Augenblicks gebotenes und nur durch sie begründetes Nein mit dem bleibenden Ja in Gleichgewicht zu halten, welches die christliche Gemeinde auch einem ihr Not machenden Getauften als Angebot der Hilfe und Hoffnung auf Versöhnung schuldet.

Einen Schritt weiter geht es, wenn ein unanstößig hinzutretender Getaufter nur deshalb zurückgewiesen werden soll, weil die Gemeinde in seinem früheren Verhalten wegen eines dadurch gegebenen öffentlichen Ärgernisses die unchristliche Mißachtung ihres Sakramentes erblickt. Um diesen Fall geht es bei der »Exkommunikation« in der alten und katholischen, aber auch der *»Kirchenzucht«* in der reformierten Kirche. Alte und neue Kirchenordnungen haben dafür Verfahren vorgesehen, in welchen die Gemeinde auf geordnete Weise nach stufenweisem Verwarnen ein solches Sakramentsverbot aussprechen konnte. Im deutschen Kirchenkampf hat der rheinische Pfarrer PAUL SCHNEIDER um den Preis seines Lebens eine solche Ordnung im Blick auf ein Gemeindeglied wieder zu beleben versucht, welches die christliche Weihnachtsbotschaft mit der Veranstaltung einer »deutschgläubigen« Julfeier angriff.

Unverzichtbar an dem Gedanken der Kirchenzucht erscheint die Einsicht, daß sich Christen mit einem öffentlich zum Ärgernis werdenden Fehlverhalten eines Mitchristen nicht einfach stillschweigend abfinden dürfen. Als solcher Ausdruck tätiger Mitverantwortung und nicht als geistliche Sittenpolizei sind auch CALVINs Kirchenordnungen gemeint gewesen. Sie erstrebten für einfache Gemeindeglieder wie für Amtsträger aller Stufen letztlich ein geordnetes zurechtbringendes Miteinanderreden, gerade auch über die Fülle von gegebenem Ärgernis. Heute aber hat sich im allgemeinen jeder, auf den solche Kirchenzuchtordnungen dem Buchstaben nach zutreffen, durch sein Fernbleiben von den Gottesdiensten der Gemeinde schon längst selbst exkommuniziert und bedroht ihre Abendmahlsfeiern nicht weiter. An den heute geltenden Kirchenzuchtordnungen bleibt sicherlich beachtlich, daß sie in solchen Fällen das *»Amt der Schlüssel«* nicht einem Amtsträger allein anvertrauen und dem von der Gemeinde Beschuldigten sein Gehör sichern. Die Versagung einer von dem Betroffenen gar nicht begehrten Sakramentsgemeinschaft erscheint aber jedenfalls unter den heutigen Verhältnissen nicht mehr als eine einleuchtende Antwort, auf ein ärgerniserregendes Verhalten von nur noch dem Namen nach zur Gemeinde gehörigen Getauften. Die geltenden Ordnungen sollten daher daraufhin überprüft werden, wie sie ihre mitsorgende und helfende Antwort auf einen ihr begegnenden Übelstand überzeugender ausdrücken könnten.

Ein letzter Gesichtspunkt, unter dem Abendmahlszulassung und Zulassungsverweigerung kirchenrechtlich erörtert worden ist, ist die *konfessionelle Abgrenzung*. Hierbei geht es um die Frage nach dem Maß der Gemeinsamkeit der Glaubensüberzeugung im Blick auf die Mahlfeier. Zwischen den christlichen Konfessionen ist streitig und war einer der Gründe ihrer Spaltung, wie das Herrenmahl recht gefeiert werden soll, was zu seiner Gültigkeit vonnöten ist, wann es auch in einer anderen kirchlichen Gemeinschaft als recht und gültig gefeiert anerkannt werden kann und wie die Bedeutung seiner Gabe für uns im Glauben recht ausgedrückt wird. Durch die sakramentstheologische Arbeit dieses Jahrhunderts ist jedenfalls im europäischen Protestantismus mit den Thesen von Arnoldshain und Leuenberg eine Grundübereinstimmung zum Ausdruck gekommen, welche die hier tatsächlich schon bestehende *Abendmahlsgemeinschaft* legitimiert. Das bildet für ihre teils verwirklichte, teils zu erhoffende rechtliche Ausformung die Grundlage. Mit der römisch-katholischen Kirche besitzen wir eine solche Grundübereinstimmung noch nicht. Wie weit hier dennoch Abendmahlsgemeinschaft gewährt oder Zulassung geübt werden kann, wird im Zusammenhang der ökumenischen Frage unter dem Stichwort des *ökumenischen Gastrechtes* dargestellt werden (4.5.).

2.4. Das Recht der kirchlichen Amtshandlungen

Mit ihren Amtshandlungen begleitet die christliche Gemeinde in besonderen Gottesdiensten ihre Glieder auf deren Bitte hin an Wendepunkten ihres Lebens. Sie gewährt, gestaltet und versagt auch unter Umständen diese Hilfe jeweils im Blick darauf, was ihr Verkündigungsauftrag in diesem Fall erfordert.

Beispielhafte Quellenstellen:

Kirchenordnung der Evangelisch-reformierten Kirche des Kantons Basel-Landschaft vom 5. März 1956/1.Oktober 1970:

Die kirchliche Trauung
Art. 28 – Bedeutung
Bei der kirchlichen Trauung hören die Eheleute Gottes Wort zu ihrem Ehestand und stellen ihr gemeinsames Leben unter Gottes Verheissung und Gebot.

Art.29 – Aufbau der Traufeier
Die Trauung findet in der Kirche oder anderen kirchlichen Räumen statt. Sie umfaßt Predigt, Gesang, Gebet, Trauversprechen und Übergabe der Traubibel. Die Trauung soll schlicht sein; für ihre Gestaltung ist der Pfarrer zuständig. Musikalische Darbietungen sollen dem Anlaß angemessen sein.
Mit dem Einverständnis der Brautleute können mehrere Trauungen gemeinsam vollzogen werden. Die Trauung kann auch im Rahmen des Sonntagsgottesdienstes stattfinden.
Für das Fotografieren und Filmen ist die Zustimmung des Pfarrers, der die Trauung leitet, einzuholen. Es ist nur ohne zusätzliche Beleuchtung und nur in dem vom Pfarrer bestimmten Zeitpunkt gestattet.

Art. 30 – Anmeldung
Die Anmeldung zur kirchlichen Trauung hat mindestens zwei Wochen zuvor zu erfolgen. Der Pfarrer bespricht mit den beiden Brautleuten Verheißung und Verpflichtung des Ehestandes und die Bedeutung der kirchlichen Eheschließung.

Art. 31 – Gemischte Ehen
Brautleuten gemischter Konfessionen sind die besonderen Aufgaben, Möglichkeiten und Probleme ihrer Ehe aufzuzeigen.
Es wird empfohlen, daß sowohl Pfarrer als Brautpaar vor der Trauung mit dem Geistlichen der anderen Konfession Kontakt aufnehmen. Es ist ihnen nahezulegen, sich an den Gottesdiensten ihrer Kirchen zu beteiligen und ihre Kinder im Glauben an Jesus Christus zu erziehen.
Sie können nur dann getraut werden, wenn keine weitere Trauung in einer anderen Kirche stattgefunden hat oder beabsichtigt ist.

Art. 32 – Ziviltrauung
Die kirchliche Trauung darf nur nach erfolgter Ziviltrauung und Vorweisung des Ehescheines vollzogen werden.
...

Art. 34 – Verweigerung der Trauung
Ein Pfarrer kann nicht verpflichtet werden, gegen seine evangelische Einsicht und Überzeugung eine Trauung vorzunehmen.

Die kirchliche Bestattung
Art. 35 – Wesen und Aufbau
Bei der kirchlichen Bestattung versammelt sich die Gemeinde, um den Leidtragenden ihre Anteilnahme zu bezeugen, mit der Trauerfamilie zusammen im Leid vor Gott stille zu werden und sich angesichts des Todes auf das tröstende Wort des Evangeliums zu besinnen. . .
Art. 36 – Ordnung und Gestaltung
Die Bestattungsfeier ist schlicht zu gestalten. Ihre Ordnung richtet sich nicht nach Herkunft und Stand des Verstorbenen. . .
Im Übrigen gelten die nach dem ortsüblichen Brauch getroffenen Bestimmungen. . .

Jugendarbeit, Unterrichtswesen
. . .
Art. 52 – Konfirmation
Die Konfirmation ist nach protestantischer Überlieferung die Feier, in der junge Menschen auf Grund ihrer Taufe und ihres Unterrichtes die Zulassung zum Abendmahl erhalten. Erfolgt die Zulassung schon während des Unterrichtes oder früher, so bekommt die Konfirmation ihren Sinn als Abschlußfeier des kirchlichen Jugendunterrichtes. Sie enthält Fürbitte und Segen für junge Menschen und frägt nach der Weisung des Evangeliums im Wechsel der Generationen.
. . .
Art. 54 – Jugendarbeit
Die besondere Verantwortung der Kirche für die Jugend hört mit der Konfirmation nicht auf. Die Kirchgemeinde ist verpflichtet, der konfirmierten Jugend geeignete Möglichkeiten zu bieten, den Kontakt mit der Kirchgemeinde aufrecht zu erhalten, sich in der christlichen Glaubenserkenntnis weiterzubilden und am Leben der Kirchgemeinde in sinnvoller Weise auch aktiv teilzunehmen.
. . .

2.4.1. Die rechtliche Bedeutung kirchlicher Amtshandlungen

Neben dem kirchlichen Unterricht nehmen die gemeindlichen Amtshandlungen heute meist den größten Teil der Arbeitskraft eines volkskirchlichen Gemeindepfarrers in Anspruch. Hier eröffnen sich mancherlei Möglichkeiten, drohen aber auch manche Konflikte. Evangelisches Kirchenrecht versucht vor allem durch Lebensordnungen dem Pfarrer bei den hier von ihm erwarteten Entscheidungen zur Hand zu gehen. Wo solche Ordnungen fehlen, gilt es doch bestimmte Grundlinien gemeinevangelischer Kirchenrechtsüberzeugung zu bewahren. Der eingebürgerte Ausdruck »*Amtshandlungen*« (oder *Kasualien*) erscheint mißverständlich. Er versucht für Kindertaufe, Konfirmation, Eintritt in

die evangelische Kirche, Trauung und Beerdigung den gemeinsamen Oberbegriff zu finden, kann aber auch weitere Segens- oder Einweihungshandlungen meinen. Der Ausdruck »Amtshandlung« konzentriert das Interesse zu sehr auf den Amtsträger und macht nicht deutlich, daß auch die beteiligten Gemeindeglieder teilweise notwendige Mithandlungen dabei vornehmen. Auch ändert es am geistlichen Wesen der »Amtshandlung« nichts, wenn statt des Amtsträgers der Gemeinde im Ausnahme- oder Notfalle ein »Laie« tätig wird. (vgl. 3.3.1.). Der Ausdruck »Kasualien« bringt zwar positiv ein, daß den hier gemeinten gottesdienstlichen Handlungen jeweils ein »Kasus« menschlichen Lebens zugrunde liegt, läßt aber damit die Frage nach dem Wesen der dem Kasus antwortenden kirchlichen Handlung offen. Überzeugende und durchführbare Regelungsgesichtpunkte ergeben sich beim Zurückgehen auf das allen genannten Handlungen Gemeinsame. Nach evangelischem Verständnis geht es hier stets um *Gottesdienste* der ganzen Gemeinde anläßlich eines Wendepunktes im Leben eines ihrer Glieder. Wollte man sie stattdessen lediglich als eine öffentliche *Benediktionshandlung* zugunsten von Einzelnen verstehen, so würde das Fehlen einer Berücksichtigung der mitfeiernden Gemeinde maßgebliche Aspekte verstellen. Als gesamtgemeindliche, wenn auch durch die Lebenswende eines Gemeindegliedes veranlaßte Gottesdienste haben die Amtshandlungen teil an den für alle Gottesdienste geltenden kirchenrechtlichen Regeln. Sie sollen also öffentlich und offen sein, Jesus Christus gemäß der Heiligen Schrift verkündigen und nach einer geordneten Form streben. So wird jedes Amtshandeln in die Mitverantwortung aller Christen vor Ort hineingenommen und von dort her ausgerichtet. Damit ist Raum für die Berücksichtigung des je Besonderen geschaffen, aber auch der Willkür Einzelner die Grenze gesetzt. Die Aufgabe bleibt, in Wahrung dieser Grunderfordernisse mit der Gemeinschaft der Gemeinde und der Gemeinden zusammenzubleiben. Dabei bleibt die Wortverkündigung unverzichtbares und durch keine anderen agendarischen Vollzüge ersetzbares Proprium jeder evangelischen Amtshandlung.
Taufe, Konfirmation, Eintritt in die evangelische Kirche und Trauung haben Bedeutung auch für die rechtliche Stellung des Gemeindegliedes innerhalb seiner Kirchengemeinde. Deshalb werden sie in den *Kirchenbüchern* (in Österreich: *Matriken*) eingetragen und den Gemeindegliedern darüber *Urkunden* ausgehändigt.

2.4.2. Allgemeine Grundsätze des Rechts der Amtshandlungen

Alle Amtshandlungen haben gegenüber den allgemeinen Gottesdiensten der christlichen Gemeinde ihre charakteristische Besonderheit: sie sind von Einzelnen je für ihren »Fall« erbeten worden. Ein Kind wird nicht von Amtswegen getauft, sondern zur Taufe gebracht. Der Konfirmand hat sich um die Konfirmation beworben,indem er am Konfirmandenunterricht teilnahm und sich der abschließenden Prüfung oder Vorstellung vor der Gemeinde unterzog. Sich kirchlich trauen zu lassen bedeutet, seitdem der Staat die Ziviltrauung als eigene Aufgabe in die Hand genommen hat, nicht mehr die notwendige Form eines bürgerlich-rechtlichen Eheschlusses; sie wird vielmehr im Einzelfalle von dem Brautpaar zusätzlich gewünscht und verabredet. Und die Feier der kirchlichen Bestattung ist nicht gleichbedeutend mit der Beerdigung auf einem kirchlichen Friedhof. Zu einer solchen kann es nämlich, wenn kein anderer Friedhof am Ort ist, auch ohne Mitwirkung des Pfarrers kommen, etwa bei einem Andersgläubigen. Der Pfarrer nimmt vielmehr nur dann die kirchliche Bestattung vor, wenn Leidtragende sie gerade als solche erbitten.

Somit gehört zum Wesen einer Amtshandlung das Vorhandensein von *Nächstbeteiligten*, welche diese Amtshandlungen erbeten haben. Diese Nächstbeteiligten aber haben jeweils noch einen *Umkreis* von weiteren Mitmenschen um sich, die von ihrem Anlaß in Freud oder Leid mitbetroffen sind und meist auch an der Amtshandlung mitfeiernd teilnehmen. Die Eltern beispielsweise melden die Taufe an, aber getauft werden soll der Säugling in Gegenwart der Paten. Der Konfirmand läßt sich vor der Gemeinde prüfen und wird zum Abendmahl zugelassen; aber die Konfirmation bedeutet für seine Eltern und Verwandten die Familienfeier der Erreichung eines Lebensabschnittes. Mit der Teilnahme an der kirchlichen Trauung des Brautpaares gewinnen Verwandte und Freunde die Gelegenheit, die beginnende öffentliche Zweisamkeit als Ehe anzuerkennen und mit zu feiern. Die Bestattung kann zwar nur noch an dem Leichnam eines Verstorbenen und also nicht mehr an dem Toten handeln, aber sie gibt einem weiteren Kreis von Mitmenschen Gelegenheit zum Abschied und zur Bezeigung ihrer Trauer. So bedeuten die kirchlichen Amtshandlungen nicht nur für die unmittelbar Betroffenen einen sozialen »*Ritus des Überganges*« (rite de passage) von einem Lebensabschnitt in den anderen, sondern geben ihnen zugleich die erwünschte Gelegenheit zum Miteinbeziehen eines weiteren Kreises von Mitmenschen in die Feier einer persönlichen Lebenswende. Deshalb nimmt ja dieser weitere Kreis von Mitmenschen, der früher mit der dörflichen oder kleinstädtischen Gemeinschaft gleichbedeutend war, als kleinere Gruppe auch heute an der Feier der Amtshandlung im allgemeinen teil. Manchmal kommt heute umgekehrt eine kirchliche Trauung oder Bestattung gerade deshalb nicht zustande, weil die Nächstbeteiligten dieser Öffentlichkeit ausweichen möchten.

Die kirchenrechtliche wie die pastorale Problematik der Amtshandlungen folgt demgemäß daraus, daß die Kirche zunächst auf die Bitte des unmittelbar Betroffenen mit *Gewährung oder Versagung* der Amtshandlungen antwortet, daß beides sich aber zugleich auch auf den weiteren Umkreis der Mitbetroffenen und Mitbeteiligten mittelbar auswirkt. Natürlich hat die Kirche ihre seelsorgerlich-diakonische Aufgabe vor allem den Nächstbetroffenen gegenüber, welche an einem Lebenswendepunkt die Amtshandlung als einen helfend auf ihre besondere Lage ausgerichteten Sondergottesdienst erbeten haben. Aber die Kirche schuldet auch dem weiteren Kreis der sie umringenden Mitbeteiligten eine klare und hilfreiche Verkündigung. Sie muß auch im Blick auf diese allen Versuchungen zu einer verwirrenden und womöglich ärgerlichen Verkündigung widerstehen.

Die im Bereich evangelischer Amtshandlungen zu treffenden Entscheidungen richten sich demnach nicht nur auf das Wie ihrer Ausführung, also auf den Inhalt der Verkündigung und die Form der Liturgie; das gehört des näheren in die

Praktische Theologie und unterliegt der pastoralen Verantwortung des Amtsträgers. Zu entscheiden ist vielmehr bereits, ob eine erbetene Amtshandlung überhaupt verantwortet werden kann und also vorgenommen werden soll. Zuständig dafür ist regelmäßig die Gemeinde, zu welcher die Nächstbetroffenen gehören. Sie entscheidet dann durch ihre dazu berufenen Amtsträger. Das Nähere gehört zum Recht der Kirchengemeinde (vgl. 3.2.2.).
Ob eine Amtshandlung gewährt oder versagt wird, stellt sich regelmäßig als eine in den Grenzen und unter der Anleitung einer gesamtkirchlichen Ordnung getroffenen Entscheidung geistlichen Ermessens dar. Der sie Gewährende oder Versagende unterwirft sich dabei nicht unausweichlichen Rechtsgeboten, sondern folgt angeleitet durch geistlich zu verstehende Regeln seinem persönlichen Gewissen. Deshalb ist er auch nicht verpflichtet, eine von ihm im Einzelfall verweigerte Amtshandlung zu vollziehen, wenn die dagegen gerichtete Beschwerde des betroffenen Gemeindegliedes Erfolg hatte. Für den Amtsträger wie für den Betroffenen mag es schwierig sein, daß verschiedene Amtsträger oder Gemeinden ähnliche Verhältnisse unterschiedlich behandeln oder daß seiner geistlichen Überzeugung entgegen eine anders geordnete Kirche womöglich das Versagte gestattet, das Ungebräuchliche wagt. Es zeigt sich hier, daß evangelisches Kirchenrecht keine in ihrer Art vollkommene und fragenlose Ordnung ist und sein kann, sondern als Handlungsanleitung ihren Versuchscharakter beibehält. Dem entspricht es, daß für schwierige Streitfälle in diesem Bereich die Beratung und notfalls Streitschlichtung durch andere Amtsträger im größeren Verantwortungsbereich vorgesehen ist. Davon wird im Recht des geistlichen Leitungsdienstes gesprochen werden (vgl. 4.2.1.).

2.4.3. Rechtsfragen der kirchlichen Trauung

Alles dies ist nunmehr zunächst beispielhaft für die kirchliche Trauung zu zeigen. Evangelische Kirche kann es dem Staat nicht wehren, sondern muß es ihm als sein gutes Recht einräumen, wenn er *Eherecht und Eheschließung* als ein Stück äußerer Lebensordnung in die Hand nimmt. Auch unsere Trauungsliturgien sollten die *Zivilehe* deutlich bejahen, den standesamtlichen Akt nicht überhöhen wollen und lieber den ersten Kirchgang des eben verheirateten Paares zum Ausgangspunkt nehmen. Kirchliche Handlungen dieser Art sollten im allgemeinen nur stattfinden, wenn zuvor die staatliche Eheordnung eingehalten worden ist. Das vom Staat heute gesetzte Recht über Ehefähigkeit und Ehehindernisse kann die evangelische Kirche anerkennen. Als jedoch der Hitlerstaat »rassische« Ehehindernisse aufstellte, welche die Kirche nur als eine Verkümmerung des Menschenrechts auf die Ehe ansehen konnte, war die Lage eine andere.
Heute ist allerdings der umgekehrte Fall am Tage, daß nämlich die Eheordnungen des Staates auch solche Ehen erlauben, welche die Christen schlecht mitfeiern können. Gottes Wort lehrt uns die Ehe als eine, auf Lebenszeit zweier Menschen angelegte volle Lebensgemeinschaft achten und dankbar dafür sein. Die neueste Scheidungsgesetzgebung der mitteleuropäischen Staaten aber hat heute aus der Ehe einen auf jederzeitige Kündigung hin offenen Zusammenlebensver-

trag gemacht, der außer durch Einverständnis auch nach Zeitablauf einseitig gelöst werden kann. Die Kirche muß diese, gegen ihren Wunsch und Rat gelaufene Entwicklung wohl oder übel hinnehmen. Sie kann dem Staat nicht verwehren, daß er die Folgen einer Scheidungserschwerung unter heutigen Verhältnissen als noch belastender für das Gemeinwesen ansieht. Die Kirche kann aber auch nicht mitfeiernd an einem Eheschluß teilnehmen, bei dem sich der frühere Lebenspartner eines der Brautleute Gottes Wort zuwider als von diesem einseitig Verstoßener empfinden muß. Wird also die Wiedertrauung eines Geschiedenen erbeten, so darf und muß die christliche Gemeinde auch ihre Angemessenheit im Blick auf eine frühere Ehe im Einzelfalle prüfen und das Ansinnen einer unangemessenen und für ihre Verkündigung untragbaren Amtshandlung gegebenenfalls zurückweisen. Damit greift die Kirche nicht etwa unzulässig in das Amt des Staates ein. Sie muß die von diesem ausgesprochene Scheidung ebenso wie die neue Ehe als nach staatlichem Recht verbindlich respektieren und also auch die Beteiligten danach behandeln. Nur soll man von ihr nicht erwarten, daß sie sich in einem öffentlichen Gottesdienst noch darüber mitfreut, wo sie zuvor hatte warnen und abraten müssen und wo sie nach dem Fehlschlag ihrer Bemühung jetzt nur traurig sein kann.

Das *Verfahren* bei der Entscheidung über die Angemessenheit oder Verweigerung der kirchlichen Trauung einer solchen Ehe bedeutet eine besonders schwierige und verantwortungsvolle pastorale Aufgabe. Kirchenrechtlich ist bei ihr im Auge zu halten, daß auch angesichts der teilweise abweichenden Formulierung mancher kirchlicher Ordnungen nicht einfach Verweigerung als Regel und Gewährung als Ausnahme angenommen werden kann. Denn das Neue Testament kennt neben einer grundsätzlichen Ablehnung der Ehescheidung dennoch Fallgruppen, in denen sie vorgenommen werden kann (Mt. 5, 32; 1. Kor. 7, 15). Seitdem die staatlichen Scheidungsgesetze nicht mehr die Feststellung von Scheidungsverschulden verlangen, ist eine vorbehaltlose Übernahme des staatlichen Scheidungsurteils noch weniger am Platze als zuvor. Letztlich wird nur seelsorgerliches Bemühen zu der geistlichen Entscheidung darüber helfen können, ob die kirchliche Trauung als eine geistliche Hilfe erbeten wird und gewährt werden kann. Wo sie versagt werden muß, da wird dennoch die seelsorgerliche Aufgabe der Kirche an den Eheleuten in Kraft bleiben. Sie kann sich darin ausdrücken, daß eine zunächst aus gerechtfertigter Besorgnis nicht kirchlich getraute Ehe später dennoch kirchliche Bestätigung als *Nachtrauung* oder auch in einer sonst den Verhältnissen angepaßten Weise finden kann, wenn die Bewährung dieser Ehe im Lebensvollzug nunmehr eine andere geistliche Beurteilung erlaubt.

Unterschiedliche Gesichtspunkte stellen sich für den Fall, daß ein Christ die Ehe *mit einem Nichtchristen* geschlossen hat und nun aus diesem Anlaß einen christlichen Gottesdienst begehrt. Sicherlich ist in geistlichem Urteil jeder Nichtchrist ein Noch-nicht-Christ oder als Ausgetretener ein mit der Kirche zerfallener Christ, den es in die Gemeinde mit einzuladen gilt und für den die christlichen Gottesdienste daher offenstehen. Aber ob die christliche Gemeinde Anlaß zur Mitfreude auch wegen einer solchen Ehe hat, wird mit von der Frage abhängen, wie der Nicht-Christ zum Christenglauben seines Ehegatten steht und künftig stehen will. Vor allem in der dringlichen Frage nach der Stellung des Nichtchristen zu Glauben und Glaubensbewährung seines christlichen Lebenspartners wird die christliche Gemeinde hier den maßgeblichen Gesichtspunkt für die Entscheidung über Angemessenheit oder Unangemessenheit einer kirchlichen Handlung finden. Für einen aus der Kirche *Ausgetretenen* wird es jedenfalls nicht selbstverständlich sein, daß für ihn die mitfeiernde Teilnahme der Kirche an seiner Eheschließung ein sinnvolles Anliegen und eine Hilfe sein könnte. Daher wird es auf die Klärung seiner Motive und die Lage des zur Kirche gehörigen Teils ankommen. Wird sie gewährt, so soll ihre Gestaltung dem besonderen Fall darin gerecht werden, daß sie den nichtchristlichen Ehepartner nicht durch die Trauvorhalte oder -frage für die christliche Kirche »vereinnahmt«.

Anders steht es in einer *Ehe unter konfessionsverschiedenen Christen*, die früher diskriminierend »Mischehe« genannt wurde. Jede Ehe will zwei Menschen aus verschiedenen Vorgeschichten zusammenführen, also regelmäßig auch aus verschiedenen Vorgeschichten religiöser Erziehung und Tradition. Die Aufgabe, ohne Preisgabe der jeweiligen Vergangenheit zu einem gemeinsamen Weg zu finden, stellt sich im Grundsatz auch für zwei Ehegatten gleicher Konfession. Sie wird bei Konfessionsverschiedenheit aber schwieriger durch das hinzutretende Moment der jeweiligen Bindung der Gatten an zwei verschiedene Teilkirchen mit unterschiedlichen und teils sogar gegensätzlichen Ordnungen. Die evangelischen Lebensordnungen erwarten, wie schon immer das römisch-katholische Kirchenrecht, daß eine in diesem Falle erbetene evangelische Trauung auch die einzige sein, also nicht noch eine weitere in der anderen Konfession beabsichtigt oder schon vorgenommen sein soll. Dann nämlich erschiene die evangelische Trauung als die kirchliche Begleitung des Ehebeginns nicht recht ernst genommen. Früher wurden teilweise auch Zusicherungen für eine evangelische Erziehung der aus der Ehe erhofften Kinder gefordert und damit Gegenstrategien zu entsprechenden Kautelen des früheren römisch-katholischen Mischehenrechts versucht. Inzwischen kann gemäß dem gewandelten konfessionellen Nachbarschaftsverhältnis nach römisch-katholischem Kirchenrecht auf entsprechenden Antrag hin der katholische Teil von der kanonischen Pflicht zur Eheschließung vor dem katholischen Priester befreit werden. Dann kann er also seine Ehe auch nach katholischem Kirchenrecht gültig vor dem evangelischen Pfarrer oder dem staatlichen Standesamt schließen.

Darüber hinaus ermöglicht das Kirchenrecht beider Konfessionen heute die sogenannten *»ökumenischen Trauungen«*. Sie sollten richtiger als kirchliche Trauung in der einen Konfession unter Mitbeteiligung eines Amtsträgers der anderen Konfession bezeichnet werden. Die *kirchenrechtliche Besonderheit* und Bedeutung dieser Trauungen liegt darin, daß der Mitwirkung von Amtsträgern beider Konfessionen natürlich auch jeweils eine Entscheidung über die Gewährung dieser Mitwirkung und damit über die Angemessenheit dieser Amtshandlung überhaupt vorausgegangen ist. Eine solche gemeinsame Bejahung der Angemessenheit der Trauung aus den ja teilweise unterschiedlichen Gesichtspunkten beider Konfessionen bestätigt also, daß die Ehe nach den Ordnungen beider Konfessionen zulässig und auch gültig abgeschlossen worden ist. In einem solchen Fall darf daher kein zwingendes römisch-katholisches Ehehindernis vorliegen, wie besonders das Hindernis des Ehebandes bei der Trauung von Geschiedenen;

oder es muß bei behebbaren Ehehindernissen eine kirchliche Dispens nach katholischem Kirchenrecht erteilt worden sein.
Kommt es zu einer solchen Trauung in der einen Konfession unter Mitbeteiligung der anderen, so hat das in verschiedener Hinsicht seelsorgerliche und rechtliche Bedeutung. Zunächst drückt damit jeder Ehegatte den Willen zur Treue gegenüber seiner eigenen Konfession in ökumenischer Offenheit zu der anderen Konfession des Ehegatten aus und der andere Ehegatte nimmt das zustimmend zur Kenntnis. So wird deutlich, daß ihr zukünftiges Zusammenleben nicht durch den Sieg der einen Konfession über die andere, sondern durch vertrauensvolle gegenseitige Achtung der Glaubensüberzeugungen bestimmt sein soll. Damit kann für die in diesem Punkt nicht immer leichten Aufgaben des Miteinanderlebens und des späteren gemeinsamen Erziehens von Kindern in einer von zwei unterschiedlichen Glaubenstraditionen bestimmten Ehe ein bedeutsamer Schritt zu ökumenischem Miteinander geschehen. Die Vertreter beider Kirchen geben, wenn auch in unterschiedlicher Form der Mitwirkung, ein öffentliches gottesdienstliches Zeichen dafür, daß sie auch diese Ehe als eine unter Christen vor Gott geschlossene achten und mitbejahen wollen. Daher ist zu einer solchen Eheschließung besonders da zu raten und zu helfen, wo beide Teile ihrer Kirche verbunden sind und ihr auch treu bleiben wollen, im ökumenischen Gegenüber ihrer Ehe aber ihr Glaubensleben noch zu bereichern hoffen.

2.4.4. Die übrigen Amtshandlungen in kirchenrechtlicher Sicht

Für die anderen Amtshandlungen stellen sich verwandte Probleme, die hier nur mehr angedeutet zu werden brauchen. Von der *Taufe* eines Säuglings war schon die Rede (vgl. 2.2.2.). In ihrem gottesdienstlichen Zusammenhang wird die Erwartung christlicher Erziehung in feierlichen Zusagen von Eltern und Paten glaubhaft gemacht und mit fürbittendem Gebet beantwortet.
Die *Aufnahme* eines nach staatlichem Religionsrecht in die evangelische Kirche Eingetretenen ist eine gottesdienstliche Handlung, in der die Übereinstimmung des Eintretenden und der ihn aufnehmenden Gemeinde im Glauben durch einen öffentlich oder doch vor berufenen Zeugen erklärten Bekenntnisakt klargestellt wird. Sie setzt daher Glaubensmündigkeit des Aufzunehmenden und vorangegangene Verständigung über das Besondere des evangelischen Bekenntnisses voraus.
Von der *Konfirmation* als Nachholung der Zusage zu der als Säugling empfangenen Taufe war ebenfalls schon im Zusammenhang mit der Taufe die Rede (vgl. 2.2.4.). Die Konfirmation bedeutet für den Konfirmanden zugleich die endgültige Zulassung zum Heiligen Abendmahl und ist Voraussetzung für den Erwerb der weiteren kirchlichen Rechte. Für Eltern und Paten bedeutet sie die Einlösung ihrer bei der Taufe des nunmehrigen Konfirmanden geleisteten Zusage, um die christliche Erziehung besorgt zu sein. Dadurch rechtfertigt sich ihre Erteilung in öffentlichem Gottesdienst. Die kirchliche *Bestattung* oder genauer gesagt, die kirchliche Mitwirkung bei ihr wird von Hinterbliebenen erbeten, und auch nur diese können als Hörer der Verkündigung präsent sein. Aber gehan-

delt wird an einem Grabe und so sind Lebensentscheidung, Glaubenshaltung und letzter Wille des Verstorbenen der Bestattungsgemeinde noch gegenwärtig. Das bleibt unproblematisch, wenn der Verstorbene als Christ gelebt hat und gestorben ist. In früheren Zeiten hat man sogenannte »*Selbstmörder*« nicht kirchlich bestatten wollen; damals wußte man noch nicht, daß der Tod von eigener Hand oft nur das letzte Stadium einer tödlich verlaufenden Gemütskrankheit darstellt, bei dem von »Mord« allenfalls im Blick auf die Schuld der solche Kranken alleinlassenden Umwelt gesprochen werden dürfte. Heute wird eher die Bestattung eines aus der Kirche *Ausgetretenen* zum Problem. Mit ihrer Verkündigung hat die Kirche bei der Bestattung nur an den Lebenden zu handeln und sie anzureden. Ging es dem Verstorbenen mit seinem Kirchenaustritt nur um die Ablehnung einer Solidarität mit der verfaßten Kirche, so braucht der Kirchenaustritt des Verstorbenen kein Hindernis für einen seelsorgerlichen Dienst an den weiter treu zu eben dieser Kirche gestandenen Trauernden zu sein. Anders wird es liegen, wenn der Ausgetretene bis zuletzt sich außer von der kirchlichen Gemeinschaft bewußt und eindeutig gerade auch vom christlichen Glauben abgewendet hat und damit eine kirchliche Mitwirkung an seiner Bestattung hat verhindern wollen. Ein solches Nein wird die Kirche durch das Unterlassen einer gottesdienstlichen Feier der Bestattung des Ausgetretenen respektieren. Wo seine Hinterbliebenen dennoch um den Beistand der christlichen Gemeinde bitten, werden sich dafür andere Formen, wie etwa eine besondere häusliche Trauerfeier anbieten: Ähnliche Fragen ergeben sich für die Bestattung von Christen aus anderen Konfessionen. Wo ein Geistlicher der eigenen Kirche des Verstorbenen keinen Dienst am Grabe tun kann, da soll und darf der evangelische Amtsträger auf Bitten evangelischer Leidtragender diesen Dienst in der Haltung ökumenischer Stellvertretung übernehmen. Das gilt erst recht, wenn die andere Kirche wegen der Stellung des Verstorbenen zur evangelischen Kirche nicht tätig wird.

Nach den hier angedeuteten Grundsätzen sind schließlich auch die kirchlichen *Einweihungshandlungen* zu behandeln, die ihrem Wesen nach feierliche gottesdienstliche Ingebrauchnahmen von Kirchen, Orgeln, Friedhöfen, Schulen usw. bedeuten. Sie stellen Sondergottesdienste der Gemeinde oder einer gemeindlichen Gruppe aus dem jeweiligen kirchlichen Anlaß heraus dar. »Einweihungen« ohne solchen Bezug, wie etwa die früher üblichen »Fahnenweihen« können als Gottesdienste der Gemeinde kaum verstanden werden. Für die sinnvolle Präsenz des Vertreters der Christengemeinde bei Feiern der Bürgergemeinde gibt es geeignetere Formen.

2.5. Das Recht der Beichte und Seelsorge

Für die evangelische Beichte und damit auch für alle auf sie hin offene Seelsorge verspricht die christliche Gemeinde unverbrüchliche Achtung des ihr gewährten Vertrauens. Daher trifft insbesondere den geistlichen Amtsträger eine weitgehend auch vom Staat geschützte Schweigepflicht.

Beispielhafte Quellenstellen:

Kirchenordnung der Evangelischen Kirche von Westfalen vom 1. Dezember 1953 (KABl 1954, 25; ABl EKiD 1954, 119):

Artikel 183
(1) In der Seelsorge nimmt die Kirche ihren Dienst am Wort durch Zuspruch und Tröstung, Ermahnung und Warnung wahr.
(2) Alle Gemeindeglieder tragen füreinander seelsorgerliche Verantwortung; insbesondere sollen sich die Pfarrer, die Presbyter und alle anderen zum Dienst in der Gemeinde Berufenen der Gemeindeglieder und der nicht zur Kirche Gehörenden mit tröstendem und mahnendem Wort annehmen und ihnen zurechthelfen.

Artikel 184
(1) Die evangelische Kirche bezeugt aus Gottes Wort, daß das Bekenntnis der Sünde von Gott geboten ist und unter seiner gnädigen Verheißung steht.
...
(3) Die allgemeine Beichte findet im Zusammenhang mit einem Abendmahlsgottesdienst oder als selbständiger Gottesdienst statt.
Zur Einzelbeichte soll Gelegenheit gegeben werden. Die evangelische Kirche verwirft aber den Zwang zur Beichte.
(4) Die ordinierten Diener am Wort sind durch ihr Amt berufen, den Dienst der Beichte zu tun.
Auch das nichtordinierte Gemeindeglied kann, wenn es darum gebeten wird, den Dienst der Einzelbeichte erweisen.
(5) Die ordinierten Diener am Wort sind durch ihr Ordinationsgelübde verpflichtet, das Beichtgeheimnis unbedingt zu wahren. Auch die übrigen Amtsträger der Kirche und alle Gemeindeglieder sind gehalten, über das, was ihnen als Beichte anvertraut wird, zu schweigen.

Aus dem Pfarrergesetz der Vereinigten Evangelisch-Lutherischen Kirche Deutschlands vom 14. Juni 1963/3. Januar 1983 (KABl VELKD Bd. V., 269; ABl EKiD 1983, 86):

§ 33
(1) Der Pfarrer ist verpflichtet, das Beichtgeheimnis gegenüber jedermann unverbrüchlich zu wahren.

(2) Ebenso hat der Pfarrer über alles, was ihm in seiner Eigenschaft als Seelsorger anvertraut worden oder bekannt geworden ist, zu schweigen. Wird er in Fällen, die nicht zur Beichte und zum Begehren der Absolution führen, von der Schweigepflicht durch denjenigen, der sich ihm anvertraut hat, entbunden, soll er gleichwohl sorgfältig prüfen, ob und inwieweit er Aussagen oder Mitteilungen verantworten kann.
(3) Der Pfarrer muß bereit sein, Nachteile, die sich aus dem Beichtgeheimnis und der Schweigepflicht nach Absatz 1 oder Absatz 2 ergeben, auf sich zu nehmen.

§ 34
Über alle Angelegenheiten, die dem Pfarrer sonst in Ausübung seines Dienstes bekannt geworden und die ihrer Natur nach oder infolge besonderer Anordnungen vertraulich sind, hat er Dienstverschwiegenheit zu bewahren. Über diese Angelegenheiten darf er ohne dienstliche Genehmigung weder vor Gericht noch außergerichtlich aussagen oder Erklärungen abgeben. Dies gilt auch, wenn ein Dienstverhältnis nicht mehr besteht.

Aus der Strafprozeßordnung (der Bundesrepublik Deutschland) vom 1. Februar 1877 in der Fassung vom 7. Januar 1975 (BGBl I, 129, 650):

§ 53 – Berufsgeheimnis
(1) Zur Verweigerung des Zeugnisses sind ferner berechtigt 1. Geistliche über das, was ihnen in ihrer Eigenschaft als Seelsorger anvertraut worden oder bekanntgeworden ist; . . .

§ 53 a – Berufshelfer
(1) Den in § 53 Abs. 1 Nr. 1 bis 4 Genannten stehen ihre Gehilfen und die Personen gleich, die zur Vorbereitung auf den Beruf an der berufsmäßigen Tätigkeit teilnehmen. Über die Ausübung des Rechtes dieser Hilfspersonen, das Zeugnis zu verweigern, entscheiden die in § 53 Abs. 1 Nr. 1 bis 4 Genannten, es sei denn, daß diese Entscheidung in absehbarer Zeit nicht herbeigeführt werden kann.

2.5.1. Der Grundsatz der seelsorgerlichen Schweigepflicht

Die nachgehende Seelsorge gehört zum Grundauftrag der Christen. Sie kommt vom Gottesdienst her und will zu ihm hinführen; deshalb soll sie im Zusammenhang des Gottesdienstrechts behandelt werden, auch wenn sie weitgehend nicht öffentlich geschieht. Seelsorge steht schon vom Neuen Testament her unter der Weisung, Leumund und soziale Geltung des Nächsten so weit als möglich zu achten und zu schonen. Als im Mittelalter die kirchliche Seelsorge sich zu Angebot und Auflage der Einzelbeichte vor dem kirchlichen Amtsträger ausformte, wurde die Zusage strengen seelsorgerlichen Schweigens über das Beichtwissen zu einem Stück innerkirchlicher Rechtsordnung. Gemäß der eindeutigen Weisung des römisch-katholischen Kirchenrechts hat es bis in unser Jahrhundert immer wieder Märtyrer der Beichtverschwiegenheit gegeben. Die evangelische Kirchenrechtslehre kennt Seelsorge und Beichte nur als Angebot, nicht als Rechtspflicht. Sie muß sich jedoch fragen lassen, ob und inwieweit der Rück-

gang evangelischer Seelsorge mit mangelnder Klarheit in Rechtsfragen zusammenhängt.
Das evangelische Kirchenrecht unterscheidet zwischen der allgemeinen *Amtsverschwiegenheit*, der *seelsorgerlichen Verschwiegenheit* und dem *Beichtgeheimnis*. Die erstgenannte erstreckt sich auf alle, auch die als Kirchensteuer- und Grundstücksangelegenheiten durchaus »ungeistlichen« Interna der kirchlichen Verwaltung. Solche sind, wenn das Kirchenrecht oder die Natur der Angelegenheit es gebieten, von allen kirchlichen Amtsträgern dauernd vertraulich zu behandeln; jedoch können die zuständigen kirchlichen Oberbehörden aus Gründen übergeordneter kirchlicher Interessen diese Amtsverschwiegenheitspflicht aufheben. Demgegenüber trifft die seelsorgerliche Schweigepflicht den Seelsorger als solchen und kann daher nicht einseitig durch kirchliche Behörden aufgehoben werden. Aber auch wenn der Seelsorgebefohlene den Seelsorger von der Schweigepflicht entbindet, darf und muß der Seelsorger über sein weiteres Schweigen oder Reden selbstverantwortlich entscheiden. Das Beichtgeheimnis ist ein herausgehobener, durch besonders eingeschärfte Schweigepflicht geschützter Fall des Seelsorgegeheimnisses.
Ordinationsgelübde und Pfarrerdienstgesetze ergeben eine gemeinevangelische Rechtsüberzeugung jedenfalls dahin, daß der kirchliche Amtsträger sich öffentlich zum Schweigen über alles beichtweise Erfahrene verpflichtet und daß er den ihm vertrauenden Seelsorgebefohlenen nicht preisgeben darf. Evangelischem Verständnis gemäß kommt es für diese Pflicht nur darauf an, ob tatsächlich die Seelsorge gesucht wurde. Es kann keinen entscheidenden Unterschied machen, ob die Seelsorge zu einem vollen reuigen Bekenntnis oder gar zu einer förmlichen Beichte geführt hat oder nicht.
Wenn ein in der Kirche nicht besonders »beamteter« Christ an einem anderen Menschen »*Laienseelsorge*« übernimmt und als Christ von ihm dabei vertrauliche Mitteilungen oder sogar eine Beichte entgegennimmt, fehlt es zwar an einer besonderen Berufsverpflichtung zum Schweigen. Schon dadurch aber, daß er bewußtermaßen als Christ hier sich zur Seelsorge bereitfand, hat er an dem allgemeinen Grundsatz der kirchlichen Verschwiegenheit mit Anteil genommen und muß sich danach verhalten. Das ist nicht nur für die im kirchlichen Besuchsdienst mitarbeitenden Gemeindeglieder wichtig, sondern auch für die Teilnehmer an den heute ja häufig von Kirchengemeinden organisierten *Gesprächsseelsorgegruppen*. Gerade wenn hier die Kirche die Wahrung des Schweigens über das im Vertrauen Mitgeteilte nicht mit amtsrechtlichen Mitteln durchsetzen kann, sollten die Leiter einer solchen Gruppe bei den Teilnehmern das Bewußtsein ihrer bleibenden Verpflichtung zum Schweigen über das von den übrigen Gruppenmitgliedern seelsorgerlich Erfahrene bewußt halten.

2.5.2. Weitere Bereiche seelsorgerlichen Vertrauensschutzes

Das seelsorgerlich erworbene Wissen bedarf nicht nur in der Person des Seelsorgers selbst des Schutzes. Neben dem geistlichen Amtsträger selbst kommen als Mitwisser von seelsorgerlich geheimzuhaltenden Dingen unter Umständen auch seine Helfer in Betracht. *Mitarbeiter*, ebenso die zur Ausbildung ihm zugewiesenen Vikare und auch seine im Pfarrhaus mit ihm zusammenlebenden Angehörigen haben nicht selten Zugang zu einem Teil dieses anvertrauten Wissens. Auch wenn sie beim eigentlichen Gespräch nicht anwesend waren, können sie beim Empfang oder der Verabschiedung des Besuchs beteiligt gewesen sein, vielleicht mit den Folgemaßnahmen aus einem solchen Gespräch befaßt werden und dadurch etwas von dem Seelsorgewissen erfahren. Kirchliche Dienstnehmer nehmen in einem solchen Falle an der Schweigepflicht des Seelsorgers teil. Im übrigen sollte der geistliche Amtsträger, gerade um seiner rechtlichen Verantwortung willen, *Vorsicht* üben, um das ihm Anvertraute sowenig wie möglich zu anderen dringen zu lassen. Gegen das Mithören von Gesprächsfetzen durch andere Wartende im Vorzimmer oder durch unvermutet ins Gesprächszimmer Eintretende können nur Vorsicht und zweckmäßige Einrichtung des Amtszimmers schützen. Problematisch bleibt es auch, seelsorgerliches Wissen durch *Notizen* in Kartei oder Tagebuch, Gesprächsprotokolle oder Tonbandaufnahmen gewissermaßen zu verselbständigen. Der Inhalt solcher Unterlagen kann unvorhersehbar in fremde Hände fallen und ist dann nicht vor dem Weitererzählen geschützt. Ein mit voller seelsorgerlicher Anteilnahme geführtes Gespräch sollte übrigens solcher, für den Schutzbefohlenen unter Umständen später verhängnisvollen Gedächtnisstützen nicht bedürfen. Bei keiner Form pastoraler *Mitteilungen* weder als Kanzelbeispiel noch als Lehrmaterial für pastoral-psychologische Schriftstellerei darf Beichtwissen, sei es auch verfremdet, ungenehmigte Verwendung finden. Mitarbeiterbesprechungen und eheliche Aussprachen, aber auch Berichte an kirchliche Vorgesetzte müssen davon frei bleiben, was ein Mitchrist in der Seelsorge offenbart hat oder sonst bei dieser Gelegenheit hat merken lassen. Auch wo der Seelsorger Rat vom Fachverständigen einholen möchte oder die Fühlungnahme mit einem Dritten etwa in der Eheseelsorge im Interesse des Seelsorgebefohlenen erwünscht ist, bedarf es dessen Einverständnisses, wenn dabei Seelsorgewissen mitgeteilt werden soll. Die gewissenhafte Einhaltung aller nur möglichen Sorgfalt wird den Amtsträgern der evangelischen Kirche das Vertrauen zurückgewinnen, welches der geistliche Stand früher einmal allgemein besaß und das heute noch der katholische Priester besitzt.

2.5.3. Mögliche Grenzen des seelsorgerlichen Schweigens

Das Schweigen des evangelischen Seelsorgers ist eine um des Vertrauens und der Liebe willen übernommene, nicht eine um formaler Grundsätze willen erzwungene Pflicht. Daraus ergeben sich Anhaltspunkte für die hier denkbaren, teilweise rechtlich wie seelsorgerlich höchst verwickelten Grenzfälle.
Das *römisch-katholische Kirchenrecht* läßt in seinem kategorischen Schweigebefehl für Ausnahmen in Grenzfällen keinen Raum. Es erstreckt die strenge Pflicht des Beichthörers auch darauf, daß er sein Beichtwissen selbst bei Schweigen über dessen eigentlichen Inhalt nicht einmal mittelbar zum Schaden des Seelsorgebefohlenen nutzen kann. Er soll also nicht einmal zur Rettung des Le-

bens eines durch Fehlurteil bedrohten Unschuldigen, nicht einmal zur Warnung eines von schwerem Verbrechen Gefährdeten sein Wissen ausnutzen dürfen, auch wenn er dabei eine unmittelbare Preisgabe des Seelsorgebefohlenen vermeiden kann! Den evangelischen Seelsorger wird jedenfalls in äußersten Grenzfällen keine kategorische Pflicht treffen, von einem den Seelsorgebefohlenen nicht gefährdenden Verwenden seines Wissens als Anlaß zu helfenden Handlungen gänzlich abzusehen, wenn nur so großes Unglück verhütet wird. Nicht nur die Treue zum gegebenen Schweigeversprechen, auch die Pflicht der Hilfe zum bedrohten Mitmenschen verlangen ihr Recht. Erfinderische Liebe wird, wenn nicht überhaupt der seelsorgerliche Einfluß auf den Seelsorgebefohlenen zur Abhilfe führt, einen Weg zur Warnung und Rettung des Bedrohten weisen, ohne daß der Seelsorgebefohlene dabei hintergangen oder stärker gefährdet wird. Allerdings wird dabei keine am grünen Tisch entworfene kasuistische Anweisung, sondern nur der im Einzelfall gewagte Rückgriff auf das eigene seelsorgerliche Gewissen helfen können.

Das beichtweise Einholen eines helfenden Rates bei einem selbst unter Schweigepflicht stehenden erfahrenen Seelsorger wird nicht immer möglich sein, aber in manchen Grenzfällen hilfreich werden können.

2.5.4. Der Schutz des Seelsorgegeheimnisses im staatlichen Recht

Für ordinierte kirchliche Amtsträger ist das Seelsorgegeheimnis auch von den Staatsgesetzen geschützt. Mit dem Privileg des seelsorgerlichen *Schweigerechtes* wird nicht nur anerkannt, daß eine vertrauenswürdige kirchliche Seelsorge mancherlei gemeinschädliches Unheil verhüten kann. Es bedeutet auch eine einleuchtende Folgerung aus dem Menschen- und Bürgerrecht der Glaubensfreiheit, daß die Betätigung persönlichen Glaubens in den geordneten Lebensformen anerkannter Religionsgemeinschaften gleichfalls Rechtsschutz erhält.

Dieser Rechtsschutz erstreckt sich zunächst auf die Stellung des *Seelsorgers als Zeuge* innerhalb gerichtlicher Verfahren. Ehescheidungs- und Erbstreitigkeiten unter Gemeindemitgliedern, aber auch Strafprozesse wegen eines schon gebeichteten Vergehens können dazu führen, daß Beteiligte bei dem Pfarrer seelsorgerliches Wissen vermuten und durch den Zwang einer Zeugenladung Näheres zu erfahren versuchen. Der kirchliche Amtsträger ist dann, wie jeder andere Bürger, zwar zum Erscheinen verpflichtet. Auf Fragen, die er ohne Offenlegung von Beicht- oder Seelsorgewissen nicht beantworten könnte, darf er aber die Aussageverweigerung erklären. Dafür kommt es nicht darauf an, in welche Richtung seine wahrheitsgemäße Antwort sonst gehen müßte und ob sie insbesondere tatsächlich einen Seelsorgebefohlenen belasten würde. Aus der bloßen Aussageverweigerung des Pfarrers als Zeuge darf also nicht schon der Schluß gezogen werden, die von ihm verweigerte Antwort würde den Angeklagten sicherlich belastet haben und dieser sei also wohl schuldig. Denn der Pfarrer darf und soll ja nach kirchlichem Recht auf jeden Fall über sein Seelsorgewissen schweigen, um die kirchliche Seelsorge vertrauenswürdig zu erhalten. Schon aus diesem Grunde, den er zweckmäßig bei seiner Vernehmung auch klarstellt, steht ihm das Schweigerecht zu und ist teilweise im staatlichen Prozeßrecht bestimmt, daß er nach ausgesprochenem Beichtwissen gar nicht erst befragt werden darf. Wo allerdings noch ungewiß ist, ob der Pfarrer als Seelsorger oder als Privatmann sein Wissen erlangt hat, darf der Richter oder Polizeibeamte ihn jedenfalls befragen. Es bleibt dann Sache des Pfarrers, sich auf sein Schweigerecht zu berufen und die von ihm geforderte Antwort ausdrücklich abzulehnen. Eine ausweichende Antwort, etwa: hierzu könne er nichts sagen, oder das Vorgeben, er wisse von nichts, wäre mit dieser Rechtslage unvereinbar.

In der Bundesrepublik Deutschland haben auch die *Gehilfen* des Pfarrers ein Schweigerecht, welches von dem des Pfarrers selbst abgeleitet ist und daher dessen Entscheidung unterliegt. Auch die in seinem Besitz befindlichen Unterlagen über seelsorgerliche Angelegenheiten dürfen nicht beschlagnahmt werden.

Das Schweigerecht kommt auch in Betracht, wenn der Pfarrer in der Seelsorge von einem *drohenden Verbrechen* erfahren hat. In der Bundesrepublik Deutschland und in Österreich ist er dann auch von jeder Pflicht zur Anzeigeerstattung frei.

Der ganze Bereich des seelsorgerlichen Schweigerechtes in gerichtlichen Verfahren birgt so viele Fragen und Probleme, daß der Seelsorger selbst sich in schwierigen Fällen vor seiner Entscheidung eine fachkundige und vertrauliche Beratung sichern sollte.

3. Das Recht der Gemeinde

3.1. Der Rechtsbegriff der Gemeinde

Evangelische Gemeinde bildet sich in dem zur Stetigkeit hinstrebenden Zusammenkommen von Christen innerhalb eines gemeinsamen Lebenskreises zum Gottesdienst sowie zum Dienst an anderen Christen und für die Welt.

Beispielhafte Quellenstellen:

Aus der Verfassung der Evangelisch-Lutherischen Kirche in Bayern vom 20. November 1971 (KABl 287, ABl EKiD 1972, 3):

Artikel 19
(1) In der Kirchengemeinde verwirklicht sich Gemeinde Jesu Christi im örtlichen Bereich.
(2) Die Kirchengemeinde ist eine örtlich bestimmte Gemeinschaft von Kirchengliedern, die sich regelmäßig um Wort und Sakrament versammelt, und in der das Amt der Kirche ausgeübt wird.
(3) Die Kirchengemeinde hat die Aufgabe, das Gemeindeleben in ihrem Bereich zu gestalten. Sie hat für die Verkündigung des Evangeliums in Wort und Sakrament zu sorgen, den Dienst der christlichen Liebe zu üben und die kirchliche Unterweisung zu fördern; sie hat den missionarischen Auftrag in der Welt mitzuerfüllen.

Aus der Verfassung der Nordelbischen Evangelisch-Lutherischen Kirche vom 12. Juni 1976 (ABl Schleswig-Holstein 159, ABl EKiD 1977, 19):

Artikel 9:
(1) Die Kirchengemeinde ist in der Regel Ortsgemeinde. Sie ordnet und verwaltet ihre Angelegenheiten im Rahmen des geltenden Rechts in eigener Verantwortung.
(2) Wenn sich Gemeindeglieder unabhängig von Ortsgemeinden zu kirchlicher Gemeinschaft sammeln, kann dieser durch die Nordelbische Kirche die Rechtsstellung einer Kirchengemeinde zuerkannt werden. Das Nähere regelt ein Kirchengesetz.

Aus der Verfassung der Ev. luth. Landeskirche in Braunschweig in der Neufassung vom 3. April 1978 (ABl 45, ABl EKiD 229):

Artikel 27
(1) Die Kirchengemeinde umfaßt grundsätzlich die in einem räumlich begrenzten Bezirk innerhalb der Landeskirche wohnenden Kirchenmitglieder (Parochialgemeinde). Die Umgrenzung wird durch Herkommen oder Kirchenverordnung bestimmt.

(2) Ausnahmsweise kann eine Kirchengemeinde nach einem Personenkreis bestimmt sein (Personalgemeinde); für eine Anstalt kann eine Anstaltsgemeinde gebildet werden. Das Nähere wird durch ein Kirchengesetz geregelt.

Artikel 28
Für evangelische Christen, die sich unbeschadet ihrer Mitgliedschaft in einer Parochialgemeinde zu besonderer kirchlicher Gemeinschaft sammeln, kann die Kirchenregierung bis zu einer kirchengesetzlichen Regelung geeignete Einrichtungen schaffen.

Artikel 29
(1) Der Propsteivorstand kann auf Antrag die Zugehörigkeit eines Kirchenmitgliedes zu einer anderen Kirchengemeinde zulassen.
(2) Die Mitglieder der Kirchengemeinden sind berechtigt, in einzelnen Fällen oder allgemein den Dienst eines anderen als des zuständigen Pfarrers in Anspruch zu nehmen.
(3) Das Nähere zu den Absätzen 1 und 2 wird durch Kirchengesetz geregelt.
...

Artikel 31
(1) Mehrere Kirchengemeinden können unter einem gemeinschaftlichen Pfarramt verbunden werden (Pfarrverband). Die Pfarrverbände werden durch das Landeskirchenamt errichtet oder aufgehoben. Die betroffenen Kirchenvorstände und Propsteivorstände sind vorher anzuhören.
...

Artikel 32
Mehrere Kirchengemeinden können zur Wahrnehmung gemeinsamer Aufgaben und zur Unterhaltung gemeinsamer Einrichtungen sowie zu gemeinsamer Finanz- und Vermögensverwaltung Kirchenverbände bilden.
...

3.1.1. Kirche, Christenheit und Gemeinde

Der Begriff der *Gemeinde* ist ein Schlüsselbegriff des evangelischen Kirchenrechts. Das zeigt sich schon daran, daß nach dem Ausdruck vieler Kirchenverfassungen die Kirche sich auf der Gemeinde aufbaut, diese also ihre erste und grundlegende Stufe darstellt. Wollte man statt dessen sogleich von einem über der Gemeinde sich erhebenden Gesamtbegriff von Kirche ausgehen, so würden leicht Wesensmerkmale des evangelischen Kirchenrechts verzerrt.
Der Begriff »Gemeinde« in evangelischem Verständnis steht zwischen den Begriffen der »*Christenheit* auf Erden« und dem der aktuellen Hörerschaft konkreter Verkündigung vor Ort. Die Christenheit auf Erden als die Gesamtheit der sich erkennbar zur christlichen Kirche haltenden Menschen ist zu unterscheiden von der geglaubten Kirche als dem fortlebenden Leibe des auferstandenen Christus auf Erden. Diese geglaubte Kirche ist als solche in dem Sinne unsichtbar, daß sie letztlich unaufweisbar bleibt und sich ihrem Wesen nach

menschlichem Messen und Abgrenzen entzieht. Sie ist für den Glauben als solche hörbar in der Verkündigung, die von ihr ausgeht. Sie ist für ihn wahrnehmbar in dem Sinne, daß die in ihr stiftungsmäßig gefeierten Sakramente im Glauben als geistliche Wirklichkeit zu erkennen und anzuerkennen sind.
Daraus ergibt sich die wechselseitige Bezogenheit von geglaubter Kirche und Christenheit. Die Kirche als der geglaubte Leib Christi lebt in der Christenheit, ohne in ihr aufzugehen und ohne an ihre Grenzen gebunden zu sein. Über die Christenheit geschieht die Begegnung mit der Kirche des Glaubens. Ein zur Christenheit sich zählender Mensch ist berufen und nimmt für sich in Anspruch, Glied der Kirche des Glaubens zu sein. Diese Gliedschaft ist nicht schon mit seiner äußeren Zugehörigkeit zur Christenheit gegeben. Aber jeder sich zur Christenheit auf Erden Zählende ist, da nur Gott selbst die Grenze der Kirche des Glaubens bestimmen und kennen kann, jedenfalls um der Liebe willen von den Menschen als ein Glied der geglaubten Kirche zu behandeln und anzusehen. Insoweit ist die Christenheit auf Erden der Inbegriff aller derer, die sich zu Christus in dem ihn verkündigenden Wort und den von ihm gestifteten Sakramenten bekennen.
Ist so die Christenheit auf Erden ein ökumenischer weltweiter Begriff, so ist der andere Grenzbegriff zur christlichen Gemeinde die *Hörerschaft* einer konkreten Verkündigung. Die Straßenpredigt, die Rundfunkandacht oder auch die offene Tür eines Gottesdienstes zeigen, daß die Hörerschaft konkreter Verkündigung durch die missionarische Offenheit christlichen Glaubens und Gottesdienstes bestimmt ist. Eine recht gehörte konkrete Verkündigung will sich auch äußerlich als christliche verwirklichen. Christliche Gemeinde erwächst aus der konkreten Verkündigung, will sie fortsetzen und weiterführen. Christliche Gemeinde will aber auch mit der Christenheit auf Erden zusammenhängen. Denn gerade in konkreter Gemeinde zeigt sich die Christenheit auf Erden ja als ganze gegenwärtig und läßt sich als gegenwärtig im Glauben erkennen. Sie weiß den erhöhten Herrn in ihrer Mitte gegenwärtig, wo zwei oder drei in seinem Namen sich versammeln. Deshalb erwartet sie auch nicht nur für sich selbst die Anerkennung und Verwirklichung der Christenheit auf Erden. Sie muß dies vielmehr auch jeder anderen Gemeinde zuerkennen und von jedem Christen erwarten, daß er Recht und Pflicht, Begrenzung und Weite dieses ihres Auftrags anerkennt.

3.1.2. Ortsgemeinde, Personalgemeinde, Paragemeinde

Evangelische *Gemeinde* ist kirchenrechtlich definiert worden als die örtlich begrenzte Körperschaft, in der sich das kirchliche Leben in Verkündigung, Verwaltung der Sakramente, christlicher Unterweisung, Seelsorge und christlicher Liebestätigkeit entfaltet. Daran ist richtig, daß sich in der christlichen Gemeinde die Entfaltung der Aufgaben der Christenheit auf Erden innerhalb eines begrenzten Bereiches darstellt. Überwiegend ist dieser Bereich als ein örtlicher gegeben. Kirchengemeinde als *Ortsgemeinde* besteht in dem räumlichen Bereich,

in dem Menschen innerhalb ihres auch sonst gemeinsamen Lebenskreises tatsächlich zusammenkommen und miteinander ihrem Glauben leben können.
Es zeigt sich jedoch, daß die räumliche Begrenzung der Gemeinde nicht die einzig mögliche ist. Nicht nur in großstädtischen Verhältnissen, sondern überhaupt in unserer durch öffentliche und private Verkehrsmittel bestimmten Gesellschaft können sich Menschen aus einem erheblich weiteren Bereich treffen und christlich zusammenarbeiten, als ihn eine geographische Grenzziehung umschreibt. Auch eine personale Abgrenzung einer Gemeinde ist denkbar. Eine *Personalgemeinde* bestimmt den Kreis ihrer Glieder nicht auf dem Umweg über ein Gemeindegebiet, sondern durch das Bestehen einer bestimmten Lebensbeziehung zwischen den einzelnen Gemeindegliedern und der auf sie zielenden missionarischen Ausrichtung der Gemeinde. Als Beispiele dafür mögen etwa *Anstaltsgemeinden* oder *Militärgemeinden* stehen. Wir kennen so auch als Rechtsformen Anstaltsgemeinden von Menschen, die als Betreute oder Mitarbeiter in einer gemeinsamen diakonischen sozialen Aufgabe zusammengehören. Wir kennen berufsständisch bestimmte Gemeinden wie etwa Militärgemeinden oder *Hochschulgemeinden*. Eine Grenzmöglichkeit bilden schließlich solche Gemeinden, die aus jeweiliger auf ein besonderes gemeinsames Glaubens- und volksmissionarisches Arbeitskonzept bezogenen freien Entscheidung ihrer Mitglieder zu Personalgemeinden mitgliedschaftlich zusammentreten. Das hat besonders für kirchlich anerkannte Bruder- und Schwesternschaften, sowie die neuerdings wieder entstandenen evangelischen Orden (vgl. 4.3.4.) Bedeutung.
Gemeinsam ist allen diesen Personalgemeinden, daß sie bewußt nicht alle in einem bestimmten Lebenskreis zusammenwohnenden Christen gleichen Bekenntnisses erfassen wollen, sondern einen bestimmten Ausschnitt daraus zu besonderem Dienst zusammenführen möchten. Wenn auch die große Mehrzahl der Gemeinden heute nach wie vor Ortsgemeinden bedeuten, so ist doch die Legitimität von Personalgemeinden bereits so weit anerkannt, daß eine die gegenwärtige Wirklichkeit erzielende *Definition* von christlicher Gemeinde den Begriff der örtlichen Begrenzung nicht mehr zum tragenden Kriterium erheben darf. Christliche Gemeinde ist daher zu bestimmen als die geordnete Gemeinschaft von Menschen, die innerhalb eines gemeinsamen Lebenskreises zur gemeinsamen Betätigung ihres Christseins in Gottesdienst und Dienst aneinander wie an anderen Menschen auf Stetigkeit hin zusammenkommen.
Das letztgenannte Element der *Stetigkeit* des Zusammenkommens will sagen: zur christlichen Gemeinde gehört der Wille, nicht nur dieses eine Mal zusammen zu sein, sondern auch weiter zusammenkommen zu wollen, nicht nur hier und jetzt einem Auftrag Jesu Christi nachzukommen, sondern gerade auch um der künftigen Erfüllung dieses Auftrags willen beieinander zu bleiben, aneinander und miteinander zu wirken. Das unterscheidet christliche Gemeinde von solchen Zusammenkünften der Christen, wie sie sich aus einmaligem oder kurzfristig vorübergehendem Anlaß neben und in Ergänzung der Sammlung der Christen zur Gemeinde ergeben können. Solche Zusammenkünfte können etwa eine Akademietagung, eine Freizeit oder ein Kirchentag sein. Für solche Gemeinsamkeit von Christen ist im Schrifttum der Ausdruck der »*Paragemeinde*«

gebildet worden. Dieser erscheint zwar sprachlich nicht glücklich. Er bringt aber das relative Recht einer Sammlung von Christen aus konkretem Anlaß und zu konkret begrenztem Zweck auch neben der auf Stetigkeit hin ausgerichteten Gemeinde der Christen zum Ausdruck. Um dieses relativen Rechts auch der Paragemeinden willen ist es legitim, daß sich das Kirchenrecht mit ihnen beschäftigt und besonders auch für den von ihnen zu leistenden Dienst gesamtkirchliche Verantwortlichkeit regelt.

3.1.3. Der Umkreis der Gemeinde

Funktion und Wesen der Gemeinde werden maßgeblich dadurch mitbestimmt, in welchem Maße die Festlegung ihres Umkreises Möglichkeit und Formen der in ihr zu leistenden Arbeit vorherbestimmt.
Grundlegend für die evangelische Gemeinde ist der Gedanke des *Zusammenkommens*, eines neutestamentlichen Grundanliegens des Christseins, innerhalb gemeinsamen Lebenskreises. Praktisch gesprochen ist damit der Bereich gemeint, in dem Christen noch innerhalb ihres durchschnittlichen Alltagslebens sich treffen und sinnvoll persönlich zusammenwirken können, ohne daß es dazu besonderer Reisen oder umständlicher Vorbereitungen und Hilfsmittel bedarf. Sowohl ein zu weitgestreutes Wohnen wie auch eine übergroße Zahl der eine Gemeinde bildenden Christen belasten dieses Zusammenkommen und Zusammenwirken. Wie weit der äußere Kreis hier zu ziehen ist, hängt naturgemäß außer von dem Charakter als Orts- oder Personalgemeinde von den jeweiligen Umständen ab. In vergangenen Jahrhunderten, in denen die Menschen durch ihre bäuerlichc, handwerkliche oder kleinbürgerliche Lebensform an ihren Wohnort und ihr Wohnhaus stärker gebunden waren, war der naturgegebene Umkreis einer Gemeinde der Wohnort; Kirchengemeinde war gleichbedeutend mit einer Ortsgemeinde im Fußgängerumkreis rund um die Kirche. Heute hat die moderne Verkehrstechnik erleichterte Möglichkeiten personeller *Mobilität* geschaffen; das Zusammenkommen der Christen ist auch über einen weiteren Bereich als den der Fußgängerentfernung rund um den Kirchturm hinaus denkbar und zweckmäßig. Infolgedessen haben sich, wovon noch zu reden sein wird, auch die früheren strengen Abgrenzungen der Bindung der Gemeinde an die geistliche Zuständigkeit ihres Pfarramtes als unzweckmäßig erwiesen und sind heute kirchenrechtlich weithin aufgelockert worden (vgl. 3.2.2.; 3.4.1.).
Entscheidend für den Begriff der Gemeinde ist, daß Christen in einem Raum, der informelle Beziehungen und Handlungsmöglichkeiten eröffnet, ihrer Glaubenserkenntnis gemäß das christliche Miteinanderleben zu verwirklichen suchen. Das wird da zum Problem, wo als Folge der Spaltung der Christenheit eine bekenntnismäßige *Diaspora* innerhalb eines durch die Mehrheitskonfession bestimmten Gebietes sich gemeindlich organisieren muß. Minderheitskirchen, wie etwa auch die Evangelische Kirche in Österreich, stehen hier vor dem schmerzlichen Problem, daß bei den Abgrenzungen der Kirchengemeinden als der grundlegenden Körperschaft des gesamtkirchlichen Aufbaus auch die Grenzen der Arbeitskraft eines Pfarrers mit hineinspielen. Läßt man diesen Gesichtspunkt

entscheiden, so wird die Gemeinde so weiträumig umgrenzt, daß ihre Seelenzahl unter Berücksichtigung der dienstlichen Wege die Arbeitskraft eines Pfarrers voll ausfüllt. Damit muß aber die Gemeinde sich auf eine solche räumliche Größe erstrecken, daß ein volles Miteinander christlichen Lebens für alle ihre Glieder kaum mehr ermöglicht wird. Die Einrichtung von teilweise selbständigen *Predigtstätten oder Tochtergemeinden* in einer solchen, räumlich fast zu großen Gemeinde bietet eine der hier möglichen Lösungen. Geschichtlich geworden ist auch der andere Weg, mehrere sehr kleine selbständige Gemeinden durch den gleichen Pfarrer versorgen zu lassen, also ihre *pfarramtliche Verbindung*. In beiden Fällen wird es schwierig, aber nicht unmöglich, die Forderungen des Miteinanders der Christen vor Ort und die Forderung der Schaffung eines angemessenen Arbeitsbereiches für den Pfarrer miteinander in Übereinstimmung zu bringen.

3.1.4. Der Vorrang der Gemeinde

In ihrem Dasein als Verwirklichung christlichen Miteinanderlebens in konkretem Umkreis besitzt die Gemeinde ihre geistliche Würde als die Verleiblichung der Christenheit auf Erden. Sie ist der Punkt, in dem diese ergriffen werden soll und erlebt werden kann. Deshalb gibt LUTHER 1523 in seinem kirchenrechtlichen Gutachten zur Leisniger Pfarrerwahlrechtsfrage gerade der christlichen Gemeinde und nicht einer höheren Instanz oder gar einer nur gedachten Kirche »Recht und Macht, Lehrer ein- und abzusetzen nach der Schrift«. Die Gemeinde besitzt darin ihre geistliche Würde. Zwar kann sie der Ergänzung ihres Lebens durch Gaben und Funktionen außerhalb ihres Umkreises nicht entraten. Nicht jeder örtlich oder personal rechtlich organisierten Gruppe von Christen, sondern den Christen insgesamt ist die Fülle der Gaben des Geistes Gottes zugesagt. Eine jede sich im christlichen Zusammenleben sammelnde Gemeinde aber ist in ihrem vollen Christsein schon durch das in ihrer Mitte ergehende Wort und geschehende Sakrament konstituiert. Zu ihrem Gemeindesein bedarf sie letztlich keiner anderen Instanz außerhalb ihrer Mitte.
Daraus folgt, daß Kirchenrecht in allen Fragen rechtlicher Ordnung in Zweifel für die Gemeinde auszulegen ist.
Was nicht gemäß eindeutigen Regeln und aus einleuchtenden Gründen außerhalb ihrer oder mit Beispruch anderer Beauftragter geschehen muß, gehört ihr, fällt in ihre Zuständigkeit und unterliegt ihrer Verantwortung. Wenn eine Gemeinde in ihr eigenes geistliches Leben betreffenden Fragen einer außerhalb ihrer selbst getroffenen Entscheidung unterstehen soll, so bedarf das einer eindeutig ausgesprochenen und geistlich zu verantwortenden Rechtsgrundlage. Geistliche Legitimität evangelischen Kirchenrechts wird sich daran zeigen, daß auch und gerade in den aus eigener Kraft einer Gemeinde nicht zu lösenden Fragen immer ihr Gehör, möglichst auch ihre Mitwirkung anerkannt bleiben. Hiergegen mag eingewendet werden, zu so viel Eigenverantwortung seien die vorhandenen Gemeinden noch nicht reif. Und vielleicht machen sie auch einen solchen Eindruck, solange sich ihre Gaben zur Selbstleitung mangels ihrer recht-

lichen Anerkennung noch gar nicht entfalten dürfen. Evangelisches Kirchenrecht sollte auch in dieser Frage eher zu sehr als zu wenig sich vom Vertrauen auf die Gaben des Geistes bestimmen lassen.
Von besonderer Bedeutung ist der Rechtsgedanke des Vorranges der Gemeinde für die Frage der Zuständigkeit im Bereiche des *Rechts des Gottesdienstes*. Nach evangelischem Verständnis gehört die Entscheidung über die Formen, Ordnungen und Zeiten der Gottesdienste grundsätzlich der Gemeinde selbst, die den Gottesdienst feiern soll. Die Kirchengemeinde in ihrer berufenen Leitung ist Trägerin des *Jus liturgicum*. Eingeschränkt wird sie dabei nur durch die mit den biblischen Weisungen gegebenen Grenzen allen kirchlichen Rechts und durch diejenigen gesamtkirchlichen Gesetze, welche die von der Gemeinde letztlich mitbeschickte Synode den Gemeinden insgesamt zur Wahrung gottesdienstlicher Gemeinsamkeit erläßt. Das liturgische Recht der Gemeinde muß schließlich übereinkommen mit der Selbständigkeit, welche dem Pfarrer innerhalb des kirchlichen Rechts um der Freiheit seiner Verkündigung willen gegeben ist (vgl. 3.4.1.).

3.2. Die Gemeindegliedschaft

Evangelisches Kirchenrecht erwartet von jedem mündigen Christen, daß er zu den anderen Christen innerhalb seines Lebensbereiches geordnete Verbindung sucht und also deren bereits geordnete Gemeinde anerkennt, für sie Mitverantwortung übernimmt und ihre Mitverantwortung für sich gelten läßt. Die auf alles dies ausgerichtete rechtliche Gemeindegliedschaft begründet nicht den Christenstand, bedeutet aber Zuständigkeitsanknüpfung und Ausgangspunkt für die Rechtsstellung des Christen in einer bestimmten Gemeinde.

Beispielhafte Quellenstellen:

Aus der Vereinbarung der Gliedkirchen der Evangelischen Kirche in Deutschland über die Kirchenmitgliedschaft vom 27./28. November 1969 (ABl EKiD 1970, 2):

Die unterzeichneten Gliedkirchen der Evangelischen Kirche in Deutschland bestätigen im Einvernehmen mit dem Rat der Evangelischen Kirche in Deutschland die nachstehenden in der Evangelischen Kirche in Deutschland geltenden Grundsätze des Kirchenmitgliedschaftsrechts und machen sie zum Inhalt dieser Vereinbarung:

I.
Innerhalb der Evangelischen Kirche in Deutschland wird nach herkömmlichem evangelischen Kirchenrecht die Kirchenmitgliedschaft durch die Taufe, durch evangelischen Bekenntnisstand (Zugehörigkeit zu einem in der Evangelischen Kirche in Deutschland geltenden Bekenntnis) und durch Wohnsitz in einer Gliedkirche der Evangelischen Kirche in Deutschland begründet.
Der evangelische Bekenntnisstand ergibt sich in der Regel aus der Taufe in einer Gemeinde evangelischen Bekenntnisses, bei Taufen außerhalb der evangelischen Kirche aus der Erziehung in einem evangelischen Bekenntnis nach dem Willen der Erziehungsberechtigten oder aus der Aufnahme in die evangelische Kirche.

Aus dem Kirchengesetz der Evangelischen Kirche in Deutschland über die Kirchenmitgliedschaft, das kirchliche Meldewesen und den Schutz der Daten der Kirchenmitglieder (Kirchengesetz über die Kirchenmitgliedschaft) vom 10. November 1976 (ABl EKiD 1976, 389):

§ 1
(1) Innerhalb der Evangelischen Kirche in Deutschland sind Kirchenmitglieder die getauften evangelischen Christen, die ihren Wohnsitz oder gewöhnlichen Aufenthalt im Bereich einer Gliedkirche der Evangelischen Kirche in Deutschland haben, es sei denn, daß sie einer anderen evangelischen Kirche oder Religionsgemeinschaft angehören.
(2) Die Kirchenmitgliedschaft besteht zur Kirchengemeinde und zur Gliedkirche des Wohnsitzes des Kirchenmitgliedes. Das Recht der Gliedkirchen kann bestim-

men, daß die Kirchenmitgliedschaft unter besonderen Voraussetzungen auch zu einer anderen Kirchengemeinde begründet wird.

§ 2

(1) Das Kirchenmitglied steht in der Gemeinschaft der deutschen evangelischen Christenheit.

(2) Durch seine Mitgliedschaft in einer Kirchengemeinde und in einer Gliedkirche gehört das Kirchenmitglied zugleich der Evangelischen Kirche in Deutschland an.

(3) Die sich daraus ergebenden Rechte und Pflichten gelten im Gesamtbereich der Evangelischen Kirche in Deutschland.

. . .

§ 6

(1) Die Kirchenmitgliedschaft wird durch die Taufe in einer Kirchengemeinde, die einer Gliedkirche der Evangelischen Kirche in Deutschland angehört, erworben. Die Taufe wird im Kirchenbuch öffentlich beurkundet.

(2) Ein religionsunmündiges Kind, dessen Taufe nicht in einer zu einer Gliedkirche gehörenden Kirchengemeinde stattgefunden hat, erwirbt die Kirchenmitgliedschaft durch die Erklärung der Erziehungsberechtigten über die Zugehörigkeit des Kindes zu einem evangelischen Bekenntnis gegenüber der nach kirchlichem Recht zuständigen Stelle.

§ 7

Den Erwerb der Kirchenmitgliedschaft durch Aufnahme regelt das Recht der Gliedkirchen.

§ 8

(1) Bei einem Wohnsitzwechsel in den Bereich einer anderen Gliedkirche setzt sich die Kirchenmitgliedschaft in der Gliedkirche des neuen Wohnsitzes fort. Dies gilt nicht, wenn das zuziehende Kirchenmitglied sich einer anderen evangelischen Kirche im Bereich der Gliedkirche seines neuen Wohnsitzes anschließt und dies der nach kirchlichem Recht zuständigen Stelle innerhalb eines Jahres nach Zuzug nachweist. In diesem Falle endet die Kirchenmitgliedschaft mit dem Zeitpunkt des Zuzuges.

(2) Absatz 1 gilt entsprechend für Evangelische, die aus dem Bereich des Bundes der Evangelischen Kirchen in der Deutschen Demokratischen Republik zugezogen sind.

. . .

§ 10

Die Kirchenmitgliedschaft endet

1. *mit Fortzug aus dem Geltungsbereich dieses Kirchengesetzes; § 11 bleibt unberührt;*
2. *durch Übertritt zu einer anderen Kirche oder Religionsgemeinschaft nach dem Recht der Gliedkirchen; oder*
3. *mit dem Wirksamwerden der nach staatlichem Recht zulässigen Austrittserklärung.*

Aus der Kirchenordnung der Evangelischen Kirche im Rheinland vom 2. Mai 1952/15. Januar 1981 (KABl 39, ABl EKiD 151):

Artikel 13
(1) Glied der Kirchengemeinde ist jeder in ihrem Bereich Wohnende, der in einer Gemeinde evangelischen Bekenntnisses getauft oder nach den geltenden Bestimmungen in sie aufgenommen worden ist und nicht einer am gleichen Ort befindlichen evangelischen Kirchengemeinde anderen Bekenntnisstandes angehört oder nach staatlichem Recht aus der Kirche ausgetreten ist.
...

Artikel 14
(1) Die Gemeindeglieder tragen die Mitverantwortung für das Leben und den Dienst der Kirchengemeinde. Sie haben ein Anrecht auf den Dienst der Kirche und Anteil an den kirchlichen Einrichtungen.
...

(4) Die Gemeindeglieder sind im Rahmen dieser Ordnung an den Entscheidungen über Leben und Dienst der Kirchengemeinde beteiligt, insbesondere nehmen sie an der Gemeindeversammlung teil.
(5) Die Gemeindeglieder sollen Dienste, die ihnen die Kirchengemeinde überträgt, willig übernehmen und sorgfältig ausüben. Sie haben die Pflicht, durch ihre Abgaben und Opfer den Dienst der gesamten Kirche mitzutragen und zu fördern.

Aus dem Kirchengesetz der Evangelischen Kirche im Rheinland zur Regelung der Gemeindezugehörigkeit in besonderen Fällen vom 13. Januar 1961 (KABl. 17, ABl EKiD 105):

§ 1
(1) Scheidet ein Presbyter infolge Wohnsitzwechsels oder Änderung der Gemeindegrenzen aus seiner Kirchengemeinde aus, so kann der Kreissynodalvorstand seinen weiteren Verbleib in der bisherigen Kirchengemeinde auf Antrag des Presbyteriums zulassen, wenn die Verhältnisse der Gemeinde dies erfordern und der Presbyter von seinem Wohnsitz aus nach der örtlichen Lage und nach den Verkehrsverhältnissen an dem kirchlichen Leben der Gemeinde vollen Anteil nehmen kann. Die Zulassung endet mit dem Ausscheiden des Presbyters aus seinem Dienst...
(2) In besonderen Fällen kann auf Antrag des Presbyteriums auch einem anderen Gemeindeglied, dem ein Dienst in der Gemeinde übertragen ist, unter den Voraussetzungen des Absatzes 1 der weitere Verbleib in der bisherigen Kirchengemeinde gestattet werden...
(3) Die Zulassung erstreckt sich auch auf den Ehegatten des Gemeindegliedes, sofern dieser es wünscht. In diesem Falle können auch die minderjährigen Kinder, soweit sie im Hausstand der Eltern leben, in der bisherigen Gemeinde bleiben.

Aus der Kirchenverfassung der Evangelischen Kirche A. u. H. B. in Österreich i. d. F. vom 14. Jänner 1983 (ABl 1983, 2):

§ 2
(1) Jeder evangelische Christ ist Glied derjenigen Pfarrgemeinde seines Bekenntnisses, in deren Sprengel sein Wohnsitz oder sein gewöhnlicher Aufenthalt liegt.

(2) Der Wohnsitz ist an dem Ort begründet, wo jemand eine Wohnung innehat unter Umständen, die darauf schließen lassen, daß er die Wohnung beibehalten und benutzen wird. Den gewöhnlichen Aufenthalt hat jemand dort, wo er sich unter Umständen aufhält, die erkennen lassen, daß er in Österreich nicht nur vorübergehend verweilt. Dies tritt stets dann ein, wenn der Aufenthalt in Österreich länger als sechs Monate dauert.
...

Aus der Kirchengemeindeordnung der Evangelisch-lutherischen Landeskirche Hannovers vom 12. Dezember 1970 (KABl 297, ABl EKiD 1971, 91):

§ 8 ...
(2) Ein ungetauftes religionsunmündiges Kind, dessen Eltern Glieder der Kirchengemeinde sind, hat die Rechtsstellung eines Gliedes der Kirchengemeinde, es sei denn, daß die Erziehungsberechtigten erklären, das Kind solle nicht Glied der Kirchengemeinde sein. . . Die Rechtsstellung eines Gliedes der Kirchengemeinde hat auch ein religionsmündiges ungetauftes Kind, solange es am kirchlichen Unterricht teilnimmt.

Aus dem Kirchengesetz der Evangelischen Kirche Anhalts über das Ruhen kirchlicher Rechte vom 5. Dezember 1977 (Mitteilungsblatt BEK DDR 78, 7, ABl EKiD 1978, 279):

§ 1
(1) Der Gemeindekirchenrat kann das Ruhen der kirchlichen Rechte beschließen, wenn ein Gemeindeglied erklärt, daß es jegliche Art von Mitarbeit und Glaubensverantwortung ablehnt oder wenn es das Ansehen der Kirche bewußt geschädigt hat.
(2) Voraussetzung des Beschlusses ist in diesem Fall, daß dem Gemeindeglied Gelegenheit zur Äußerung gegenüber dem Gemeindekirchenrat gegeben wurde.

§ 2
(1) Der Artikel 78 der Ordnung des kirchlichen Lebens für die Gemeinden der Evangelischen Landeskirche Anhalts in der Fassung vom 1. Dezember 1959 legt folgendes fest: »Bei einem Gemeindeglied, das ohne Not mit der Zahlung der kirchlichen Umlagen mehr als ein Jahr im Rückstand ist, ruhen das kirchliche Wahlrecht, die Berechtigung zum Patenamt, der Anspruch auf kirchliche Trauung und der Anspruch auf kirchliche Bestattung.«
(2) Der Gemeindekirchenrat stellt nach Prüfung aller Umstände das Ruhen der kirchlichen Rechte fest. Voraussetzung solcher Feststellung ist, daß die Zustellung des Kirchensteuerbescheides sowie mindestens eine Mahnung mit Fristsetzung und dem Hinweis auf die Folgen geschehen ist.
...

§ 5
Das Ruhen der kirchlichen Rechte wird durch den Gemeindekirchenrat aufgehoben, wenn das Gemeindeglied die Bereitschaft zeigt, seinen laufenden finanziellen Verpflichtungen nachzukommen und für die Jahre, in denen die kirchlichen Rechte ruhten, einen angemessenen Beitrag zu zahlen, dessen Höhe der Gemeindekirchenrat in Absprache mit dem Kreiskirchensteueramt festsetzt.

§ 6
Sind die Gründe, die zu einem Beschluß nach §§ 1 und 2 führten, beseitigt, wird das Ruhen der kirchlichen Rechte durch Beschluß des Gemeindekirchenrates aufgehoben.

3.2.1. Die Zuordnung des Christen zu seiner Gemeinde

3.2.1.1. Grundmodelle kirchlicher Gemeindestruktur

Die Gemeinde ist Grundstruktur evangelischen Christseins. Nur über sie kann Gliedschaft in der Kirche vermittelt werden. Daher stellt sich nun die Frage nach der Art und Weise, gemäß der der einzelne Christ einer christlichen Gemeinde zugeordnet wird. Hier bedürfte es keiner besonderen rechtlichen Regeln, wenn alle Christen einhellig zusammenlebten und einen gemeinsam ausgedrückten Glauben einträchtig betätigen wollten. Einer besonderen rechtlichen Zuordnung von Christ und christlicher Gemeinde bedarf es erst, seit und weil in einer in Glaubenslehre und Ordnung gespaltenen Christenheit die Christen in getrennten Bekenntnissen ihr Christsein zu verwirklichen suchen. Bis zur Reformation genügte für die Zuordnung der Christen zu einer Gemeinde eine bezirkliche Umschreibung nach Kriterien äußerlicher Nähe. Nach altem katholischen Kirchenrecht bedeutete eine *Parochie* den Amtsbezirk des vom Bischof eingesetzten Pfarrers. Jeder darin wohnende Christ gehörte grundsätzlich auch zur Parochie, weil er dem Verantwortungsbereich des Amtsträgers zugeordnet war. Damit gehörte jeder Christ in ähnlicher Weise zu einer Gemeinde, wie er auch zu einem bestimmten Dorf, einer Stadt und einem Amt durch sein Unterworfensein unter eine bestimmte Obrigkeit gehörte. Innerhalb der gespaltenen Christenheit ist eine nur räumliche Zuordnung nicht mehr durchführbar, weil sich das Christsein jetzt stets in Zuordnung zu einem bestimmten Bekenntnisstand vollzieht.

Im Zuge der Trennung von Staat und Kirche kam es teilweise zur Verwirklichung einer dem geschichtlichen System ganz entgegengesetzten, vereinsmäßigen Lösung, die sich meist in etwas zu polemischer Abgrenzung als die der »*Freikirche*« bezeichnet. Danach ist Mitglied der Gemeinde nur derjenige, der sich selbst bei ihr angemeldet und durch Aufnahme ihre Mitgliedschaft erworben hat. Er bleibt Gemeindeglied, bis er seine Gliedschaft durch Abmeldung wieder aufgegeben oder durch Ausschluß verloren hat. In den Vereinigten Staaten etwa ist dieses Prinzip herrschend und erweist sich mit einer einflußreichen Stellung der so verfaßten Kirchen in der Gesellschaft durchaus vereinbar. Zur

Zeit der Hitlerherrschaft wurde der Kirche im sog. »Warthegau«, beispielhaft für das nach Hitlers Sieg für das ganze Reich Geplante, eine solche vereinsmäßige Ordnung aufgezwungen. Kleinere »*Freiwilligkeitskirchen*« versuchen sich bis heute durch Übernahme dieses Aufbaugrundsatzes von den Großkirchen abzugrenzen. Aber auch Personalgemeinden (vgl. unten 4.1.2.) innerhalb der herkömmlichen Landeskirchen sind teilweise nach diesem Grundsatz geordnet.

3.2.1.2. Kriterien evangelischer Gemeindezugehörigkeit

Die evangelischen Kirchen gehen bei der Beantwortung der Frage, wer zu ihren Gemeinden gehört, im allgemeinen einen Mittelweg. Sie behandeln als Glied einer Ortsgemeinde einen getauften Christen, der durch den *Wohnsitz* oder wenigstens gewöhnlichen Aufenthalt in eine räumliche Beziehung zu ihnen getreten ist und so dem „sakramentalen" Merkmal das „ geographische" hinzufügt. Entsprechend den im allgemeinen bürgerlichen Recht bei der Frage des Wohnsitzes erarbeiteten Grundsätzen fragt sich dann ob ein Christ in den rechtlich umschriebenen geographischen Grenzen seinen »Wohnsitz« oder gewöhnlichen Aufenthalt als den Mittelpunkt seiner Lebensbeziehungen geschaffen hat. Praktisch ist dieser im allgemeinen identisch mit dem Bereich, in dem einer schläft und seine Post bekommt; auf den Ort des Arbeitsplatzes oder der Erwerbstätte kommt es nicht an. Unnötig ist aber ein bewußter Eintritt oder eine ausdrückliche Aufnahme in die Gemeinde. Schon die Tatsache des Zuzugs führt zur Gemeindegliedschaft, wenn auch die übrigen Voraussetzungen gegeben sind.

Als weiteres notwendiges Merkmal tritt die Erfordernis eines besonderen auf ihr *Bekenntnis* bezogenen Anknüpfungspunktes hinzu. Einen solchen Anknüpfungspunkt wird oft schon die erhaltene *Taufe* bedeuten. Diese ist konstitutiv für den Christenstand eines Menschen (vgl. 2.2.) und somit neben dem »geographischen« Merkmal eine sakramentale Voraussetzung für die Gemeindegliedschaft. Allein von seiner einmalig empfangenen Taufe her läßt sich jedoch ein Christ nicht stets eindeutig einer unter mehreren, an seinem Wohnsitz bestehenden, bekenntnisverschiedenen Kirchengemeinden zuordnen. Keine Schwierigkeit macht zwar der Fall eines Christen, dessen Säuglingstaufe von den Eltern erbeten und von der Gemeinde verantwortlich gewährt worden war. Daß ein im Bereich der christlichen Gemeinde lebendes Kind nach dem Willen der Erziehungsberechtigten in der evangelischen Gemeinde getauft worden ist, begründet die Gliedschaft dieses Kindes zur evangelischen Gemeinde. Die bekenntnismäßige Zuordnung wird dann darin gesehen, daß dieses Kind im Zuge der erhofften evangelischen Erziehung sein eigenes Ja zu der erhaltenen Taufe später durch seine Konfirmation vor der Gemeinde aussprechen soll. Andererseits vermag auch eine Taufe innerhalb der evangelischen Kirche eine dortige Gemeindegliedschaft dann nicht zu begründen, wenn diese Taufe nicht nach dem Willen der Erziehungsberechtigten erfolgte und zu keiner Konfirmation führte. Auch wer eine Taufe in einer anderen christlichen Konfession empfangen hat, kann später zum Glied einer evangelischen Gemeinde werden. Dann muß er durch Konfirmation oder eine antragsgemäße Aufnahme in die evangelische

Kirche eine bekenntnismäßige Beziehung zum evangelischen Kirchentum begründet haben. Dem wird gleichzustellen sein, wenn ein noch unmündiger, in einem anderen Bekenntnis Getaufter durch rechtmäßige Entscheidung seiner Eltern zur evangelischen Erziehung bestimmt wird. Ebenso jedoch, wie demnach die evangelische Gemeinde einen getauften Christen als Gemeindeglied hinzugewinnen kann, vermag sie auch einen von ihr getauften Christen zu verlieren. Die evangelische Kirche lebt in einem Staate, der die Möglichkeit eines *Austrittes* aus Kirche und Gemeinde als eine Folgerung aus dem Grundsatz der Glaubens- und Bekenntnisfreiheit gewährt und in staatskirchenrechtlichen Vorschriften ordnet. Das kann sich auch das evangelische Kirchenrecht in diesem Punkte zu eigen machen und so theologische Bedenken gegen den volkskirchlichen Aspekt dieses Gliedschaftsrechts berücksichtigen. Infolgedessen gehört zur Gemeindegliedschaft schließlich auch das negative Merkmal, daß das mündige Gemeindeglied sich nicht durch Austritt oder Übertritt vom evangelischen Bekenntnis wieder gelöst hat. Nichts anderes wird gelten, wenn für einen noch nicht religionsmündigen Christen die Erziehungsberechtigten rechtmäßig die bisherige evangelische Erziehung durch Übertritt oder Ummeldung beendet haben.

3.2.1.3. Gemeindezugehörigkeit und Ortswechsel

Die bekenntnismäßige Zuordnung des Christen zur Kirchengemeinde wird schwierig, wo sich beim Zuzuge eines evangelischen Christen aus einer anderen Gemeinde der *Bekenntnisstand* der verlassenen und der neuen Gemeinde nicht decken. Die evangelische Gemeinde bedeutet ihrem Wesen nach die geordnete Form des christlichen Miteinanderlebens unter möglichst weitausgreifender Einbeziehung aller Christen. Daher versuchen die infragekommenden Rechtsvorschriften regelmäßig, möglichst jeden evangelischen Christen als solchen zu der Gemeindegliedschaft zu gewinnen und für sie in Anspruch zu nehmen.
Dieser berechtigte Wille, der in der Anerkennung der Gemeinsamkeit des Christseins auch anderer bekenntnismäßiger Ausformung christlicher Nachbargemeinden seinen Grund hat, ist mit wenig Grund als Ursache sogenannter »*Möbelwagenkonversionen*« karikiert worden. In einer rechten evangelischen Kirchengemeinde ist heute nicht nur weitreichende Abendmahlsgemeinschaft, sondern auch christliche Rücksicht auf das von neugewonnenen Gliedern Mitgebrachte ihrer heimatlichen Glaubens-, Ausdrucks- und Lebensformen zu erwarten. Es bedeutet keine Vergewaltigung des Gewissens, wenn eine evangelische Gemeinde sich grundsätzlich als die geistliche Heimat auch der aus anderen Traditionen evangelischen Glaubensbewußtseins kommenden Christen versteht. Zwar gilt der Grundsatz der *Entscheidungsfreiheit*, ebenso wie die ökumenische Rücksicht auf eine etwa am Ort bestehende, der verlassenen Heimatgemeinde des Zugezogenen bekenntnisverwandte Freiwilligkeitskirche. Beide bleiben aber so lange gewahrt, wie der mögliche Widerspruch eines zuziehenden Evangelischen gegen eine Einbeziehung in die evangelische Gemeinde von dieser rechtlich anerkannt wird. Demgemäß sehen evangelische gliedkirchliche

Ordnungen jetzt in der Regel vor, daß auch ein zuziehender Evangelischer dann nicht Gemeindeglied wird, wenn er in bestimmter Frist die Mitgliedschaft einer anderen christlichen Gemeinde am Ort erwirbt und so seinen Willen zum Nichteintritt in die evangelische Gemeinde ersichtlich macht.
Diese Regeln genügen nicht, wenn ein Christ aus einer Gemeinde mit einem auf das Gemeinsame der reformatorischen Bekenntnisse beschränkten »*unierten Bekenntnisstand*« an einen Ort übersiedelt, wo eine lutherische und eine reformierte Gemeinde getrennt, wenn auch vielleicht durch Union innerhalb einer Landeskirche zusammengefaßt bestehen (vgl. 4.4.). Hier erwartet das evangelische Kirchenrecht, daß innerhalb einer festzusetzenden Frist das Gemeindeglied sich für die Zuordnung zu einer der am Orte bestehenden verschiedenen evangelischen Gemeinden durch Anmeldung oder tatsächliches Verhalten entscheidet. Mit Verständnis für die dadurch entstandene Lage und ökumenischer Rücksicht wird auch ein etwa rechtlich nicht eindeutig zu klärender Fall sich seelsorgerlich lösen.

3.2.1.4. Gemeindegliedschaft Ungetaufter?

Wie wir sahen, bedeutet die christliche Taufe als die Grundlage der Gliedschaft am Leibe Jesu Christi die unverzichtbare Voraussetzung der Gemeindegliedschaft. Das gewinnt Bedeutung für die Stellung *Ungetaufter* zur christlichen Kirche. Wer noch ungetauft ist, kann auch noch nicht in vollem Sinne der christlichen Gemeinde als einer auf Stetigkeit hin geordneten Gemeinschaft von Christen innerhalb ihres gemeinsamen Lebenskreises zugeordnet sein. Deshalb muß ihm jedoch nicht etwa nun notwendig die Anerkennung seines Personseins in der christlichen Kirche abgesprochen werden. Vielmehr hat er als Taufbewerber eine auf den Erwerb der Gemeindegliedschaft hin geordnete besondere Rechtsstellung inne, sobald er in Blick auf die Vorbereitung der späteren Taufe sich der Gemeinde selbst zuordnet oder ihr zugeordnet wird. Von daher ist die Frage zu lösen, ob für einen glaubensmündigen *Taufbewerber* oder ein noch nicht zur Taufe angemeldetes Kind christlicher Eltern eine Amtshandlung der christlichen Kirche, wie etwa ein kirchliches Begräbnis (vgl. 2.4.) erlaubt ist. Ein solcher noch Ungetaufter wird wie ein Getaufter zu behandeln sein, solange für ihn bereits eine erwartete oder erbetene Taufe im Blick steht.

3.2.2. Die Mitverantwortung der Gemeindeglieder

Die Christusnachfolge in Rechtfertigung und Heiligung führt den Christen als Glied der im Glauben versammelten Gemeinde zur Mitverantwortung in der Gemeinde.
Ihre praktische Bedeutung gewinnt die Gemeindegliedschaft des Christen zunächst als Anknüpfung kirchlicher *Zuständigkeit*. Der einzelne Christ ist immer zunächst an und in die Gemeinde gewiesen, zu der er gehört; ebenso ist diese Gemeinde an ihn gewiesen und trägt für ihn Mitverantwortung. Hier soll der Christ zu den Lasten der kirchlichen Arbeit beitragen und sich, wenn er dazu

Gaben hat, zu kirchlichen Ämtern wählen lassen, Aufträge übernehmen und sich an Diensten beteiligen. Hierher gehört er aber auch grundsätzlich für die kirchlichen Amtshandlungen (vgl. 2.4.). Aus der Gemeindegliedschaft eines Christen folgt, daß dieser den Dienst von christlichen Amtshandlungen allererst bei der Gemeinde zu suchen hat, die für ihn Mitverantwortung trägt. Kirchliches Recht umschreibt das meist eher als Zuständigkeit eines bestimmten Pfarrers für die Gewährung oder Versagung der Amtshandlung. Dadurch kommt aber nur unvollkommen zum Ausdruck, daß der Pfarrer bei einer Entscheidung über die Angemessenheit geistlicher Handlungen nur der vorangehende Sprecher einer ganzen Gemeinde ist (vgl. 3.4.1.). Eine etwaige Meinungsverschiedenheit in diesen Fragen ist auch im Zweifel nicht vom Pfarrer allein, sondern von diesem zusammen mit dem Kirchenvorstand zu regeln.
Die Zuständigkeit der Gemeinde für das einzelne Gemeindeglied ist keine ausschließliche, sondern eine *Erstzuständigkeit*. Sie weist zwar den einzelnen Christen für alle grundlegenden Entscheidungen zunächst an diese seine Gemeinde. Sie schließt aber nicht aus, daß er sich mit Wissen und im Einverständnis seiner Gemeinde aus geistlich anzuerkennenden Gründen auch an eine andere Gemeinde und in ihr an einen anderen Pfarrer wenden darf. Die Vermittlung zwischen dem einzelnen Gemeindeglied und dieser anderen Gemeinde oder dem anderen Amtsträger findet ihren rechtlichen Ausdruck durch die Einrichtung des »*Dimissoriale*« oder Entlaßscheines. Mit diesem bescheinigt herkömmlich der zuständige Pfarrer, daß der vom Gemeindeglied in einer anderen Gemeinde zu suchenden Amtshandlung Gesichtspunkte aus der Mitverantwortung der zuständigen Gemeinde nicht entgegenstehen. Umgekehrt erkennt der so vom Gemeindeglied für die Amtshandlung ausgewählte Pfarrer die Erstverantwortung der Heimatgemeinde dadurch an, daß er ihr den Vollzug der Amtshandlung alsbald mitteilt und damit den Eintrag in dem Kirchenbuch der Heimatgemeinde ermöglicht. Für besondere Fälle, etwa zur Behebung von zwischenmenschlichen Spannungen oder aus Entgegenkommen beim Zuzug aus einer anderen Gemeinde, ermöglichen landeskirchliche Ordnungen teilweise auch weitergehende Auflockerung der Erstzuständigkeit einer Wohngemeinde.
Die Mitverantwortung des einzelnen Christen für seine Gemeinde geht nicht für jeden Christen gleich weit. Vielmehr sind von dem Wesen dieser Mitverantwortung bestimmte *Abstufungen* durchaus angemessen. Das gilt vor allem nach dem *Lebensalter* als der nach der Erfahrung des Lebens vermuteten Grenze für die Fähigkeit und Kraft der Mitübernahme von Verantwortung. Daher werden das Wahlrecht insbesondere und die Fähigkeit, zu gemeindlichen Ämtern gewählt zu werden, an ein bestimmtes Lebensalter wie auch an eine bestimmte Dauer des Wohnens am Ort geknüpft.
Aber auch als Obergrenze hat das Alter hier seine Bedeutung. Über eine bestimmte Grenze höheren Alters hinaus soll ein Gemeindeglied ein Presbyteramt nicht innehaben, sondern seinen Platz für jüngere Mitchristen frei machen. Seine bislang gesammelte Erfahrung wird er, solange seine Gesundheit das zuläßt, auch in der Form der beratenden Mitwirkung weiter einbringen können.
Ein weiteres Kriterium für die Abstufung innerhalb der Gemeindegliedschaft ist die aufgrund eines *Zulassungsaktes* der Gemeinde erworbene Stellung. So wird

der einzelne Christ zur Übernahme des Ältestenamtes erst fähig, wenn er sich der kirchlichen Unterweisung und der Konfirmation unterzogen hat oder in anderer Form von der Gemeinde zum heiligen Abendmahl zugelassen worden ist (vgl. 2.3.). Ebenso wird die Befähigung zu bestimmten kirchlichen Berufsämtern, wie etwa zum Pfarramt, zum Organistenamt und zum evangelischen Lehreramt, erst dadurch erworben, daß nach Durchlaufen der vorgeschriebenen Ausbildung und Prüfungen die Anstellungsfähigkeit verliehen wird.
Eine weitere Abstufung der Gemeindegliedschaft folgt verständlicherweise dem Erfordernis geistiger Gesundheit. Entsprechend anderen Bestimmungen des weltlichen Rechts können auch die Mitwirkungsrechte in der Gemeinde da nicht wahrgenommen werden, wo ein Christ seine persönlichen Angelegenheiten nicht mehr selbständig besorgen kann und daher von Rechts wegen unter Vormundschaft oder verlängerter elterlicher Gewalt steht.

3.2.3. Der Verlust der Gemeindegliedschaft

Der Verlust der evangelischen Gemeindegliedschaft geschieht in einer den Voraussetzungen ihres Erwerbes jeweils entsprechenden Weise.
Der territorial geordnete Gemeindebegriff baut auf dem den allgemeinen Rechtsordnungen des Staates zu entnehmenden Begriff des Wohnsitzes auf (vgl. 3.2.1.). So wie aber der Zuzug an einen bestimmten Ort oder der Eintritt in eine bestimmte Anstalt oder anstaltliche Lebensform Gemeindegliedschaft begründet, so bringt sie der auf Dauer berechnete *Wegzug* zu Ende. Abwesenheit, die den Willen zur demnächstigen Rückkehr noch bestehen läßt oder den Zusammenhang mit dem Leben der konkreten Gemeinde noch nicht löst, läßt den Zuordnungscharakter unberührt und die Gemeindegliedschaft daher bestehen. So ist beispielsweise der Student, auch wenn er zum Semester die Wohnung bei seinen Eltern verläßt und sich am Hochschulort mit »zweitem Wohnsitz« anmeldet, noch so lange Glied der Gemeinde am Ort, wie er sich in den Semesterferien dort wahrscheinlich wieder einfinden wird und dieses durch Unterlassen einer endgültigen Abmeldung beim Meldeamt deutlich macht. Berufliche oder ehrenamtliche Amtsträger können um ihrer Aufgabe willen teilweise auch dann Gemeindeglied bleiben, wenn sie in den näheren Umkreis ihrer Gemeinde umziehen.
Ebenso wie der Wohnsitz kann auch die bekenntnismäßige Zuordnung zu einer bestimmten Gemeinde durch freie Willenshandlung wieder aufgehoben werden. So wie die Gemeindegliedschaft durch Eintritt in den Kreis der Zuordnung zu einer bestimmten Gemeinde erworben wird, so geht sie auch durch Austritt aus ihm verloren. Früher betrachtete man es als Übertritt aus einer konfessionell bestimmten Kirchengemeinde in eine andere, wenn jemand im Gottesdienst einer anderen Konfession am Herrenmahl teilnahm und damit ein eindeutiges Zeichen des Zugehörenwollens setzte. Heute schreiben die staatlichen Kirchenaustrittsgesetze für den Bekenntniswechsel meist die Form einer Austrittserklärung vor der Staatsbehörde vor. Diese Staatsbehörde (meist das Gericht oder bezirkliche Verwaltungsamt) benachrichtigt dann die Kirchenge-

meinde. Das erkennt die Kirche an, auch wenn eine andere Regelung dieser Frage ihr sachgerechter erscheinen könnte. Solange nicht auch vor einer kirchlichen Stelle ein Übertritt im Sinne des staatlichen Rechts gültig erklärt werden kann, nimmt die evangelische Kirche den vor der Staatsbehörde erklärten Aus- und Übertritt zu einer Kirche anderen Bekenntnisses gleichfalls als Ausdruck des Willens an , das bisherige evangelische Bekenntnis aufzugeben. Damit endet dann auch für das innerkirchliche Recht die Gemeindegliedschaft. Unberührt von solchen Erklärungen aber bleibt jedenfalls die geistliche Grundlage des Christseins und der Gemeindegliedschaft, die Taufe. Ein Getaufter kann sich nicht mehr selbst zum Ungetauften machen; er kann auch von der christlichen Kirche nicht mehr zum Ungetauften gemacht werden. Daher spricht die christliche Kirche die einmal verliehene Gemeindegliedschaft keinem ihrer Glieder ganz ab, solange dieses noch in ihrem Zuordnungsbereich verbleibt und sich auch nicht selbst ausdrücklich von ihrem Bekenntnis trennt.

3.2.4. Das Ruhen der Gemeindegliedschaft

Nicht die Gemeindegliedschaft als solche, wohl aber ihre Betätigungsweisen unterliegen der Grenzmöglichkeit, daß sie als Antwort auf ein die Gemeinde ernstlich störendes oder belastendes Verhalten zum Ruhen zu bringen sind. Wer sich als Christ selbst bewußt verantwortungswidrig verhält, kann dadurch das Miteinander der Christen in der Gemeinde schwer belasten; er muß es hinnehmen, daß die Gemeinde diese seine Gemeindegliedschaft um ihres eigenen Schutzes willen und zur seelsorgerlichen Einwirkung auf ihn selbst vorübergehend zum Ruhen bringt. Dabei muß aber jeweils vorheriges geduldiges Bemühen um Ausgleich und förmlicher Anhörung vor der Entscheidung erbracht worden sein. Auch muß ein einleuchtender Zusammenhang zwischen dem beanstandeten Verhalten und der daraufhin getroffenen Reaktion bestehen.
So kann beispielsweise ein trotz Leistungsfähigkeit mutwillig verursachter längerer Rückstand mit den Beiträgen zu den kirchlichen Lasten durch *Wahlrechtsentzug* von der Möglichkeit ausschließen, weiterhin als Wähler oder Inhaber von kirchlichen Ämtern über ihre Verwendung mitzubestimmen. Unsachgemäß wäre es jedoch, wegen eines bloßen Beitragsrückstandes etwa eine seelsorgerlich gebotene kirchliche *Amtshandlung* abschlagen zu wollen. Das kann aber wiederum aus Gründen angebracht sein, die mit dem Wesen eben dieser Amtshandlung zusammenhängen. So wird man die erbetene Taufe eines Kindes dann zurückstellen dürfen, wenn ältere Geschwister trotz der bei ihrer Taufe von den Eltern gegebenen Zusage nicht christlich erzogen wurden.
Schließlich ist ein öffentlich gegebenes Ärgernis für die Gemeinde ein Grund dafür, denjenigen vom Herrenmahl durch »*Exkommunikation*« vorübergehend auszuschließen, der die Teilnahme daran in einer die Gemeinde ärgerniserregenden Weise gleichwohl begehrt (vgl. 2.3.4.). Diese biblisch begründete »Schlüsselgewalt« der christlichen Gemeinde hat heute, wo sich die abständigen Glieder weithin durch Nichtteilnahme am kirchlichen Leben selbst exkommunizieren, wenig Bedeutung mehr für die Reinhaltung des Herrenmahles. Wer aber

von der Mahlgemeinschaft der Gemeinde hat ausgeschlossen werden müssen, kann auch in anderen Bereichen seine Gemeindegliedschaft nicht mehr betätigen. Daß kirchlich ein solcher Schritt immer noch möglich geblieben ist, auch wenn ein solcher heute kaum je noch gewagt wird, sagt jedenfalls über den verpflichtenden Charakter der Mitverantwortung der Gemeindeglieder für das geistliche Leben der Gemeinde Wesentliches aus.

Alle diese Zurückstufungen in der Gemeindegliedschaft lassen die Frage des persönlichen Christen- und Glaubensstandes des davon Betroffenen unberührt und entziehen ihm nicht die *Gliedschaft* in der Gemeinde überhaupt. Da sie keinen aktiven Zwang ausüben, sondern lediglich einen unzumutbar gewordenen Teilaspekt der Gemeinsamkeit suspendieren, halten sie sich mit den biblischen Weisungen für das Kirchenrecht (vgl. 1.3.3.) in Einklang. Gleichwohl sind sie nur so lange verständlich und erträglich, wie die so handelnde Gemeinde ihren Schritt als eine bedingte und befristete Notmaßnahme versteht, sich ihrer bleibenden Mitverantwortung für gerade ein solches Gemeindeglied weiterhin bewußt bleibt und an seiner Rückgewinnung ernstlich arbeitet.

3.3. Die Aufträge der christlichen Gemeinde

Christliche Gemeinde beruft in Erfüllung der ihr insgesamt aufgetragenen Christusnachfolge möglichst einzelne ihrer Glieder je nach dem Maße der Gaben und Aufgaben, damit sie ihr, in der Verantwortung solcher Aufträge zusammenwirkend, öffentlich vorangehen.

Beispielhafte Quellenstellen:

Aus der Verfassung der Evangelischen Kirche A.u.H.B. in Österreich i.d.F. v. 14. Jänner 1983 (ABl EKiÖ 1983, 3):

§ 12
(1) Die kirchlichen Ämter sind dazu gesetzt, daß in der Gemeinde das Wort Gottes lauter verkündigt und die Sakramente recht verwaltet werden. Sie erfüllen diesen Auftrag entweder unmittelbar durch die Wortverkündigung und Sakramentsverwaltung (geistliches Amt) oder mittelbar, indem sie diesen Dienst ermöglichen, fördern und unterstützen.
(2) Alle Amtsträger üben ihr Amt im Namen und Auftrag der Kirche aus.

Aus der Verfassung der Nordelbischen Evangelisch-Lutherischen Kirche vom 12. Juni 1976 (ABl Schleswig-Holstein 159, ABl EKiD 1977, 19):

Artikel 19
Das der Kirche anvertraute Amt gliedert sich in verschiedene Dienste. Die in diese Dienste haupt-, neben- und ehrenamtlich Berufenen tragen die Verantwortung dafür, daß jeweils in ihren Aufgabenbereichen der Auftrag der Kirche wahrgenommen wird. Damit dienen sie der Einheit der Kirche.

Aus der Kirchenordnung der Evangelischen Kirche von Westfalen vom 1. Dezember 1953 (KABl 1954, 25, ABl EKiD 119):

Art. 17 . . .
(2) Alle Gemeindeglieder sollen ihre Gaben im Leben der Gemeinde einsetzen und Aufgaben, die ihnen die Kirchengemeinde überträgt, sorgfältig erfüllen.
. . .

Aus der Ordnung des geistlichen Amtes der Evangelischen Kirche in Österreich vom 18. Nov. 1949, Wiederverlautbarung vom 25. Juli 1974 (ABl EKiÖ 99):

§ 1
(1) Das geistliche Amt ist der Kirche von Gott gegeben als das Amt der Wortverkündigung und der Sakramentsverwaltung. Es wird im unmittelbaren Auftrag des Herrn der Kirche ausgeübt.
(2) Die Verantwortung dafür, daß das Evangelium gepredigt wird, obliegt der ganzen Gemeinde. Die öffentliche Predigt und die Sakramentsverwaltung aber sind an die ordnungsgemäße Berufung gebunden.

(3) Das geistliche Amt wird durch die geordneten kirchlichen Organe übertragen. Es verleiht keinen unverlierbaren Charakter.
(4) In Notfällen kann und soll jedes getaufte Glied der Kirche einzelne Aufgaben des Amtes ausüben. Solches Handeln bedarf um der Ordnung willen der nachträglichen kirchlichen Bestätigung.

Aus der Grundordnung der Evangelischen Kirche in Berlin-Brandenburg vom 15. Dezember 1948 (KABl 1949 Nr. 2; ABl EKiD 1949, 47):

Grundsätze über Amt und Gemeinde

. . .

3.
Alle Amtsträger sind an die Gemeinde gewiesen; sie sind ihr für eine ihrem Auftrag entsprechende Amtsführung verantwortlich. Sie sind jedoch in der Erfüllung des göttlichen Auftrages, die rechte Wortverkündigung und Sakramentsverwaltung zu üben, frei gegenüber Willkür der Gemeinde und nur an diesen Auftrag gebunden.
Die Gemeinde ist an das Amt gewiesen. Doch ist sie frei gegenüber einer willkürlichen, den göttlichen Amtsauftrag überschreitenden und verlassenden Amtsführung.
Die Errichtung besonderer, mit Herrschaftsbefugnissen ausgerüsteter Führungsämter verstößt gegen die Heilige Schrift.

3.3.1. Das allgemeine Priestertum der Gläubigen

Grundlegend für das Recht der Aufträge innerhalb der christlichen Gemeinde ist der Gedanke des allgemeinen Priestertums der Gläubigen (1 Petr. 2, 5a, 9). Er bedeutete ein Kampfargument der Reformation gegen die römisch-katholische Lehre von einer aus zwei wesensmäßig unterschiedlichen Ständen, *Klerus und Laien*, gebildeten Kirche. Allgemeines Priestertum der Gläubigen meint die Gottunmittelbarkeit eines jeden Christen und seine Unabhängigkeit von hierarchischer Heilsvermittlung. Jesus Christus, der ewige Hohepriester, hat alle seine Gläubigen zu Priestern gemacht, die um seines Hohepriestertums willen alle selbst vor Gott stehen und ihm gehorchend alle das priesterliche Amt der Fürbitte wahrnehmen können.
Dieses auf das Gottesverhältnis bezogene allgemeine Priestertum schließt nun die Möglichkeit und Notwendigkeit besonderer Aufträge Einzelner auf der Ebene der christlichen Gemeinde nicht aus, sondern ein. Durch das allgemeine Priestertum erhalten aber die Aufträge innerhalb der christlichen Gemeinde eine besondere Eigenart. Denn nun stehen sich nicht etwa ein Amtspriester und die auf priesterliche Heilsvermittlung angewiesenen Nichtpriester vor Gott abgestuft gegenüber. Vielmehr ist jeder, der in der christlichen Gemeinde ein Amt oder einen Auftrag ausübt, nach evangelischem Verständnis ein Priester unter anderen Mitpriestern, der nur eben seine besondere Aufgabe innerhalb einer priesterlichen Gemeinschaft zu verwirklichen hat.

Veranschaulichung für das Verhältnis zwischen besonderem Dienst und allgemeiner Priesterschaft der Christen war im Reformationsjahrhundert das *Beispiel von der Insel*, auf der die dorthin verschlagenen christlichen Laien einen der ihren zu ihrem Pfarrer machten. Diese Problematik hat in Konzentrationslagern und Kriegsgefangenschaft ihre Aktualisierung erhalten. Nach evangelischem Verständnis bedarf in solcher Lage eine Schar von Christen, die sich im abgesperrten Umfeld ihres Lebensbereiches verantwortlich zu einer christlichen Gemeinde zusammengefunden hat, nicht mehr des Hinzukommens eines besonderen Priesters von einer außerhalb bestehenden Hierarchie her. Sie kann kraft ihrer Gottunmittelbarkeit aus der Zahl ihrer allgemeinen Priesterschaft den- oder diejenigen bestimmen, die dieses allgemeine Priestertum in besonderen Aufträgen oder Diensten verantwortlich ausüben. Damit ist nicht entkräftet, sondern auf diese Weise unterstrichen, daß alle Einsätze Einzelner für die christliche Gemeinde ihr Besonderes gegenüber dem allgemeinen Priestertum der Gläubigen aufweisen. Dieses Besondere liegt aber nicht qualitativ in dem Alleinbesitz einer besonderen priesterlichen Vollmacht, sondern funktional in dem übernommenen herausgehobenen Dienst zugunsten anderer.
Es geht um das für ihren Dienst erforderte, verheißene und als gegeben anerkannte *Charisma* als die jeweils priesterlich an der Gemeinde zu betätigende Gabe Gottes. Damit ist allerdings nicht etwa gesagt, daß sich in dem Amt der christlichen Gemeinde eine »Begabung« nach heutigem Verständnis der Selbstentfaltung der Persönlichkeit verwirkliche. Vielmehr ist damit ausgedrückt, daß gerade nicht Wille, Kraft und Fähigkeit des Einzelnen ihm in Ausübung des Amtes ein Verdienst vor anderen zu erwerben vermöge. Denn auch die im Dienst des Amtes erbrachte Leistung verwirklicht nur eine von der Gemeinde erbetene, für sie empfangene Gabe. Die Verflochtenheit der besonderen Einsätze einzelner Christen wird darin sichtbar, daß auch der besonders tätige Einzelne der Gemeinschaft aller nach wie vor bedarf und in ihr verbleibt, auch wenn er nur seinen besonderen Einsatz ausübt und erst recht, wenn er ihn beendet hat.

3.3.2. Evangelisches Amtsverständnis

Die reformatorischen Bekenntnisschriften sprechen nicht nur vom allgemeinen Priestertum, sondern auch vom geistlichen Amt, dem ministerium verbi divini. Aber der Begriff des »Ministeriums« meint nicht etwa Ministerautorität im heutigen Sinn. Vielmehr meinte der »Minister« im Sprachgebrauch der Reformationszeit den im römischen Meßbuch so bezeichneten Meßdiener, der im Namen der versammelten Gemeinde dem das Meßopfer feiernden Priester zu antworten und zu dienen hatte. So versteht sich der »minister verbi divini« als diakonisch den Christen dienender Mitchrist.
Innerhalb der evangelischen konfessionellen Theologie ist das Wesen des Amtes in der Gemeinde verschieden akzentuiert entfaltet worden. *Lutherische Theologie* sieht hierbei das Amt, das die Versöhnung predigt, als das eine Amt der Kirche. Daran erscheint die Erkenntnis unverzichtbar, daß aller Dienst in der christlichen Gemeinde nur eine Mitte hat und von nur einem Ursprung dem gleichen

Ziel zu dienen sucht, so daß alles Dienen und Amten in der Kirche von einer verbindenden Einheit bestimmt ist. Mit der so verstandenen Einheit des kirchlichen Amtes nach lutherischem Verständnis ist aber eine Verschiedenheit seiner Ausformung durchaus vereinbar. So kennen die lutherischen Bekenntnisschriften als mögliche Verwirklichungen des Amtes der Wortverkündigung und Sakramentsverwaltung neben dem Pfarrherrn auch den bloßen Prediger, als der sich Luther bekanntlich selber sah, und den Bischof als einen Pfarrer mit erweiterten Aufgaben (vgl. 4.2.4.). Lutherische Theologie wertet demgemäß heute teilweise das Pfarramt als die Vollform des ministerium verbi divini, aus der sich alle anderen Ämter erst durch Ausgliederung einzelner Funktionen in Teilaufgaben oder als dienende kirchliche Funktionen ableiten sollen. Zu dieser Frage wird aber noch gesondert Stellung genommen (3.4.).
Dem lutherischen Modell gegenüber versucht *reformierte Theologie,* Calvins theologischen Erkenntnissen folgend, die Charismenlisten der apostolischen Briefe auszuwerten. Sie unterscheidet eine Mehrzahl selbständiger Ämter, die bei unterschiedlicher Zielsetzung zugleich in örtlichen Konsistorien und in Synoden zusammengeführt werden. Dabei finden sich stets die Ämter der Prediger, der Ältesten, (Senioren, Presbyter) und der Diakone. Hinzu treten teilweise als selbständige Ämter die Doctoren, Propheten und Kuratoren. Die Praxis späterer Jahrhunderte hat in reformiert geordneten Gemeinden im wesentlichen nur die Ämter des Pfarrers, des Presbyters, des Diakons und des Lehrers bestehen lassen. In Österreich ist auch das Amt des Kurators als ein über die bloße Mitgemeindeverwaltung der Presbyter hinausgehendes leitendes Laienamt traditionell geblieben. Wichtig und beachtlich an dieser reformierten Lehre erscheint der Ansatzpunkt, wonach sich die kirchlichen Aufgaben nicht voll als Ausgliederungen des einen aus dem anderen ableiten lassen; sie stehen sich vielmehr als je eigene Aufträge in selbständiger Eigenart gegenüber. Das bleibt allerdings nur so lange christlich legitim, wie auch die von lutherischem Bekenntnis betonte Einheit der verschiedenen kirchlichen Aufträge in der einen Zielsetzung auf den Grundauftrag des Christseins in der Welt festgehalten wird.
Beide reformatorischen Lehrweisen sind im übrigen in ihrer kirchenrechtlichen Bedeutung erst aus dem *gemeinsamen Gegensatz* zu der ihnen gegenüberstehenden römisch-katholischen Ämterlehre voll zu verstehen. Diese sah nämlich das kirchliche Amt wesentlich als eine Stufenfolge einander übergeordneter hierarchischer Grade von den »niederen Weihen« über Diakonat und Priesteramt bis zum Bischof; sie alle sollten dem Laienstande gegenüber ein abgestuftes, besonderes Priestertum konstituieren. Die unterschiedlichen Ausprägungen der lutherischen und der reformierten Ämterlehre lassen die grundlegende Übereinstimmung unberührt, in welcher sie vor diesem gemeinsamen Gegenüber an der unabgestuften Gleichrangigkeit aller kirchlichen Ämter festhalten.
In unserem Jahrhundert haben in der Vierten These der Barmer Theologischen Erklärung Lutheraner wie Reformierte gemeinsam »die verschiedenen Ämter« in der Kirche als vorgegeben anerkannt und doch zugleich als »Weisen des gemeinsamen Dienstes« miteinander verbunden. Auch die Leuenberger Thesen haben die Vielfältigkeit der Ämter und Dienste innerhalb der einen, sammelnden Wirksamkeit des Herrn in der Gemeinde unterstrichen. Zu fragen bleibt

diesen Formeln gegenüber, ob Ausdrücke wie »Amt« und »Dienst« heute noch von *Mißverständnissen* hinreichend frei sind. Denn »Amt« bedeutet im weltlichen Raum eine zu legitimer Gewaltanwendung befugte Machtausübung; und ein »Im-Dienst-sein« birgt die Gefahr einer Befreiung von privater Mitmenschlichkeit. Weder »Amt« noch »Dienst« zeichnen heute das diakonische Grundanliegen aller christlichen Tätigkeit für die Gemeinde so deutlich nach, wie es das Evangelium von der Fußwaschung (Joh. 13, 1 ff.) verlangt.
Hermann Diem versuchte die belasteten Ausdrücke »Amt« und »Dienst« dadurch zu umgehen, daß er von den in der Gemeinde des allgemeinen Priestertums jeweils »Vorangehenden« sprach. Das ist darin überzeugend, daß so die Träger eines besonderen Charismas als mit den übrigen Christen auf einem gemeinsamen Wege befindlich erscheinen. Offen bleibt in diesem Bilde allerdings, inwiefern das Vorangehen der einen mit dem Folgen der anderen Christen verknüpft bleibt. Überzeugender noch erscheint es daher zu sein, den von Jürgen Moltmann ekklesiologisch geprägten Sprachgebrauch von »*Aufträgen*« der Gemeinde auch in das Kirchenrecht einzubringen. Ein Beauftragter in der christlichen Gemeinde steht auf gleicher Ebene inmitten der anderen Gemeindeglieder, deren allgemeines Priestertum er teilt. Sein Besonderes ist, daß auf Grund der für ihn erbetenen und an ihm erkannten Gabe Gottes von ihm ein Mehr an Tun und Einstehen für alle erwartet wird.
Nach alledem wird das Verhältnis zwischen Amt und Gemeinde nach evangelischem Verständnis aus der Sicht am deutlichsten, daß die Gemeinde so weit möglich und dienlich für ihr eines Ziel eine Vielzahl von Aufgaben ordnet. Damit beauftragt sie jeweils einzelne Glieder und zwar nach dem Maße der Gaben, welche sie bei ihnen erkannt hat oder für sie von Gott erhofft. Wenn diese dem Rufe folgen und diese Gaben verwirklichen, gehen sie innerhalb der Gemeinde des allgemeinen Priestertums dienend und leitend voran, bleiben aber dennoch durch Aufruf und Verantwortung des von der ganzen Gemeinde erhaltenen Auftrages dieser verbunden.

3.3.3. Geistliches Amt und Ordination

Diejenigen Aufträge der christlichen Gemeinde, die mit dem *Gottesdienst* unmittelbar zusammenhängen, haben für eben diesen Gottesdienst eine besondere Bedeutung. Deshalb ist es nicht nur herkömmlich, sondern auch richtig, daß die Bedeutung des Auftrags zum lebenslangen Volldienst an Wortverkündigung und Sakramentsverwaltung bei dem ersten Amtsantritt sich besonders auswirkt. Das geschieht herkömmlich durch die *Ordination* genannte gottesdienstliche Handlung.
Ordiniert werden vor allem die zum Pfarramt (vgl. 3.4.) vorgesehenen Theologen, nach der Ordnung vieler Kirchen aber auch zum ehrenamtlichen Predigtdienst befähigte und bewährte andere Gemeindeglieder (Prädikanten, Predigthelfer u.a.).
Geistliche und rechtliche Bedeutung der Ordination sind in der evangelischen Kirche heute teilweise umstritten. Dennoch ermöglicht eine Würdigung der gemeinsamen Grundzüge des Rechts der Ordination nach Auffassung des Verfas-

sers eine die berechtigten Anliegen der unterschiedlichen Meinungen zusammenführende Antwort. Die Ordination enthält, wie übrigens ja auch die Taufe, sowohl ein liturgisch auf die ganze Christenheit wie auch ein kirchenrechtlich auf die jeweilige Teilkirche im Blick auf den Ordinanden bezogenes Element. Sie hat zunächst Bezug auf die Christenheit, also die sichtbare allgemeine Kirche. Zwischen dieser, durch die ordinierenden Mitchristen vertretenen Kirche und dem Ordinanden wird in der Ordination eine geistliche Beziehung begründet. Die Kirche sendet den Ordinanden in seinen Auftrag, übernimmt Mitverantwortung für ihn, macht ihm Mut zu seinem Dienst durch Zuspruch und Gebet. Der Ordinand stellt sich dem an ihn ergehenden Auftrag, sagt Ja zu ihm und stellt sich den damit verbundenen Aufgaben. Beides gewinnt Gestalt in dem aufeinander bezogenen Wechselgespräch von Ordinationsvorhalt, Ordinationszusage und ordinatorischer Sendung.

Die *Handauflegung* durch die Ordinatoren ist dabei ein bis auf die Pastoralbriefe hin bezeugtes und daher biblisch ebenso wie durch ökumenischen Brauch gerechtfertigtes Zeichen. Die ordinierende Kirche wie auch der ordinierte Diener am Wort sollen und können der Glaubensüberzeugung sein: Gott hat diesen Ruf zum Dienst nicht vergebens ergehen lassen und will den in diesen Dienst Berufenen nicht ohne Gaben lassen. Von dieser Seite her, nämlich als ein dem Glauben gegebener und im Glauben ergriffener Auftrag, gehört die Ordination zur persönlichen, *geistlichen Lebensgeschichte* des Ordinanden. So gesehen ist sie ebensowenig folgenlos zurücknehmbar oder aufhebbar wie ein anderer biographischer Akt. Ebenso kann ja auch weder der Tod meines Ehegatten noch meine Scheidung oder Trennung etwas daran ändern, daß ich diesen Gatten geheiratet habe und er mich; daß wir zusammen eine Ehe führen wollten und geführt haben, können wir als ein Stück je unseres Lebens nicht mehr ungeschehen machen.

Von dieser geistlichen Seite der Ordination zu unterscheiden ist aber die *kirchenrechtliche Bedeutung*, welche sie als ein von der handelnden Teilkirche angeordneter und vollzogener Akt ebenfalls aufweist. Zwar verleiht die Ordination nicht etwa einen geistlichen Sonderstatus, der den Ordinierten aus der Gemeinschaft des allgemeinen Priestertums heraushöbe. Dagegen bedeutet die Ordination nach heutigem evangelischem Verständnis in kirchenrechtlicher Sicht die verbindliche Erklärung, daß der Ordinierte von nun ab in den Grenzen des kirchlichen Rechts zur Wahrnehmung eines lebenslangen Volldienstes an Wort und Sakrament tauglich und befähigt ist. Diese kirchenrechtliche Seite der Ordination kann in den Formen und unter den Voraussetzungen des Rechts aufgegeben werden, zurückgenommen werden oder sonst wegfallen. Bei der Schilderung des Pfarrerrechts wird davon noch die Rede sein (vgl.3.4.4.). In einem solchen Falle zeigt sich, daß das geltende Kirchenrecht von dem Nebeneinander dieser beiden Aspekte der Ordination ausgeht. Denn wenn ein gewesener Diener an Wort und Sakrament nach einer solchen Zeit des Verlustes seiner durch die Ordination erworbenen Rechtsstellung erneut in ein kirchliches Amt berufen wird, so erfolgt keine *Reordination*; vielmehr erhält der Amtsträger die zurückgegebene Ordinationsurkunde wieder und wird in einer gottesdienstlichen Einführung an die einmal erfahrene und als Stück seines Lebensweges ihm un-

verlorene geistliche Anrede seiner Ordination erinnert. Die frühere Ordination erhält nicht etwa einen unevangelischen *character indelebilis,* sondern wird in ihrem geistlichen Grundsinn als persönlicher Anrede und Fürbitte anerkannt, wenn in solchen Fällen eine Wiederholung unterbleibt und der neuerlichen Inpflichtnahme ihre eigene Form gegeben wird.
Diese Auffassung der Ordination trennt den Ordinierten nicht von der Gesamtheit der Christen und auch nicht von der Gemeinschaft derjenigen mit Aufträgen in der christlichen Gemeinde Betrauten, deren Dienst mit einer anders benannten oder gestalteten Einführung beginnt. Andererseits erkennt sie an, daß der mit der Ordination begonnene Auftrag für das Leben der Gemeinde wie für das des Ordinierten besondere Bedeutung hat. Wo hier Mißverständnisse drohen, sollte man ihnen durch klare Verkündigung und liturgische Gestaltung der Ordinationshandlung begegnen. Jedenfalls aber sollten sie nicht dazu führen, daß wir auf einen urkirchlichen und ökumenisch verbindenden Brauch (vgl. 2.1.4.) kurzerhand verzichten.

3.3.4. Weitere Gemeindeämter, besonders das Ältesten- oder Presbyteramt

Alle Ämter in der Gemeinde sind dazu bestimmt, die Verkündigung des Wortes Gottes und die rechte Verwaltung der Sakramente sowie die Ausrichtung des diakonischen Auftrages zu tragen. Das kann unmittelbar und allseitig durch den Amtsträger geschehen; dann bezeichnet man seinen Auftrag als ein geistliches Amt. Eine an Gaben und Aufträgen reichere Gemeinde wird daneben aber auch solche Aufträge einrichten, welche nur einige Aufgaben des geistlichen Amtes begleitend mit übernehmen, seinen Dienst vorbereiten, begleiten oder fördern. Beispiele dafür lassen sich vom Küster und Organisten über den Katecheten und Diakon, die Gemeindeschwester und die Sekretärin bis zum kirchlichen Verwaltungsbeamten bilden.
Die Ausgestaltung der Aufträge der Gemeinde im einzelnen bleibt eine Frage ihres Ermessens. Sie kann Männer oder Frauen damit beauftragen, hauptberuflich, nebenberuflich oder ehrenamtlich, umfassend oder gezielt, hervortretend oder zudienend, befristet oder lebenslang mitzuarbeiten. Alle miteinander erfüllen sie aufgrund ihres allgemeinen Priestertums jeweils besondere Aufträge der Gemeinde. Bei ihrer Zusammenarbeit mag jeweils einem von ihnen die Aufgabe endverantwortlicher Leitung zufallen. Deshalb ist aber doch keiner dabei lediglich nachgeordneter »*Mitarbeiter*« des anderen, sondern alle miteinander bleiben die aneinander gewiesenen »Mitarbeiter Gottes« (1. Kor. 3, 9). Bezeichnet man dagegen, wie leider häufig, nur die Nichtpfarrer in kirchlichem Auftrag als Mitarbeiter (des Pfarrers), so ist der Weg frei zu einer unguten Über-und Unterordnung zwischen nach Rangstufen getrennten kirchlichen Berufen.
Angemessener gemäß biblischer Weisung erscheint ein Grundverständnis im Sinne von 1. Kor. 12, wonach viele Glieder des Leibes Christi in verschiedener Weise den jeweils gegebenen Gaben entsprechend aufeinander angewiesen und zusammengefügt ihren Dienst tun.

Guter Ordnung entspricht die ausdrückliche *Erteilung* aller dieser Aufträge durch besondere, eben hierzu erstbeauftragte Glieder gemäß dem Beschluß der in der Gemeinde tätigen und ihre Geschäfte leitenden Gemeinschaft ihrer Beauftragten (vgl. 3.5.2.). Dadurch wird deutlich, daß alle Tätigkeiten der Gemeinde ebenso wie alle diesen Tätigkeiten dienende Aufträge von der Gemeinde herkommen und zu der Gemeinde hinführen sollen. Das muß auch maßgeblich sein für die Stellung des Pfarrers zu den übrigen Mitarbeitern und für die rechtliche Ordnung der Beziehung zwischen dem einzelnen Mitarbeiter und der Gemeinde; von beidem wird später in dem jeweiligen Zusammenhang noch die Rede sein (vgl. 3.4.1.; 3.5.2.).

Nicht nur für künftige Diener an Wort und Sakrament ist heute eine geistliche Beauftragung vor der gottesdienstlichen Gemeinde in Gebrauch. So geschieht die kirchliche Beauftragung der künftigen Religionslehrer durch die *Vokation*; für andere Dienste gibt es die Möglichkeit der gottesdienstlichen *Einsegnung* oder *Vorstellung* mit Verpflichtung und Fürbitte vor der Gemeinde. Alle diese Unterschiedlichkeiten, wie sie sich nach sachgebundenem Ermessen im einzelnen ergeben können, lassen die geistliche Einheit unberührt. Sie sind alle auf dem Boden des allgemeinen Priestertums erwachsen und dem einen Grundauftrag der christlichen Gemeinde jeweils in ihrer Art mit gleichem Rang und gleicher Würde verpflichtet. Ein sich ergänzendes *Zusammenwirken* aller dieser Ämter entspricht nicht nur praktischen Rücksichten auf das Wirken der Gemeinde, sondern bringt ihr in der Wurzel immer gleich geistliches Wesen zum Ausdruck. Der gemeinsame Auftrag verbietet, daß die verschiedenen Beauftragten sich in Befehlende und Gehorchende, in Alleinwesentliche und Unwesentliche, in eigentliche und uneigentliche Funktionen des allen gemeinsamen allgemeinen Priestertums mißverständlich aufteilen. Jeder Beauftragte soll allen anderen ebenso dienen wie ihren Dienst als einen ihm gleichfalls notwendigen auch selbst empfangen.

Dem entspricht es, daß die verschiedenen Träger kirchlicher Ämter und Dienste in Fragen, welche die ihnen gemeinsamen Angelegenheiten der ganzen Gemeinde betreffen, zu gemeinsamer Besprechung und Entscheidung in rechtlich geordneter Weise zusammengeführt werden. Das geschieht in dem *Presbyterium* (auch Ältestenrat oder Kirchenpflege) der Gemeinde und deren Ausschüssen. In ihnen treten die Pfarrer und die gewählten ehrenamtlichen *Presbyter*, teilweise auch gewählte Vertreter der vollberuflichen *Mitarbeiter* und Träger anderer christlicher Dienste, wie etwa Religionslehrer, regelmäßig zu Beratung und Beschlußfassung zusammen und leiten so die geistliche Arbeit und die laufenden Geschäfte ihrer Gemeinde gemeinsam. Diese *Wahlen* geschehen durch die wahlberechtigten Gemeindeglieder, die zu diesem Zwecke in eine vom Presbyterium zu führende *Wählerliste* eingetragen sein müssen. Wahlberechtigte können Wahlvorschläge einreichen, zwischen denen die Stimmenmehrheit entscheidet. Die Förmlichkeiten des Wahlvorganges sind meist in Wahlordnungen genauer bestimmt und können auf Beschwerde oder Wahlanfechtung hin überprüft werden.

Das geistlich begründete Wesen des Presbyteriums würde verkannt, wenn man es wegen der Bestellung seiner ehrenamtlichen Mitglieder durch Gemeindewahl als ein bloßes, womöglich dem »geistlichen Amt« als demokratisches Kontrollorgan gegenüberstehendes Repräsentativorgan mißverstehen wollte. Auch wo in einem größeren Gremium, der *Gemeindevertretung,* auf ähnliche Weise die besonders wichtigen Grundentscheidungen für das Gemeindeleben getroffen werden, handelt es sich der Sache nach um eine Erweiterung des Ältestenkreises. Ebensowenig ist das Presbyterium wesentlich ein Verwaltungsorgan der Gemeinde, mag es auch, wie weiter unten (vgl. 3.5.4.) zu zeigen sein wird, wichtige Verwaltungsaufgaben haben. Seine Kernaufgabe ist die Zusammenführung aller Ämter und Dienste; das bringt, auch wenn die Eigenständigkeit des geistlichen Amtes dabei beachtet werden muß, innerhalb der Gesamtverantwortung dieses Gremiums auch geistliche Zuständigkeiten und Verantwortungen mit sich.

Die Konvergenzerklärung der Kommission des Ökumenischen Rates der Kirchen für Glauben und Kirchenverfassung über Taufe. Eucharistie und Amt (»Lima-Papier«) erörtert bekanntlich eine dreifache Form des ordinierten Amtes: Bischöfe: Presbyter und Diakone. Dabei werden als Presbyter die pastoralen Amtsträger einer örtlichen Gemeinschaft bezeichnet; die Diakone sollen gottesdienstliche und helfende, aber auch katechetische und verwaltende Aufgaben übernehmen. Das hat sich auf das evangelische Kirchenrecht bei uns noch nicht ausgewirkt.

3.4. Der Pfarrer

Der evangelische Pfarrer insbesondere hat heute als rechtsgeschichtlich gewachsenes Grundamt einen berufsmäßig herausgehobenen Volldienst an den Mitchristen seiner Gemeinde inne. Zu seinem Auftrag gehören in Zusammenarbeit mit anderen Mitarbeitern die öffentliche Wortverkündigung und Sakramentsverwaltung, aber auch die Erstzuständigkeit für Amtshandlungen und kirchlichen Unterricht sowie maßgebliche Mitverantwortung für die äußere Gemeindeleitung. Sein Dienst wird durch Kirchengesetz in beamtenähnlicher Rechtsform geordnet.

Beispielhafte Quellenstellen:

Aus der Grundordnung der Evangelischen Landeskirche in Baden – Neufassung vom 5. Mai 1972 (GVBl 35, ABl EKiD 493):

§ 46
(1) Die öffentliche Wortverkündigung und die Sakramentsverwaltung, durch die Jesus Christus seine Gemeinde sammelt und erhält, ist Aufgabe der in das Predigtamt der Kirche berufenen Gemeindeglieder.
(2) Von einem Diener im Predigtamt wird ein Verhalten erwartet, das sein Zeugnis nicht unglaubwürdig macht.
(3) Die im Predigtamt enthaltenen Aufgaben können sich in einer Vielzahl von Diensten der Verkündigung, Seelsorge und Unterweisung entfalten. Diese können auf Dauer oder auf Zeit übertragen und hauptberuflich, nebenberuflich oder ehrenamtlich ausgeübt werden.
. . .

§ 47
(1) Zur Ausübung des Predigtamtes ist Berufung durch die Kirche (Ordination) notwendig.
(2) In das Predigtamt können sowohl Männer als auch Frauen berufen werden.
(3) Die Einzelheiten der Berufung regeln besondere kirchliche Gesetze für die verschiedenen das Predigtamt ausübenden Dienste. Hierbei sind die gesamtkirchliche Bedeutung der Ordination und ihre Ordnung in der Evangelischen Kirche in Deutschland zu beachten.
. . .

§ 49
(1) Mit der Ordination wird der Ordinierte berechtigt und verpflichtet, öffentlich Gottes Wort zu verkündigen, die Sakramente zu verwalten und andere kirchliche Amtshandlungen vorzunehmen. Die Berechtigungen können abgelegt oder nach den Bestimmungen des kirchlichen Rechts aberkannt werden.
(2) Der Evangelische Oberkirchenrat kann die genannten Berechtigungen, wenn sie beendigt waren, wieder zuerkennen.

§ 50
(1) Im Amt des Pfarrers hat sich eine besondere Form des kirchlichen Dienstes herausgebildet. In ihm sind Aufgaben des Predigtamtes, der Leitung und der Verwaltung zu einer besonderen rechtlichen Gestalt vereinigt.
(2) Pfarrer im Sinn der Grundordnung ist auch die Pfarrerin.
...

§ 51
(1) Der Pfarrer steht zur Landeskirche in einem Dienstverhältnis, dessen besondere Art durch die Ordinationsverpflichtung (§ 48 Abs. 2 und 3) bestimmt ist. Das Dienstverhältnis kann deshalb auch durch kirchliches Gesetz mit besonderen Verpflichtungen und Beschränkungen verbunden werden.
(2) Das Dienst- und Besoldungsrecht der Pfarrer wird durch kirchliches Gesetz geregelt.

§ 52
(1) Der Pfarrer ist in der Verkündigung des Wortes Gottes und in der Verwaltung der Sakramente nur an seine Ordinationsverpflichtung (§ 48 Abs. 2 und 3) gebunden. Hierbei ist sein Dienst auf die Gemeinde bezogen und auf ihre Mitverantwortung angewiesen.
(2) An Entschließungen des Ältestenkreises und des Kirchengemeinderates und an Weisungen des Dekans und der Kirchenleitung hat sich der Pfarrer im Rahmen der kirchlichen Ordnung zu halten.
(3) Der Pfarrer ist gemeinsam mit den Kirchenältesten für die Vorbereitung, Gestaltung und Leitung des Gottesdienstes im Rahmen der agendarischen Ordnung verantwortlich.

§ 53
Jedem Pfarrer können nach dem Maße seiner Leistungsfähigkeit vom Evangelischen Oberkirchenrat oder vom Bezirkskirchenrat Dienste zugewiesen werden, die nicht zu der Stelle des Pfarrers gehören. Die Dienste können auch außerhalb seines Gemeindebezirks liegen.

Aus der Kirchenordnung der Evangelischen Kirche im Rheinland vom 2. Mai 1952 (KABl 57, ABl EKiD 167):

Artikel 72
(1) Die Kirche gibt dem Pfarrer für die Führung seines Amtes und seines persönlichen Lebens Rat und Wegweisung.
(2) Der Pfarrer steht in der brüderlichen Gemeinschaft des Presbyteriums, der Amtsbrüder seiner Gemeinde und seines Kirchenkreises. Er soll die brüderliche Ermahnung, die ihm in dieser Gemeinschaft zuteil wird, willig annehmen.
(3) Reicht diese Mahnung oder die Mahnung leitender Amtsbrüder nicht aus, Anstöße, die er gibt, auszuräumen, oder ist es unmittelbar geboten, so ist ein Verfahren gegen ihn einzuleiten, das je nach Lage des Falles ein Dienststrafverfahren, ein Lehrzuchtverfahren oder ein Verfahren zur Versetzung in ein anderes Amt, in den Wartestand oder in den Ruhestand ist. Das Nähere wird durch Kirchengesetz geregelt.

Aus dem Kirchlichen Gesetz »Ordnung für Lehrverfahren« der Evangelischen Landeskirche in Baden vom 19. Oktober 1976 (GVBl 131, ABl EKiD 1977, 122):

§ 1 – Entscheidungsgrundlage
Ein Lehrverfahren hat zu klären, ob die Verkündigung und Lehre eines Ordinierten bei dem unverzichtbaren Bemühen um den Gegenwartsbezug des Evangeliums mit dem entscheidenden Inhalt der biblischen Botschaft nach reformatorischem Verständnis, wie es im Vorspruch zur Grundordnung bezeugt ist, unvereinbar sind. Gegenstand des Verfahrens können nur Lehrauffassungen sein, die ein Ordinierter in Ausübung seines Amtes oder sonst öffentlich zum Ausdruck gebracht hat und an denen er auch nach theologischer Beratung und Mahnung beharrlich festhält.

3.4.1. Die Aufgaben des Pfarrers

3.4.1.1. Das Gemeindepfarramt

Das evangelische Pfarramt hat sich geschichtlich zu seiner heutigen Rechtsgestalt entwickelt. Im Neuen Testament finden wir noch keine Pfarrer; und auch danach hat es lange gedauert, bis sich das Pfarramt herausbildete. Damit war zunächst die Rechtsposition eines Delegaten des Bischofs für eine bestimmte Gemeinde an einer bestimmten Pfarrkirche gemeint. Der mittelalterliche Pfarrer übte in der »Pfarre« die pfarrerlichen Rechte aus, insbesondere war er allein zuständig für die Taufen, Trauungen, die Osterbeichte und -kommunion, sowie die Beerdigung der Pfarreingesessenen. Die Reformation brachte ein grundsätzliches Neuverständnis des Pfarramtes. Der evangelische Pfarrer ist kein geweihter Priester mehr, der niederen Klerus unter sich und einen Bischof als Inhaber der geistlichen Vollgewalt über sich hätte. Vielmehr übt er nun selbständig den Verkündigungs- und Hirtenauftrag des ministerium verbi in einem umschriebenen Umkreise aus. So war durch Jahrhunderte hindurch der evangelische Pfarrer neben dem Lehrer und dem Küster als den hauptamtlichen und den Presbytern, Kuratoren oder Senioren als nebenamtlichen Beauftragten der Gemeinde der einzige Träger eines geistlichen Vollamtes und zugleich der durch Stellung und Bildung besonders hervorgehobene kirchliche Amtsträger am Ort. Auf diesem historischen Werdegang beruht es, daß sich im heutigen, durch die kirchlichen Pfarrerdienstgesetze rechtlich geordneten evangelischen Pfarramt unterschiedliche Funktionen aus verschiedenen Bereichen vereinigen. Jede von ihnen könnte an sich auch jeweils durch besondere Beauftragte ausgeübt werden. Für jede von ihnen ist denkbar, daß der grundsätzlich vom Pfarrer selbst ausgeübte Dienst durch einen besonders Beauftragten ergänzt wird.
Diese Bedeutung des evangelischen Pfarramtes als eines »Funktionsbündels« wird unklar, wenn man ihm die »Führung« seiner Gemeinde als hauptsächlichste, notwendige Aufgabe zuweist. Vielmehr erweist sich der Pfarrer in seiner

rechtlichen Stellung zunächst als der jeweils mit der *Predigt* als der öffentlich verantwortlichen Wortverkündigung in dieser Gemeinde Erstbeauftragte. Das macht ihn zum Inhaber der grundsätzlichen Zuständigkeit für geistliche Aufgaben; er hat als Gemeindepfarrer allein oder zusammen mit den an der gleichen Kirche tätigen Mitpfarrern das »Kanzelrecht« inne. Es bedarf demnach der Zustimmung des Pfarrers und unterliegt seiner Mitverantwortung, wenn im Gemeindegottesdienst oder bei Amtshandlungen ein anderer Ordinierter oder etwa ein als Lektor zur Lesepredigt zugelassenes Gemeindeglied an diesem Ort statt seiner *(Delegation)* tätig wird. Dieser Erstauftrag des Pfarrers bedeutet ein Mehr an Verantwortung, nicht ein geistliches Besitzrecht. Sein Erstauftrag gilt einer »Gemeinde von Brüdern«; und die Achtung des allgemeinen Priestertums der Gläubigen wird sich darin erweisen, daß der Pfarrer die geistlichen Gaben seiner Mitchristen auch im Bereich des Gottesdienstes achtet und gelten läßt. Das »Kanzelrecht« des Pfarrers hat dann seinen rechten Sinn, wenn es zum rechtlichen Mittel wird, die Fülle der geistlichen Gaben zu pflegen. Die Ordnungen der evangelischen *Laienpredigt*, wie sie aus den Erfahrungen des Kirchenkampfes heraus in unterschiedlichen Formen sich durchgesetzt haben, bieten kirchenrechtliche Formen dafür an.
Weiterhin ist der Pfarrer einer Gemeinde regelmäßig der Erstberufene für die *Verwaltung der Sakramente* innerhalb der Gemeinde und an den Gemeindegliedern. Allerdings ist es auch kirchenrechtlich anerkannt, daß in Notfällen bei Unerreichbarkeit eines ordinierten Amtsträgers auch sogenannte Laien die Sakramente der Kirche nicht nur gültig, sondern auch erlaubt und rechtmäßig spenden (vgl. 2.2.2., 2.3.2.). Die Sonderstellung des Pfarrers in der Verwaltung der Sakramente gründet darauf, daß diese Aufgabe in der Regel mit der geistlichen Entscheidung über die Angemessenheit der Spendung und diese wiederum mit der Seelsorge an dem betreffenden Gemeindeglied verbunden ist. Außerdem soll die Beauftragung des Pfarrers als eines theologisch Ausgebildeten den sachgerechten und würdigen Vollzug der Sakramente gewährleisten. Ordinierte oder sonst besonders ermächtigte Gemeindeglieder dürfen den Pfarrer auch bei der Austeilung der Sakramente vertreten.
Zu dieser Stellung des Pfarrers als Prediger und Leiter des Gottesdienstes tritt seine Aufgabe als Verwalter der *Amtshandlungen* (vgl. 2.4.) und berufener *Seelsorger*, als »Hirte« der Gemeinde. Diese Rechtsstellung meint nicht etwa, daß nur er Seelsorge üben könnte und die Gemeinde nur bei ihm Seelsorge suchen dürfte. Im Gegenteil ist christliche Seelsorge als eine Funktion des allgemeinen Priestertums nicht an besondere Aufträge gebunden, wenn auch die kirchliche Rechtsordnung für die Seelsorgetätigkeit kirchlicher Amtsträger besondere Regelungen trifft. Demgemäß ist der Pfarrer durch das kirchliche Recht regelmäßig an eine besondere Schweigepflicht für sein Seelsorge- und Beichtwissen gebunden (vgl. 2.5.). Diese Verpflichtung wird weithin auch durch die Staatsgesetze dadurch gestützt, daß dem Pfarrer oder dem sonst ordinierten geistlichen Amtsträger ein Schweigerecht bei gerichtlicher Zeugenvernehmung zusteht (vgl. 2.5.4.).
Weitere Aufgaben des Pfarrers sind der kirchliche *Unterricht*, die äußere Leitung der kirchengemeindlichen *Verwaltung* und oft auch der Vorsitz in dem die

Geschäfte der Gemeinde leitenden Presbyterium (vgl. 3.5.1.). Sie berühren sich nur gelegentlich mit seelsorgerlichen Aufgaben, können aber manchmal auch für die Seelsorge geeignete Einblicke verschaffen. Sie gehören nicht zum Kern der unverzichtbaren Pfarraufgaben und sind auch in früheren Zeiten Inhalt besonderer kirchlicher Aufträge gewesen; in der Gegenwart sind sie teilweise wieder zu besonderen kirchlichen Berufsbildern (des Katecheten, kirchlichen Verwaltungsbeamten) geworden. Auch diese Aufgaben waren dem Pfarrer geschichtlich weithin deswegen zugewachsen, weil er als akademisch gebildeter und für den Dienst in der Gemeinde hauptamtlich freigestellter Christ die günstigsten Voraussetzungen für die Wahrnehmung bot. Heute aber ist es eher als eine begrüßenswerte Entwicklung anzusehen, wenn die pädagogischen und verwaltungsmäßigen Aufgaben der Gemeinde weitgehend besonders geschulten Beauftragten und Gemeindegliedern zufallen. Weil sie aber mittelbare Bedeutung auch für den Kern der pfarramtlichen Geschäfte haben, behält ihre Verbindung mit Amt und Dienst des Pfarrers ihren Sinn.
Heute muß zwar in der Diaspora immer noch der Pfarrer mangels anderer beruflich tätiger Mitarbeiter oft alle möglichen Aufgaben eines Pfarrers allein übernehmen. Wo die Gunst der Verhältnisse dagegen den Einsatz einer größeren Zahl von »Mitarbeitern« in haupt-, neben- oder ehrenamtlichem Dienst der Gemeinde gestattet, wächst dem Pfarrer eine besondere Aufgabe an ihnen zu. Gerade als »*Generalist*« neben »*Spezialisten*« und als wissenschaftlich geschulter Theologe gegenüber den nicht so ausgebildeten, aber zum Dienst an der Gemeinde Jesu Christi motivierten Mitchristen wächst ihm die Funktion helfender *Begleitung* und *Zusammenführung* zu.
Neuerdings hat sich in größeren, personell und finanziell gut ausgestatteten Gemeinden das Bedürfnis entwickelt, in neuen Formen des Pfarramtes eine stärkere Zusammenführung der verschiedenen Mitarbeiter im geistlichen Dienst zu versuchen. Leitbegriff für solche Experimente ist das »*Teampfarramt*«, das auf Grund von besonderen kirchengesetzlichen Ermächtigungen an verschiedenen Stellen erprobt wird. Es geht dabei darum, mehrere Pfarrer und andere, beispielsweise pädagogisch oder psychologisch vorgebildete Mitarbeiter der Gemeinde zu einer Dienstgruppe zusammenzufassen, die als »Team« nach Sachgesichtspunkten ihre Tätigkeit ordnet, kollegiale Beschlüsse faßt und die Pfarrerrechte innerhalb des Presbyteriums und anderer Organe gemeinsam und gleichberechtigt ausübt. Dadurch soll, so hofft man, ein als unfruchtbar empfundenes Nebeneinander sowie eine nach Auffassung des Beteiligten gelegentlich durch Sachkompetenz nicht genügend unterbaute Vorordnung des Theologen gegenüber anderen Mitarbeitern aufgehoben und eine demokratisch angelegte Leitungsstruktur aufgebaut werden. Wie sich diese Versuche bewähren werden und wie weit sie sich verallgemeinern lassen, wird man abwarten müssen.

3.4.1.2. Die »Sonderpfarrer«

Neben den Gemeindepfarrern, von denen bisher die Rede war, hat sich eine Sonderform des Pfarrerberufes außerhalb des eigentlichen Gemeindedienstes im Laufe dieses Jahrhunderts ergeben. Die Verwicklung und Umgestaltung der allgemeinen Lebensverhältnisse ebenso wie neue kirchliche Aufgaben ließen mehr und mehr den Einsatz von theologisch Gebildeten und mit geistlicher Vollmacht versehenen Beauftragten der Kirche auch außerhalb der herkömmlichen Kirchengemeinden angezeigt sein. Der Oberbegriff »*Sonderpfarrer*« bezeichnet dabei in nicht besonders glücklicher Weise diejenigen Träger kirchlicher Dienste, die als ordinierte Volltheologen bei Amtsfähigkeit für ein Gemeindepfarramt andere kirchliche Aufgaben übernehmen. Sie sind in aller Regel nach dienstrechtlicher Stellung und Bezügen den Gemeindepfarrern gleichgestellt, teilweise sogar durch Zulagen im Einkommen ausgezeichnet. Andererseits ist ihnen ihre Sonderaufgabe meist nur für eine befristete Zeit zugewiesen. Es handelt sich dabei im wesentlichen um drei Gruppen. Einmal sind hier die »*Schulpfarrer*« zu nennen, die in Schulen oder in anderen pädagogischen Bereichen die an sich dem Gemeindepfarramt obliegenden Aufgaben des kirchlichen Unterrichts spezialisiert und konzentriert wahrnehmen. Hinzu kommen die Pfarrer für den *Dienst an besonderen Gruppen*; dieser Kreis reicht von Strafanstalts- und Militärpfarrern über die im Hochschulbereich wirkenden Studentenpfarrer und die Pfarrer an evangelischen Akademien bis zu den Krankenhauspfarrern und den Pfarrern in diakonischen Werken. Das Gemeinsame dieser Gruppe ist es, daß der Zugang zu den so betreuten Personenkreisen für einen Gemeindepfarrer so erschwert ist, daß neben einer auf den Arbeitsschwerpunkt ausgerichteten besonderen Ausbildung und Befähigung auch ein besonderes organisatorisches Verhältnis zu dem Wirkungsfeld geschaffen werden soll. Die dritte Gruppe bilden die geistlichen Amtsträger mit überörtlichen *Leitungsaufgaben*, also die Pfarrer in kirchlichen Verwaltungsämtern (vgl. 4.3.2.) (Landeskirchenräte, Oberkirchenräte), sowie die in Kommunikationsaufgaben des größeren Bereichs tätigen Amtsträger (Pressepfarrer, Fernseh- und Rundfunkpfarrer).

3.4.1.3. Die Frau im Pfarramt

Bis zum Beginn des Jahrhunderts waren alle kirchlichen Pfarrämter noch männlichen Theologen vorbehalten. Nach dem ersten Weltkrieg wurden einzelne Möglichkeiten des Theologiestudiums auch für *Frauen* geschaffen. Aber erst in den Notzeiten und Engpässen der kirchlichen Versorgung in Kirchenkampf und Kriegszeit kam es dazu, daß auch theologisch gebildete Frauen kirchliche Aufträge innerhalb des pfarramtlichen Dienstes übernahmen. Dies geschah zunächst unter Betonung des Ausnahmecharakters dieser Tätigkeiten durch »Pfarrvikarinnen«, denen meist nur die Wahrnehmung von Diensten an der Jugend und Frauen oder Kranken gestattet wurde. Inzwischen ist die im gesamtgesellschaftlichen Bereich geforderte berufliche Gleichberechtigung der Geschlechter auch für die Kirche als evangeliumsgemäß fast durchwegs anerkannt. Noch nicht überall befriedigend gelöst sind dagegen die Folgerungen, die sich aus der Eheschließung eines weiblichen Pfarrers für seinen Gemeindedienst ergeben sollen. Zwar bedeutet das für den weiblichen Pfarrer inzwischen nicht mehr den Verlust seiner Pfarrerstellung; teilweise wird neuerdings den verheirateten Pfarrern die Möglichkeit eingeräumt, mit Rücksicht auf die Versorgung eines Kindes ihr Dienstverhältnis zur Kirche und Gemeinde zeitweise auszusetzen oder auf eine Teilzeitbeschäftigung herabzusetzen. Dagegen befinden sich Modelle für die gemeinsame Wahrnehmung einer Pfarrstelle durch ein Theologenehepaar erst im Stadium der Erprobung auf Grund befristeter Ausnahmeregelungen. Überzeugend gelungene Einzelbeispiele sind, wie oft, auch hier der beste Weg zur Erreichung kirchengesetzlicher Fortschritte.

3.4.1.4. Das Dienstverhältnis des Pfarrers

Das kirchliche Dienstrecht der Pfarrer, wie übrigens auch der für wichtige kirchliche Verwaltungsaufgaben eingesetzten kirchlichen Beamten, wird grundsätzlich nicht vertraglich, sondern durch kirchliche Gesetze und Verordnungen gestaltet. Nach dem Staatskirchenrecht der Bundesrepublik Deutschland üben diese kirchlichen Amtsträger ein gemäß kirchlichem Eigenrecht gestaltetes *Dienstverhältnis öffentlichen Rechts* aus. Deshalb gilt für beide Seiten auch nicht das allgemeine Arbeitsrecht; also kann weder die Kirche dem Pfarrer einseitig kündigen noch der Pfarrer gegen sie einen Arbeitskampf führen. Geldliche Ansprüche gegen die Kirche können die Pfarrer aber wie Staatsbeamte vor den öffentlichen Gerichten einklagen. Dabei werden aber die kirchlichen Vorfragen ihrer Amtsstellung von den staatlichen Gerichten nicht überprüft. Diese teilweise Herauslösung kirchlicher Bediensteter aus dem allgemeinen Rechtsschutz ist von der Sache der Kirche her nur tragbar, soweit sie von der Gewährung eines dem Wesen der Kirche entsprechenden Schlichtungsverfahrens begleitet wird (vgl. 4.3.3.). Auch dann soll sich zeigen, daß das kirchliche Recht als eine nach Vorbildlichkeit auch für das allgemeine Recht strebende Ordnung weder von bloßer Praktikabilität noch von gedankenloser Analogie zum staatlichen Beamtenrecht bestimmt ist, sondern von Freiheit zu eigenständigen Gestaltungsformen.

3.4.2. Der Weg ins Pfarramt

Der Weg ins Pfarramt führt über eine Zeit des Aufeinanderzugehens von Kirche, Gemeinde und des Kandidaten. Das beginnt schon im *Studium*. Was dort an Erlernen der alten Sprachen, an Einarbeitung in die theologischen Disziplinen, praktischer Erprobung in Seminaren und erster Einblicknahme in die Gemeindearbeit zu leisten ist, legen die kirchlichen Ausbildungsordnungen fest. Regelmäßig wird auch erwartet, daß schon der Theologiestudent durch Einschreibung in eine Theologiestudentenliste mit seiner Kirche näheren Kontakt aufnimmt und sich an Veranstaltungen zum gegenseitigen Kennenlernen mit den Ausbildungsreferenten beteiligt. Von einem bestimmten Ausbildungsstand an darf der Student in Vertretung und Auftrag eines Pfarrers Predigtgottesdienste halten und so seine Berufseignung erproben; die näheren Voraussetzungen sind unterschiedlich geregelt.
Dem Studium folgt die *Prüfung* als Übergang zur kirchlich-praktischen Ausbildung. Im Bereich der Bundesrepublik Deutschland wird die erste Prüfung in der

Regel von einer meist aus höheren Amtsträgern der Kirche und Universitätsprofessoren zusammengesetzten Prüfungsbehörde gemäß einer kirchlichen Prüfungsordnung abgelegt werden. Hat der Student bereits eine Universitätsabschlußprüfung (Doktorat, Fakultätsexamen) abgelegt, so können die erbrachten Leistungen nach kirchlicher Anerkennung und gegebenenfalls einem besonderen Kolloquium den entsprechenden der kirchlichen Prüfung gleichgestellt werden. Engpässe beim Pfarrernachwuchs haben inzwischen dazu geführt, daß Ausnahmen von dem Grundsatz der theologischen Universitätsausbildung möglich geworden sind. Es hat sich praktisch ein zweiter Bildungsweg vor allem für seminaristisch ausgebildete Bewerber ergeben. Nicht immer sind allerdings die auf diese Weise Ausgebildeten ihren Berufsgenossen später voll gleichgestellt.

Nach der Prüfung kann der Student als Vikar in den kirchlichen *Vorbereitungsdienst* übernommen werden. Die Kirchenbehörde klärt zuvor seine allgemeine Eignung für den kirchlichen Dienst und entscheidet über seine Einstellung. Diese könnte trotz bestandener Prüfung abgelehnt werden, wenn sich erst jetzt ein bei der theologischen Prüfung nicht einschlägiges Hindernis für den Dienst herausstellt, beispielsweise ein gesundheitliches Bedenken.

Als *Vikar* wird der Student einem »Lehrpfarrer« zugewiesen, dessen Arbeit er begleiten und durch erste eigene Versuche unterstützen soll. Zugleich werden in regelmäßigen Kursen des Predigerseminars die gemachten Praxiserfahrungen gemeinsam reflektiert und die akademische Ausbildung ergänzt. Erst eine zweite, vor der Kirchenbehörde abzulegende *Amtsprüfung* führt dann zur Erlangung der Wahlfähigkeit als Pfarrer. Anschließend muß er derzeit meist erst noch als Pfarrvikar oder Pastor eine Zeit des kirchlichen *Hilfsdienstes* ableisten, ehe ihm das Wahlfähigkeitszeugnis ausgestellt wird.

In der vorreformatorischen Zeit stand das Recht der *Pfarrstellenbesetzung* dem Bischof zu; oft hatte ein Patronatsherr als Gegenleistung für seine Kirchenbau- und Unterhaltungspflichten dabei ein Vorschlagsrecht. Auch die Reformation konnte den Grundsatz des freien Pfarrerwahlrechts der Gemeinde nicht voll durchsetzen. Heute übt die Gemeinde entweder grundsätzlich oder doch in einem überwiegenden Anteil, meist zwei Drittel der Besetzungsfälle, das Pfarrerwahlrecht aus. In allen Fällen steht den Gemeindegliedern das Recht zu, die Bewerber vorher in Predigt und Katechese kennenzulernen und gegebenenfalls begründete Einwendungen im Blick auf ihre Lebensführung, Lehre und Gaben vorzubringen. Die früheren Patronate sind fast überall abgelöst oder aufgehoben worden. Die Kirchenleitungen oder sonstigen obersten landeskirchlichen Behörden leiten regelmäßig das Pfarrerwahlverfahren und beraten die Gemeinden selbst oder durch Vermittlung der Superintendenten. In einer Minderzahl von Besetzungsfällen, meist bei jeder dritten Besetzung von Pfarrstellen sowie bei durch ungewöhnliche Umstände notwendig gewordenen Neubesetzungen (Ersterrichtung einer Pfarrstelle, Wiederbesetzung einer durch ein Verfahren gegen den Vorgänger frei gewordenen Pfarrstelle), dürfen sie die Kandidaten von sich aus bestellen. Auch in diesem Fall bleibt der Gemeinde jedoch das Recht des begründeten Widerspruchs (Votum negativum).

Mit der gottesdienstlichen *Einführung* und der damit verbundenen Aushändigung der Berufungsurkunde wird der Berufene Inhaber der Pfarrstelle und tritt dadurch zu seiner Kirche und Gemeinde in ein öffentlich-rechtliches Dienstverhältnis besonderer Art. Dieses wird in den Pfarrerdienstgesetzen der jeweiligen Kirche oder kirchlichen Zusammenschlüsse näher geregelt. Von den wichtigsten Bestimmungen der dem Status eines Beamten teilweise vergleichbaren und doch in charakteristischen Einzelheiten wieder eigenständigen Dienstverhältnisse wird im folgenden noch die Rede sein.
Spätestens bei der Einführung des so gewählten und ernannten Pfarrers in seine Pfarrstelle kommt es zu seiner *Ordination*. Für jede Beauftragung mit einem geistlichen Amt ist eine, wie wir sahen (vgl. 3.3.3.), mit gutem Grunde gottesdienstliche Einführung mit Handauflegung seit alters üblich. Die Ordination zum Pfarramt als Anfang eines lebenslangen vollberuflichen Dienstes an Wort und Sakrament aber bedeutet auch einen Rechtsakt geistlicher Art innerhalb der Teilkirche, die den Bewerber für das geistliche Amt ausgewählt hat und nun in eine bestimmte Aufgabe einweist. Sie bedeutet insoweit die öffentliche Bezeugung der ordinierenden Teilkirche, daß sie sich von dem Berufensein dieses Ordinierten überzeugt hat, daß sie seinen Dienst mittragen und ihm gemäß den jeweiligen Voraussetzungen für die Dauer seines Berufslebens durch Einweisung in besondere Aufträge Raum geben will. Auf dieser Ebene ist die Ordination eine der Voraussetzungen für das Dienstverhältnis zwischen ordinierender Teilkirche und Ordinanden. Allerdings ist sie in diesem ihrem Rechtsbezug nicht von der gleichen Bestandskraft wie ihr geistlich-biographischer Aspekt; ihre rechtliche Teilwirkung als bezeugende Voraussetzung des Dienstauftrages bleibt zurücknehmbar, verwirkbar und aufgebbar (vgl. 3.4.4.).
Häufig geschieht die Ordination heute nicht erst zusammen mit der *Installation* oder Einführung in das erste auf Dauer übernommene Pfarramt, sondern schon nach Abschluß der Amtsprüfung nach der Beauftragung zum kirchlichen Hilfsdienst. Sie bedeutet dann zugleich den Erwerb der Rechte und Pflichten eines kirchlichen *Grund- und Hilfsamtes*, das sich in einzelnen, womöglich wechselnden Dienstaufträgen konkretisieren soll. Dieses Hilfsamt kann sogar den vollberuflichen Einsatz im kirchlichen Hilfsdienst überdauern und den Charakter eines Ehrenamtes annehmen. Wenn ein Ordinierter in Übereinstimmung mit seiner Kirche auf sein Pfarramt verzichtet, etwa beim Wechsel ins akademische Lehramt oder mit dem Eintritt in den Ruhestand, so bleibt er nämlich trotz Verlustes der vorher bekleideten Pfarrstelle noch fähig, einzelne Akte des pfarramtlichen Dienstes wie Predigt und Sakramentsspendung oder Amtshandlungen weiterhin im Einvernehmen und mit Auftrag des zuständigen Amtsträgers vertretungsweise zu übernehmen. Dann übt er freiwillig das ihm in der Ordination übertragene und ihm auch nach Beendigung seiner Pfarrerstellung verbliebene kirchliche Hilfsamt weiter aus.

3.4.3. Persönliche Pflichten des Pfarrers

Den besonderen rechtlichen Möglichkeiten, welche das Kirchenrecht dem Pfarrer eröffnet, entsprechen auch besondere Erwartungen. Für sämtliche kirchlichen Amtsträger gilt eine allgemeine kirchliche Pflicht zu amtsgemäßem Verhalten. Insbesondere von dem Pfarrer als dem in einer Fülle von Aufgaben im Blickfeld der Gemeinde hervorgehoben arbeitenden kirchlichen Beauftragten werden hier Folgerungen erwartet. Er soll auch in seiner allgemeinen Lebensführung dieser seiner Aufgabe gerecht werden und sie nicht ohne Not selbst erschweren.

Einige der hieraus folgenden Hauptpflichten des Pfarrers werden in den Pfarrerdienstgesetzen der Landeskirchen üblicherweise besonders klargestellt. Das gilt zunächst für die »*Residenzpflicht*«. Sie bedeutet die Auflage, am Orte des Dienstes zur Sicherung der Erreichbarkeit für die Gemeindeglieder auch tatsächlich im Pfarrhaus Wohnung zu nehmen. Daraus folgt weiter die Pflicht, eine etwa notwendige Entfernung aus dem Bereich der Gemeinde entweder auf kurze Zeit zu beschränken oder aber unter Hinweis auf die geregelte Vertretung den zuständigen Stellen anzuzeigen. Einzelheiten bestimmt meist das teilkirchliche Dienstrecht.

Eine andere wichtige Amtspflicht des Pfarrers ist die *Verschwiegenheitspflicht*. Sie wurde schon erwähnt, soweit sie anvertrautes Seelsorgerwissen schützt (2.5.). Die Amtsverschwiegenheit hat aber auch für das durch kirchliche Verwaltungsaufgaben erlangte Wissen des Pfarrers Bedeutung. Denn in Kirchensteuersachen, Grundbuchsangelegenheiten und in Personalangelegenheiten der kirchlichen Mitarbeiter erfährt der Pfarrer manches Vertrauliche. Von der amtlichen Schweigepflicht, die übrigens auch für andere kirchliche Mitarbeiter gilt, kann die vorgesetzte Stelle Befreiung bewilligen.

Eine Grundpflicht des Pfarrers, über die es leicht zu Meinungsverschiedenheiten kommen kann, betrifft die möglichste *Unanstößigkeit* im privaten Verhalten. Auch wenn für den Pfarrer nicht etwa eine »Sonderethik« gilt, so ist seine Stellung gleichwohl von der eines jeden Christen in bestimmter Hinsicht verschieden. Der Pfarrer übt vollberuflich eine kirchliche »Kontaktaufgabe« aus, um derentwillen er immer wieder im Namen der Kirche und als Sprecher der Christen Verbindungen zu anderen Menschen zu suchen und durchzuhalten hat. Bringt der Pfarrer durch seine persönliche Verhaltensweise im familiären oder politischen Bereich sich selbst in die Lage, daß die ihm anempfohlenen Menschen durch sein schuldhaftes Verhalten in ihrem Glauben irre gemacht werden und dadurch in Zweifel über seine Glaubwürdigkeit als Christ und Theologe geraten, so untergräbt er seinen Berufsauftrag. Möglicherweise kann der Pfarrer sich dann einem Zweifel seiner Unanstößigkeit gegenüber rechtfertigen und verständlich machen, daß er sich nach bestem Wissen und Gewissen verhalten hat. Aber auch dann kann eine Belastung für seine Amtsführung verbleiben, weil der Pfarrer nicht immer die Gelegenheit zu solcher befreienden Klärung finden und zugebilligt erhalten wird. Die geltenden *Pfarrerdienstgesetze* verlangen deshalb in der Regel, daß der Pfarrer in seiner Lebensführung allen berechtigten Anstoß vermeidet. Vor einem unberechtigten Anstoß, also einer aus Leichtfertigkeit oder Unsachlichkeit veranlaßten Fehlbeurteilung, kann sich der Pfarrer nicht bewahren. Zu einer abträglichen Bewertung aber, die für einen unbefangenen Beurteiler einen berechtigten Anlaß in seinem persönlichen Verhalten finden kann, darf er im Blick auf seine Aufgabe auch dann keinen Anlaß geben, wenn man ihm bei voller Kenntnis aller Einzelheiten keinen beweisbaren Schuldvorwurf daraus machen könnte.

Die Pflicht zum unanstößigen Verhalten wird in den Pfarrerdienstgesetzen besonders betont im Blick auf die Eheführung, auf das politische Verhalten des Pfarrers und auf Geldfragen. Diese Vorschriften dürfen nicht so verstanden und angewendet werden, als sollten sie den Pfarrer noch auf ein bestimmtes und womöglich den Beispielen vergangener Traditionen verhaftetes Leitbild des Familienlebens und der politischen Einstellung festlegen. Zwar ist es verständlich, wenn durch abgrenzende und einschränkende Vorschriften Konfliktsgefahren schon im Ansatz verhindert und Wagnisse zu Lasten der Gemeinde vermieden werden sollen. Jedoch kann Kirche und Gemeinde von ihrem Auftrag her nur daran gelegen sein, daß auch und gerade der Pfarrer ebenso mit im Leben der gegenwärtigen Gesellschaft steht wie seine Gemeinde, daß er sich ebenso den daraus erwachsenden Konfliktmöglichkeiten stellt wie von den ihm dabei gegebenen Chancen als Christ verantwortlich Gebrauch macht und durch sein Beispiel anderen Menschen hilft.

Das gilt besonders von der *Ehe des Pfarrers*. Regelmäßig wird der Pfarrer durch die Pfarrerdienstgesetze verpflichtet, die Absicht der Eheschließung anzuzeigen und gegebenenfalls Beratung oder Bedenken seiner Kirchenbehörde entgegenzunehmen. Weitergehend wird meist ein Widerspruchsrecht der höheren Kirchenbehörde gegen eine den Dienst des Pfarrers gefährdende Eheschließungsabsicht, teilweise sogar eine Pflicht des Pfarrers zur Einholung der vorherigen Ehegenehmigung bestimmt. Der begrenzte Nutzen, den solche Vorschriften für die Kirchenbehörde in Einzelfällen gebracht haben mögen, steht außer Verhältnis zu dem Schaden, den sie für die Beziehungen zwischen Pfarrer, Pfarrersfrau und Kirchenleitung mit sich bringen. Das läßt sich besonders deutlich an der Frage erkennen, ob die Kirche von dem Ehegatten eines Pfarrers dessen *Kirchenmitgliedschaft* fordern soll. Die teilweise in diesem Sinne ergangenen Vorschriften sehen natürlich richtig, daß ein offenes Desinteresse der Frau eines Pfarrers an der Berufsarbeit ihres Gatten oder sogar ein betontes Sicheinsetzen für eine andere Konfession ein Unglück für die Gemeinde, nicht nur für die Ehe des Pfarrers bedeutet. Jedoch werden Aufgabe und Grenze des Kirchenrechts verkannt, wenn man dieses Problem nur legistisch anfassen will. Schon daß sich dergleichen Mißstände auch bei formell übereinstimmendem Religionsbekenntnis des Pfarrers und seiner Frau ebenso ergeben können, sollte zu denken geben. Eine besondere aktive kirchliche Betätigung des Ehegatten eines Pfarrers für die Gemeindearbeit oder dessen Verzicht auf jede Art von *Berufstätigkeit* schreibt das Kirchenrecht ja ohnehin nicht mehr vor. Ob sich eine im ökumenischen Geiste geführte Ehe des Pfarrers mit einem Gatten anderen Bekenntnisses auch für die Gemeinde zum Guten auswirken kann, wird von den jeweiligen Verhältnissen abhängen; es darf nicht im vorhinein allgemein verneint werden. Dem Pfarrer und auch schon dem Vikar oder Theologiestudenten die Konfession seines künftigen Ehegatten rechtlich vorzuschreiben, wird zumindest auf die Betroffenen als mittelbare Aufforderung zur alsbaldigen, unter solchen Umständen kaum als Glaubensentscheidung denkbaren Konversion wirken. Gerade evangelisches Kirchenrecht aber sollte nichts mehr scheuen als einen Gewissens-

druck in Glaubensdingen. Man sollte daher hier wie in ähnlichen Fällen das Abstellen auf den Einzelfall und auf das Urteil der betroffenen Gemeinde trotz aller damit verbundenen Schwierigkeiten einer generellen Regelung vorziehen.
Ähnlich steht es mit der Frage der *Ehescheidung*. Wir sahen bereits im Recht der kirchlichen Amtshandlungen (vgl. 2.4.): Auch Ehen unter Christen können zerbrechen, dann kann eine Scheidung schließlich als das kleinere Übel hinzunehmen sein und darf nicht unter allen Umständen einer neuen Eheschließung im Wege stehen. Was aber für die Gemeindeglieder richtig sein soll, kann für den Pfarrer nicht grundsätzlich falsch sein. Einem Pfarrer kann nicht um seines Amtes willen verboten werden, aus einer nach menschlichem Ermessen hoffnungslos gescheiterten Ehe schließlich die Folgerung einer auf faire Weise vollzogenen Trennung zu ziehen oder hinzunehmen. Auch was die Statthaftigkeit einer erneuten Ehe nach der Scheidung angeht, steht er nicht über seiner Gemeinde, sondern mit gleichen Pflichten und auch gleichen Möglichkeiten in ihr. Andererseits kann es der geschiedene Pfarrer seiner Gemeinde nicht verdenken, daß die an ihn gewiesenen Gemeindeglieder durch die bekanntgewordene Scheidung ihres Pfarrers in ein unsicheres Fragen geraten, welches seine Amtsführung bei Eheseelsorge und Traugesprächen erschwert und je nach den Umständen einen Wechsel oder sogar die Aufgabe seiner Pfarrstelle notwendig machen kann. Das aber sollte dann für jeden Einzelfall entschieden werden und rechtfertigt keine Sondervorschriften über Pfarrerscheidungen.
Ähnlich steht es mit der *politischen Betätigung* des Pfarrers. Auch er hat staatsbürgerliche Freiheit zur politischen Überzeugung. Von daher kann es zum öffentlichen Eintreten für eine bestimmte Partei kommen, zumal wenn der Pfarrer ein politisches Mandat anstrebt. Sein Hervortreten im politischen Kampf aber kann den zum anderen Lager zählenden Gemeindegliedern ihren seelsorgerlichen Kontakt zum Pfarrer erschweren. Die Pfarrerdienstgesetze lösen den Konflikt meist so, daß sich der Pfarrer für die Dauer des Wahlkampfes beurlauben lassen muß und gegebenenfalls für die Dauer eines parlamentarischen Mandats die Pfarrstelle frei wird.
Schließlich bringen die Pfarrdienstgesetze auch aus der Erfahrung von Generationen gewachsene Rechtsregeln, die den Pfarrer davor bewahren sollen, im *Umgang mit Geld* der Gemeinde Anlaß zu Anstößen oder Mißverständnissen zu geben. Der Pfarrer wird zur Zeit jedenfalls in der Bundesrepublik Deutschland und in der Schweiz so gut besoldet wie in Jahrhunderten nicht; deshalb sollten ihm einige, zur Wahrung seiner Unanstößigkeit notwendige Verpflichtungen nicht schwer fallen. Zunächst einmal muß der Pfarrer, der seine Arbeitskraft für die ihm anvertraute Gemeinde einsetzen soll, auf mögliche Verdienstquellen aus *Nebentätigkeiten* verzichten. Er darf solche daher nicht ohne Genehmigung der Kirchenbehörde aufnehmen. Für diejenigen Nebentätigkeiten im kirchlichen Interesse, die der Pfarrer, wie etwa den *Religionsunterricht* in den Schulen, als Dienstpflicht zu übernehmen hat, und über die Verrechnung der dafür geleisteten Vergütungen bestehen unterschiedliche Vorschriften. Auch *Geschenke* mit Bezug auf seine Amtstätigkeit darf der Pfarrer für sich persönlich nicht ohne Genehmigung annehmen. Werden ihm, wie öfters bei Amtshandlungen, *Spenden* für kirchliche Zwecke übergeben, so muß er sie je nach den gelten-

den Vorschriften zur Kirchenkasse abliefern oder jedenfalls in ein besonderes »Gabenheft« mit späterer Angabe über ihre Verwendung eintragen. Gelder aus der Kirchenkasse sollte er zur Vermeidung von Mißverständnissen stets von seiner persönlichen Barschaft getrennt halten.

3.4.4. Die Beendigung des Pfarrerdienstverhältnisses

Der Beruf des Pfarrers ist auf langfristige Wirksamkeit hin angelegt. Deshalb kann ein Gemeindepfarrer seinen Auftrag meist so lange ausüben, bis er gemäß der gesetzlichen Altersgrenze in den *Ruhestand* tritt. In den vorzeitigen Ruhestand kann ein Pfarrer versetzt werden, der nach vertrauensärztlichem Befund seinen Beruf aus Gesundheitsgründen nicht mehr ausfüllen kann. Der Ruheständler muß Pfarrstelle und Pfarrhaus für den Nachfolger freimachen und bezieht aus der Kirchenkasse Ruhestandsbezüge in Höhe eines nach seinen Dienstjahren unterschiedlichen Bruchteiles seines letzten Gehaltes. Zur Zeit wird vielfach erörtert, ob statt dessen eine Altersversorgung auch der Pfarrer gemäß der allgemeinen Rentenversicherung angestrebt werden sollte. Im Ruhestand verbleibt dem Pfarrer auch die Möglichkeit, kraft seiner Ordination (vgl. 3.4.2.) weiterhin geistliche Dienste vertretungsweise als »tätiger Ruheständler« wahrzunehmen.
Auch während der Dienstzeit kann ein Pfarrer seine Pfarrstelle einseitig aufgeben, wenn er eine andere Pfarrstelle übernehmen oder in einen anderen Beruf übergehen will. Meist bedarf es dazu einer vorherigen Anzeige dieser Absicht in bestimmter Frist, teilweise bei Verlassen einer Pfarrstelle schon in den ersten Jahren nach ihrem Antritt auch der Zustimmung der Kirchenbehörde.
Der Auftrag des Pfarrers meint Dienst an der Gemeinde, nicht Herrschaft über sie. Deshalb kann auch angesichts des Charakters des Pfarrberufes als eines auf Lebenszeit geordneten Dienstes die Frage nach der sinnvollen Möglichkeit seiner Weiterführung gestellt werden, wenn unvorhergesehene Umstände diesen Dienst gefährden. Eine zum Nachteil des Pfarrers ergehende Entscheidung verlangt allerdings ein förmliches Verfahren, das ihm die Darlegung seines Standpunktes und die Klarstellung seiner Sicht von der Sachlage ermöglicht. Für eine solche Überprüfung der fortdauernden Sinnhaftigkeit einer Amtsführung des Pfarrers sehen die Pfarrerdienstgesetze je nach der Art des Anlasses unterschiedliche Verfahrensformen vor.
In Anlehnung und unter teilweise zu weitgehender Anpassung an das Beamtenrecht des Staates besteht zunächst das kirchliche *Disziplinarrecht*. Demgemäß entscheiden gerichtsmäßig organisierte, mit geistlichen Amtsträgern und anderen Gemeindegliedern besetzte Stellen (vgl. 4.3.3.) in rechtsförmlicher Art nach einer durch die Kirchenleitung veranlaßten Anklage über die Bestrafung von Amtsträgern aufgrund des Vorwurfes der Pflichtverletzung. Das geschieht jedoch nicht nach einem festen Katalog von möglichen Verstößen, sondern gemäß einer umfassenden und daher erst im Einzelfalle zu konkretisierenden Generalklausel. Dabei steht ein Strafenkatalog zur Verfügung, der von Verwarnung und Verweis über Geldbußen und (teilweise) Versetzung bis zum Verlust des inne-

gehabten Amtes oder Entfernung aus dem geistlichen Dienst überhaupt reicht. Auch für die Kirchenbeamten und die Inhaber kirchlicher Ehrenämter gelten vergleichbare Regelungen, die bei Vergehen gegen die Amtspflichten eine vorzeitige Beendigung ihres Amtes gestatten. Es leuchtet ein, daß eine schuldhafte Dienstpflichtsverletzung eines Pfarrers je nach den Umständen eine förmliche Ermahnung, eine Verpflichtung zum Ersatz angerichteten Schadens und in besonders schweren Fällen sogar das Verlassen der innegehabten Stelle erforderlich machen kann. Es erscheint auch nur zweckmäßig, solche Entscheidungen in einem förmlichen Verfahren durch besondere Beauftragte statt durch Verfügung der allgemeinen Aufsichtsbehörden treffen zu lassen. Es steht jedoch mit den biblischen Weisungen zum Rechtsverzicht und zur nachgehenden Seelsorge (vgl. 1.3.3.) in kaum erträglicher Spannung, daß innerhalb der Christenheit die Verletzung geistlicher Pflichten durch förmliche Strafen geahndet werden soll. Mit dem kirchlichen Disziplinarrecht in seiner gegenwärtigen Gestalt ist eine ungeistliche Art des Umgangs von Christen miteinander vorgesehen, wie sie nach Schrift und Bekenntnis nur weltlicher Obrigkeit im Dienst als »Reich Gottes zur Linken« unter Absehen von der Verheißung des Evangeliums aufgegeben ist. Die noch herrschende kirchenrechtliche Rechtspraxis und -lehre hat den hier gegebenen Anstoß bisher nicht weiter empfunden. Der Verfasser fühlt sich aus grundsätzlichen Erwägungen wie aus seinen Erfahrungen als teilnehmender Beobachter solcher Verfahren zum Widerspruch verpflichtet. Weder der gute Wille von an solchem kirchlichen Disziplinarwesen beteiligten Einzelnen, noch auch die Hinzufügung gottesdienstlicher Elemente, wie Schriftlesung oder Gebet zu den sonst typisch strafprozessualen Verfahrensformen oder auch die mildernde Wirkung eines Gnadenrechts leitender kirchlicher Amtsträger können auf die Dauer vergessen lassen, daß hier evangelisches Kirchenrecht seinen Auftrag verlassen hat. Theologische Kritik muß daher auch für die Bereinigungen von schuldhaften Schwierigkeiten verlangen, daß der Gesichtspunkt der Bestrafung eines Vergehens durch den Gesichtspunkt der Hilfe für die Gemeinde wie den betroffenen Pfarrer unter dem Vorzeichen des Evangeliums ersetzt wird.

Einen Ausweg aus der Problematik versucht die Amtszuchtordnung der Vereinigten Evangelischen Lutherischen Kirche Deutschlands. Diese hat in der Ordnung ihres *Amtszuchtverfahrens* die Grundlinien des Disziplinarverfahrens zwar beibehalten; sie sind aber durch die Möglichkeit (leider nicht auch durch die Verpflichtung) der Kirche abgewandelt, in einem vorherigen Schlichtungsverfahren dem Pfarrer die Ausräumung der entstandenen Schwierigkeiten durch Eingehen auf ihm vorgeschlagene besondere Auflagen zu gestatten.

Das Rechtsinstitut der *Versetzung im Interesse des Dienstes* bedeutet eine weitere, aus Rechtssätzen des kanonischen Kirchenrechts entwickelte Reaktionsmöglichkeit der kirchlichen Rechtsordnung auf Schwierigkeiten des Pfarrers im Dienst an seiner Gemeinde. Die Pfarrerdienstgesetze der neueren Zeit sehen vor, daß ein Pfarrer ungeachtet seiner lebenslang verliehenen Pfarrstelle dann von dieser wegversetzt werden kann, wenn sich seiner gedeihlichen Amtsführung dort erhebliche und unvermeidliche Schwierigkeiten entgegenstellen. Das Besondere dieses Versetzungsgrundes ist es, daß es bei seiner Anwendung auf

die Feststellung eines Verschuldens des Pfarrers oder auch nur eines in seiner Person liegenden Grundes nicht ankommen soll. Er kann also durch ein im besten Wollen gewagtes Verhalten mit der Gemeinde zerfallen sein; es kann sogar eine ihm unbeweisbar angelastete bloße Verdächtigung oder auch das Verhalten eines seiner Angehörigen zu einer Belastung seiner Amtsführung geworden sein. Gleichwohl soll dann das Interesse der Gemeinde an einem gedeihlich sein Amt führenden Pfarrer dem persönlichen Interesse des Pfarrers an der Erhaltung seiner Amtsstelle vorgehen.
Neuerdings sehen verschiedene Pfarrerdienstgesetze die Möglichkeit vor, daß auch ohne den Aufweis konkreter Schwierigkeiten nach Ablauf einer bestimmten Zahl von Dienstjahren eines Pfarrers am Ort ein fristgebundener *Pfarrerwechsel* veranlaßt werden kann, wenn Gemeindevertretung und Kirchenleitung einen solchen Schritt für geboten halten. Der so aus seiner Stelle ausscheidende Pfarrer behält allerdings die volle Amtsfähigkeit und kann sich also auf eine andere Pfarrstelle bewerben oder von der Kirchenleitung gemäß ihrem Besetzungsrecht dorthin versetzt werden. Anderenfalls wird er nach einer bestimmten Frist mit geminderten Bezügen in den »*Wartestand*« versetzt, eine Art von vorläufiger Zurruhesetzung mit dem Vorbehalt der späteren Wiederverwendung und der Möglichkeit befristeter Beschäftigungsaufträge. Im Gegensatz zum kirchlichen Disziplinarverfahren geschieht eine Versetzung im Interesse des Dienstes durch Verwaltungsverfahren. Die kirchliche Verwaltungsbehörde klärt ohne Bindung an besondere Formen den Sachverhalt auf und hört den Betroffenen. Je nach der Anordnung der einzelnen Kirchen kommt auch der Zustimmung oder dem Antrage der Kirchengemeinde oder der kreiskirchlichen Organe besondere Bedeutung zu. Die Entscheidung über diese Maßnahme liegt aber meist bei der Kirchenleitung. Es wäre zu wünschen, daß das Interesse des betroffenen Pfarrers an einer sachlichen und gründlichen Aufklärung der örtlichen Verhältnisse stärker als bisher durch eine förmliche Verfahrensgestaltung vor einem unabhängigen Gremium berücksichtigt würde (vgl. 4.3.3.).
Der dritte hier zu nennende Rechtsweg ist das *Lehrbeanstandungsverfahren*. Seit der Jahrhundertwende ist weithin anerkannt, daß die aus einer vom persönlichen Glaubensbekenntnis des Pfarrers her entstandene Schwierigkeit in seiner Amtsführung weder als Dienstrechtsverletzung noch als ein bloßer Versetzungsgrund im Verwaltungsverfahren behandelt werden darf. Die christliche Kirche insgesamt und so auch die an den Pfarrer gewiesene Kirchengemeinde kann von ihm nichts dringender und ernstlicher erwarten, als daß er das predigt und lehrt, was er selbst auch glaubt. Ein Pfarrer soll seine öffentliche Wortverkündung nach seiner persönlichen Glaubenserkenntnis ausrichten und gerade ihr gemäß ein ehrlicher und kraft eigenen Überzeugtseins auch überzeugender Prediger bleiben. Auf der anderen Seite beruht die Sonderstellung des Pfarrers in seiner Gemeinde mit darauf, daß die Gemeinde selbst ebenso wie die ganze Kirche bei der Wahl dieses Pfarrers eine grundlegende Übereinstimmung in der Glaubenslehre erhofft hatte. Schlägt nun diese Erwartung fehl, so sollte dem Pfarrer zwar nicht der Vorwurf einer disziplinär zu ahndenden Pflichtverletzung gemacht werden. Ein ernstlich die Gemeinde belastender Konflikt aber kann nicht einseitig auf Kosten der Gemeinde und zugunsten des Pfarrers gelöst wer-

den. Seit der Jahrhundertwende haben sich deshalb viele evangelische Kirchen eigene »*Lehrverfahren*« geschaffen. Sie sehen für den Fall, daß ein ordinierter Amtsträger eine mit dem wesentlichen Bekenntnis der Kirche unvereinbare Lehre öffentlich vertritt, zunächst ein theologisches Feststellungsverfahren vor. In der dafür zuständigen Kommission sind Vertreter des Pfarrerstandes und der theologischen Lehre ebenso wie solche der Kirchenleitung und der Synode beteiligt. Führen die Gespräche zu keinem Ausgleich, so tritt ein unabhängiges, ebenfalls aus Vertretern aller kirchlichen Stände zusammengesetztes Spruchkollegium zusammen. Dieses kann, wenn der Pfarrer beharrlich auf einer vom schriftgemäßen Bekenntnis der Kirche in wesentlichen Punkten abweichenden Lehransicht besteht, ihn seiner kirchlichen Amtsstellung für verlustig erklären. Damit ist ihm die bisherige Pfarrstelle abgesprochen und die Möglichkeit verloren, sich um eine andere zu bewerben. Es bleibt ihm aber unbenommen, seine Lehrauffassung weiterhin als Glied der Kirche zu vertreten. Nur kann er dafür nicht mehr die Sonderstellung als Pfarrer in seiner bisherigen Kirchengemeinde in Anspruch nehmen. Seine wirtschaftlichen Interessen werden durch Nachversicherung in der öffentlichen Rentenversicherung, teilweise auch durch eine kirchliche Unterstützung in Höhe der erdienten Versorgung oder Hilfe zur Umschulung berücksichtigt.

3.5. Die äußeren Mittel

Soweit geboten und dienlich, schützt die christliche Gemeinde die fortlaufende Erfüllung ihrer Aufträge vor Störungen, indem sie dafür Sachmittel beschafft und verwaltet sowie ihre Beauftragten ganz oder teilweise durch Übernahme in rechtlich geordnete Berufstätigkeit von der Notwendigkeit anderen Broterwerbs freistellt. Die Kosten dafür deckt sie durch die Gaben ihrer Mitglieder und durch geeignete Umlagen in der Rechtsgestalt von staatlich zugelassenen Kirchensteuern oder -beiträgen.

Beispielhafte Quellenstellen:

Aus der Verfassung der Evangelisch-lutherischen Landeskirche in Braunschweig vom 6. Februar 1970 (KABl 46, ABl EKiD 303) i.d.F. vom 3. April 1978 (KABl 45, ABl EKiD, 229):

Artikel 109
Das Vermögen der Landeskirche und der sonstigen kirchlichen Rechtsträger ist ausschließlich für die Erfüllung kirchlicher Aufgaben bestimmt. Es soll nach wirtschaftlichen Gesichtspunkten verwaltet und möglichst in seinem Bestand erhalten werden.

Artikel 110
(1) Die für den Haushalt der Landeskirche und der kirchlichen Körperschaften erforderlichen Mittel sind durch Kirchensteuern aufzubringen, soweit die Einnahmen aus eigenem Vermögen und sonstigen Quellen nicht ausreichen.
(2) Die Landeskirche und die kirchlichen Körperschaften können untereinander zum Finanzausgleich verpflichtet werden.

...

Artikel 111
(1) Alle Einnahmen und Ausgaben der Landeskirche müssen veranschlagt und in den Haushaltsplan eingesetzt werden.
(2) Der Haushaltsplan wird vor Beginn des Rechnungszeitraumes für ein oder zwei Jahre durch Kirchengesetz festgestellt. Er ist in Einnahme und Ausgabe auszugleichen. Die Ausgaben werden in der Regel für den Rechnungszeitraum bewilligt; sie können in besonderen Fällen auch für einen längeren Zeitraum bewilligt werden.

...

Aus der Verfassung der Evangelischen Kirche der Pfalz (Protestantische Landeskirche) i.d.F. vom 1. Januar 1979/25. Januar 1983 (ABl 26, ABl EKiD 151):

§ 7
(1) Die Kirchengemeinde ist eine Körperschaft des öffentlichen Rechtes.
(2) Die Kirchengemeinde hat das Recht der Besteuerung.

(3) Die Kirchengemeinde ordnet und verwaltet durch das Prebyterium sowohl auf dem innerkirchlichen wie auf dem vermögensrechtlichen Gebiet ihre Angelegenheiten selbständig im Rahmen der kirchlichen Ordnung. Sie wird durch das Presbyterium gerichtlich und außergerichtlich vertreten.

§ 8
(1) Die Gemeindeglieder haben Anspruch auf den Dienst der Kirche und das Recht der Teilnahme am kirchlichen Leben der Kirchengemeinde.
(2) Außerordentliche Wünsche sind zu erfüllen, wenn triftige Gründe vorliegen und religiöse oder kirchliche Bedenken nicht entgegenstehen. Dies gilt insbesondere von der Überlassung kirchlicher Gebäude und Geräte für besondere Zwekke. Die Überlassung der Kirche oder eines Gerätes, das dem Gottesdienst dient, bedarf auch der Zustimmung des Pfarrers. Die Überlassung ist abzulehnen für Veranstaltungen, die mit der Würde der Kirche oder des Gerätes nicht in Einklang stehen. Gegen die Entscheidung ist Beschwerde zum Landeskirchenrat zulässig.

§ 10
Das Presbyterium besteht aus gewählten und berufenen Mitgliedern (Presbyter) sowie aus den Pfarrern aller Pfarrämter der Kirchengemeinde.

§ 11
(1) Die Presbyter werden gewählt oder berufen. Die Amtsdauer des Presbyteriums beträgt sechs Jahre.

Aus dem Kirchengesetz über die Verfassung der Evangelisch-reformierten Kirche in Nordwestdeutschland in der Fassung vom 9. Mai 1958 (KGVBl 1959, 179; ABl EKiD 275)/28. November 1970 (GVBl 12, 298; ABl EKiD 188):

§ 8
Der Kirchenrat (Presbyterium) besteht aus dem Pfarrer der Gemeinde oder dessen Vertreter im Pfarramt und aus den übrigen Kirchenältesten.
Sind mehrere Pfarrer in der Gemeinde angestellt, so gehören sie sämtlich dem Kirchenrat an.
...

§ 17
Der Kirchenrat hat die inneren und äußeren Angelegenheiten der Kirchengemeinde wahrzunehmen und den Pfarrer in seinem Dienst an der Gemeinde zu unterstützen.

§ 28
Der Kirchenrat vertritt die Gemeinde in vermögensrechtlichen Beziehungen in streitigen und nicht streitigen Rechtssachen und verwaltet das Kirchenvermögen einschließlich der kirchlichen Stiftungen, welche nicht stiftungsmäßig eigene Organe haben, sowie das Pfarrvermögen, soweit das Recht jeweiliger Inhaber nicht entgegensteht.

Der Kirchenrat haftet für die Verwaltung des kirchlichen Vermögens wie ein Vormund (§ 1833 f. BGB). Auch ist er für die ordnungsmäßige Erhaltung der kirchlichen Gebäude und Grundstücke verantwortlich. Die Gebäude sind zur Feststellung etwaiger Mängel mindestens alle 6 Jahre durch einen von dem Landeskirchenrat als geeignet anerkannten Bausachverständigen zu besichtigen.

§ 31
Der Kirchenrat kann aus seiner Mitte einen Kirchmeister wählen. Dieser führt die nächste Aufsicht über das Rechnungswesen, die kirchlichen Gebäude, Grundstücke, Geräte und sonstigen Vermögensstücke. Wegen der zu ihrer Instandhaltung oder Erneuerung erforderlichen Lohnarbeiten, Anschaffungen oder Bauunternehmungen hat er bei dem Kirchenrat rechtzeitig Anträge zu stellen.

...

§ 32
Für die Verwaltung der kirchlichen Kassen hat der Kirchenrat einen Rechnungsführer zu wählen...
Der Kirchenrechnungsführer hat folgende Obliegenheiten
a) er erhebt die Einnahmen der Kirchen-, Pfarr- und sonstigen nicht besonders verwalteten kirchlichen Kassen und leistet die Ausgaben aus ihnen auf Grund der Voranschläge und bei nicht voranschlagsmäßigen Ausgaben auf Grund besonderer schriftlicher Anweisung des Vorsitzenden des Kirchenrates.
b) er legt dem Kirchenrat jährlich Rechnung ab und hat sich den von diesem angeordneten Kassenprüfungen zu unterwerfen.

Aus dem Kirchengesetz der Evangelischen Landeskirche in Baden über die Dienste der Mitarbeiter in Gemeindediakonie, Jugendarbeit, Religionsunterricht und kirchlicher Sozialarbeit (Mitarbeiterdienstgesetz) vom 30. April 1976 (GuVOBL 1976, 65; ABl EKiD 1976, 323):

Grundsatz
§ 1
(1) Zur selbständigen Wahrnehmung besonderer Ämter und Dienste in Gemeinde, Kirchenbezirk oder Landeskirche (§ 44 der Grundordnung – GO –) können Männer und Frauen berufen werden, die durch staatlich oder kirchlich anerkannte Ausbildungsgänge die Befähigung zu einem kirchlichen Dienst erworben haben.
(2) Die Dienste dieser Mitarbeiter sind auf den Gesamtauftrag der Kirche bezogen. Sie wirken zusammen am Aufbau der Gemeinde und stärken so die Einheit der Kirche in ihren vielfältigen Aufgaben in der Welt.
(3) Der Auftrag dieser Mitarbeiter richtet sich nach den Erfordernissen der verschiedenen kirchlichen Arbeitsfelder und berücksichtigt nach Möglichkeit Schwerpunkte ihrer Fachausbildung. Je nach ihrem an der Fachausbildung orientierten Dienstauftrag gehören die Mitarbeiter zu den Berufsgruppen der Religionslehrer, Gemeindediakone, Jugendreferenten, Sozialarbeiter oder Sozialpädagogen.

Aufgaben
§ 2
Der Dienst dieser Mitarbeiter umfaßt insbesondere Aufgaben im lehrend-erziehenden, seelsorgerlich-beratenden und diakonisch-sozialen Handeln der Kirche. Diese Aufgaben schließen gottesdienstliches Handeln im Rahmen des Aufgabenbereiches mit ein. Die Aufgaben dieser Mitarbeiter haben Anteil am Verkündigungsauftrag der Kirche (§ 46 GO) oder gehören zu den weiteren Diensten am Nächsten und an der Gesellschaft, die der Kirche aufgetragen sind (§ 67 Abs. 1 GO). Insofern sind die Dienste und der Dienst des Pfarrers aufeinander bezogen und ergänzen sich (§ 46 i.V.m. § 50 f. GO).

. . .

Dienstverhältnis
§ 4
(1) Der Mitarbeiter steht in einem Angestelltenverhältnis zur Landeskirche. Soweit dieses Gesetz und die zu seiner Durchführung erlassenen Bestimmungen (§ 15) keine Regelung enthalten, findet auf das Dienstverhältnis das allgemeine Recht für kirchliche Angestellte Anwendung.
(2) Der Evang. Oberkirchenrat regelt nähere Einzelheiten der Aufgaben und des Dienstverhältnisses in einer Dienstanweisung, die zum Bestandteil des Dienstvertrages zu machen ist.
(3) Im Rahmen seines Dienstauftrags übt der Mitarbeiter seinen Dienst selbständig und in partnerschaftlicher Zuordnung zu Pfarrern und anderen Mitarbeitern des gemeindlichen oder übergemeindlichen Arbeitsbereichs und in enger Zusammenarbeit mit ihnen aus.

. . .

§ 6
Der Mitarbeiter wird zu Beginn seines Dienstes in einem Gottesdienst in sein Amt eingeführt. Nach einem Stellenwechsel wird der Mitarbeiter der Gemeinde in einem Gottesdienst vorgestellt.

3.5.1. Haushalterschaft in der Gemeinde

Sobald sich das Leben der christlichen Gemeinde aus missionarischer Improvisation heraus auf Stetigkeit ihres Dienstes einrichtet, stellt sich die Frage nach der Gewinnung und Sicherung der äußeren Voraussetzungen für ihre Arbeit. Um diese geht es, sobald man sich fragt, wo man sich wieder trifft und wie man die nächsten Zusammenkünfte begeht und ausgestaltet. Bald treten dann die Fragen hinzu, womit man der besonderen Not von Mitmenschen gemäß dem Auftrag Christi gemeinsam zu Hilfe kommen kann, aber auch wie lange man die Zeit und Kraft eines Christen ganz für alle diese Christusdienste einsetzen kann. Das alles hat neben der Frage nach der rechten Motivation auch die Frage nach der rechten Unterstützung durch *äußere Mittel* zum Hintergrund. Und diese äußeren Mittel meinen so vielfältige Dinge wie Räumlichkeiten, Geräte und Lebensmittel. Alles das läuft aber in einer arbeitsteiligen Wirtschaft schließlich auf die Frage nach dem *Geld* hinaus, das für die Zwecke der christlichen Gemeinde beschafft und ausgegeben werden kann. Daher ist es kein Wunder, daß schon in der Apostelgeschichte ziemlich rasch nach den ersten Missionsreden auch vom Spenden und Sammeln, vom Verwalten und Ausgeben geldlicher Mittel im Dienst der Gemeinde die Rede ist. Und die Apostelgeschichte ist ehrlich genug, uns dabei außer von den Erfolgen auch von dem unterlaufenen Versagen zu unterrichten. Auch in Geldsachen wahrt Paulus geistliche Verantwortung (2 Kor 8, 21).

Weiter sind wir heute auch noch nicht. Christliche Gemeinde darf und muß mit Geld umgehen, solange und soweit das für ihre Aufgaben gut ist. Wenn aber der Umgang mit Geld und Geldeswert zu Ungelegenheiten führt, so liegt das an uns Christen und nicht etwa daran, daß wir uns aus der uns umgebenden Welt und Volkswirtschaft hätten zurückziehen müssen. Immerhin ist aber der Umgang mit dem »ungerechten Mammon« eine so versuchliche Sache, daß gerade hier klare, rechtliche Regeln besonders angebracht erscheinen.

Kirchengemeinden verfügen heute oft über beträchtliche Gelder und Werte, beschäftigen meist eine Reihe von Mitarbeitern und setzen laufend erhebliche Summen um. Die Besorgung der damit zusammenhängenden Geschäfte verlangt nicht nur Zielklarheit über die damit zu erfüllenden kirchlichen Aufgaben, sondern auch Lebenserfahrung und Geschäftskenntnis. Daher hat sich seit dem Spätmittelalter der gute Brauch herausgebildet und in kirchlichen Rechtssätzen verfestigt, daß bei der Verwaltung des kirchlichen Vermögens der oder die Pfarrer der Gemeinde mit den hierzu berufenen ehrenamtlichen Beauftragten der Gemeinde (Presbytern, Gemeindeältesten [vgl. 3.3.4.]) zusammenwirken. Im Presbyterium oder Kirchenrat behandeln sie nicht nur geistliche und gottesdienstliche Fragen, sondern auch und praktisch sogar meist überwiegend Angelegenheiten der äußeren Mittel. Wie stets werden dabei Beschlüsse nach Stimmenmehrheit gefaßt. Ihre Ausführung ist dann Aufgabe des Vorsitzenden (auch Präsident oder Präses) des Presbyteriums, sei dieser nun der Pfarrer oder ein aus dem Kreise der Gemeindeältesten gewählter Obmann (Kirchmeister, Kurator). Der Vorsitzende hat auch das *Kirchensiegel* der Gemeinde, mit dem die kirchlichen Urkunden zu beglaubigen sind, und die *Kirchenbücher* zu führen. In größeren Gemeinden wird er bei allen diesen Aufgaben unterstützt durch ein eigenes *Gemeindebüro*, dessen Verwaltungsleiter oft als *Rendant* oder Rechnungsführer bezeichnet wird.

3.5.2. Die Gemeinde als Arbeitgeber

Die vielerlei Aufgaben innerhalb einer größeren Kirchengemeinde können weder vom Pfarrer noch von freiwilligen Helfern allein voll übernommen werden. Schon lange hatten daher der *Küster* wie der *Organist* oder die Organistin kirchliche Berufe, die in Teilzeitarbeit oder als Haupttätigkeit ausgeübt werden konnten. Beauftragte für soziale Aufgaben wie *Diakon*, *Gemeindeschwester*, Kindergärtnerinnen und -pflegerinnen, Gemeindepädagogen und Fürsorgerinnen kamen mit den sich mehrenden Aufgabenfeldern dazu. Größere Gemeinden benötigen für ihre Verwaltungsaufgaben eigene Fachkräfte. Es war schon die Rede davon, daß sich in der Fülle unterschiedlicher Aufträge der Reichtum der Gaben bewährt, welche die Gemeinde von ihrem Herrn erwarten darf (vgl. 3.3.). Wir schilderten auch schon die Aufgaben der Begleitung und Zusammenführung, die dem Pfarrer gegenüber den anderen Mitarbeitern der Gemeinde zukommen (vgl. 3.4.1.). Nun bleibt noch die rechtliche Seite der Ordnung des Verhältnisses dieser Mitarbeiter zu ihrer Gemeinde zu besprechen. Dabei geht es nicht nur um die wirtschaftliche Forderung, die erforderten Kosten aufzubringen. Es stellen sich auch spezifische Rechtsprobleme bei der Frage, für die Tätigkeit aller dieser, im Gemeindeleben haupt- oder nebenamtlich Mitwirkenden die vom Auftrag der Gemeinde her bestmögliche Ordnungsform zu finden. Kirchliche Rechtsvorschriften bringen diesen ganzen Personenkreis, allerdings ausgenommen die Pfarrer, meist unter den Oberbegriff der »*Mitarbeiter*«. Das wäre sinnvoll, wenn darunter wirklich alle in der Gemeinde Tätigen einschließlich der Diener am Wort verstanden würden. Denn schon der Apostel Paulus bezeichnet 1. Kor. 3, 9 sich selbst als »Gottes Mitarbeiter«, und als solche sollten sich Pfarrer wie alle anderen Mittätigen der Gemeinde zuerst sehen (vgl. 3.3.4.). Nicht hierarchische Vorordnung des Pfarramtes gegenüber unselbständigen Hilfsämtern, sondern das geordnete Miteinander einer Dienstgemeinschaft bei unterschiedlichen Aufträgen, doch in gemeinsamer Verantwortung vor der allen geltenden Aufgabe bietet den Schlüssel zur Ordnung der Mitarbeiterschaft in der Gemeinde.

Geschichtlich gewachsen ist die Rechtsform des evangelischen *Pfarramtes* als eines lebenslangen Berufes, der auf theologisch-wissenschaftlicher Ausbildung gründet, heute als ein öffentlich-rechtliches Dienstverhältnis zur jeweiligen Kirche ausgestaltet. In früheren Jahrhunderten wurde die wirtschaftliche Stellung des Pfarrers im wesentlichen durch den Ertrag von Pfründen und durch die bei Amtshandlungen bezogenen Gebührnisse gesichert. Im Verlauf des letzten Jahrhunderts wurde die Absicherung durch zentral aufgebrachte und angewiesene Gehaltszahlungen üblich, in der Bundesrepublik Deutschland ähnlich den Bezügen der Gymnasiallehrer. Damit, sowie auch durch weitere Angleichung in der rechtlichen Berufsordnung, hat sich der Pfarrerberuf im wirtschaftlichen Status wie der rechtlichen Form dem allgemeinen Beamtentum weithin angenähert. Erst neuerdings wird, nicht nur in Sonderfällen, für die Anstellung von geistlichen Amtsträgern im Ausbildungs-, im unständigen oder Teilzeitdienstverhältnis auf eine öffentlich-rechtliche Regelung verzichtet und dann der Weg des Angestelltenvertrages gewählt. Auch wird gelegentlich gefragt, ob die dem staatlichen Beamtenrecht entsprechende Rechtsstellung der Pfarrer überhaupt als Privileg gegenüber anderen Mitarbeitern, durch Sachgründe geboten auf weitere Zukunft hin aufrechterhalten bleiben sollte. Einige Landeskirchen haben für die Versorgung der Pfarrer im Ruhestand deren Einbeziehung in die allgemeine Angestelltenversicherung durchgeführt und damit auch dienstrechtlich Neuland beschritten.

In früherer Zeit war das Rechtsverhältnis der im Gemeindebereich tätigen *Diakonissen und Diakone* oft so geordnet, daß diese einer Schwester- oder Bruderschaft auf Dauer angehörten und von deren Mutterhaus gemäß einem Gestellungsvertrag in die einzelnen Gemeinden entsandt wurden. Angesichts der allgemeinen Veränderungen in den Formen diakonischer Arbeit findet sich eine solche Ordnung gemeindlichen Dienstes kaum mehr. Vielmehr sind die in der Gemeinde beruflich Tätigen heute durchweg entweder kirchliche Beamte oder dienstvertraglich angestellte Arbeitnehmer der Gemeinde. In der Bundesrepublik Deutschland besitzen die Kirchen und damit auch die in ihnen bestehenden Kirchengemeinden das Recht, *kirchliche Beamtenverhältnisse* zu begründen. Diese richten sich meist entsprechend den Vorbildern des staatlichen Beamtentums nach besonderen kirchlichen Beamtengesetzen. Kirchenbeamte in einer insoweit dem Pfarrer vergleichbaren Lebensstellung sind meist solche Bedienstete, die besonders wichtige und verantwortungsvolle Funktionen auszuüben haben, etwa Gemeindeleiter und Rendanten großer Gemeinden. Nicht nur ihre Dienstbezeichnung, sondern auch ihre allgemeine Rechtsstellung entspricht weitgehend dem Beispiel der Staatsbeamten mit vergleichbarer Ausbildung und Verantwortung. Da die Kirche in ihrer einer Körperschaft öffentlichen Rechts entsprechenden Stellung aber beamtenrechtliche »Dienstherrenfähigkeit« besitzt, gestaltet sie die Rechtsstellung ihrer Kirchenbeamten einseitig selbst durch die von ihren berufenen Organen erlassenen Kirchenbeamtengesetze. Anders steht es, wo die Kirche auf eine solche beamtenrechtliche Ausgestaltung des kirchlichen Mitarbeiterverhältnisses verzichtet und für sie die Rechtsform eines kirchlichen Angestelltenverhältnisses wählt. Das gleiche gilt, wo – wie in der Deutschen Demokratischen Republik – die staatliche Rechtsordnung überhaupt die Unterscheidung zwischen Beamten- und Angestelltenrecht nicht mehr kennt. Für die rechtliche Natur solcher, nicht beamtenrechtlich geordneter Mitarbeiterverhältnisse bedeutet dann, ebenso wie für alle anderen gegen Entgelt berufliche Dienste übernehmenden Menschen, das vom Staat gesetzte Arbeitsrecht den maßgeblichen rechtlichen Rahmen. Die Kirchengemeinde ist dann Arbeitgeber, der kirchliche Mitarbeiter Arbeitnehmer entsprechend den allgemeinen gesetzlichen Vorschriften. Dienstleistung und Arbeitslohn werden wechselseitig in geordnetem Austausch erbracht. Etwaige Leistungsstörungen wie etwa Pflichtverletzungen des Arbeitnehmers können zur Kündigung führen; sozial bedeutsame Umstände wie Krankheit oder Schwangerschaft des Arbeitnehmers können die auch sonst geltenden sozialen Schutzpflichten des Arbeitgebers auslösen; in Streitfällen entscheiden die allgemeinen Arbeitsgerichte. Der Inhalt des Arbeitsvertrages eines solchen kirchlichen Mitarbeiters kann, wie jeder Arbeitsvertrag, im Rahmen der Gesetze frei ausgehandelt und von den Vertragsparteien gestaltet werden. Dabei können diese auch Musterverträge zugrundelegen. Für die Kirchengemeinden sind dabei diejenigen Musterverträge besonders maßgebend, die von den Kirchen aufgestellt und mit den Verbänden kirchlicher Mitarbeiter ausgehandelt, regelmäßig auch den Vertragsbedingungen vergleichbarer Bediensteter bei Staats- oder Kommunalbetrieben angepaßt sind. Kirchliche Verwaltungsvorschriften verpflichten die Gemeinden, sich dieser Musterverträge zu bedienen und sich bei der Gehaltsbemessung nach deren Bedingungen zu richten. Damit soll das erwünschte Ziel erreicht werden, daß kirchliche Arbeitnehmer in vergleichbaren Positionen auch arbeitsrechtlich gleich behandelt werden. Die Pflicht der Gemeinden, ihre Arbeitnehmer nach gleichen und fairen Gesichtspunkten arbeitsrechtlich einzustufen, wird regelmäßig auch dadurch gesichert, daß Arbeitsverträge der Gemeinden kirchlichen Aufsichtsstellen angezeigt oder von ihnen genehmigt werden müssen.

Aus dem Wesen der christlichen Gemeinde ergeben sich einige *Besonderheiten* auch für die rechtliche Ordnung kirchlicher Dienstverhältnisse. Solche Dienste sind jeweils auf die Gemeinde bezogen, daher wechselseitig zur Achtung ihrer jeweiligen Besonderheit und fachlichen Selbständigkeit angewiesen und nur derjenigen Leitung unterworfen, die für ihren Sachbereich gemäß dem Wesen und der Ordnung der Gemeinde geboten ist. Besonders der Pfarrer, aber auch der Gemeindekirchenrat, wird sich darum bemühen müssen, die fachliche Selbständigkeit aller kirchlichen Mitarbeiter in diesem Rahmen zu achten und zu fördern. Kein Dienst in der Gemeinde aber kann recht geschehen, wenn er sich von der Gemeinschaft des Hörens und Antwortens des gemeinsamen Glaubens bewußt löst. Deshalb erwartet das kirchliche Recht, daß alle Mitarbeiter der Gemeinde und nicht nur der Pfarrer auch die *Gemeindegliedschaft* besitzen, sich gottesdienstlich in ihren Auftrag einführen lassen, sich in ihrer besonderen Arbeit vor dem Auftrag der Kirche verantworten und ihn bewußt mittragen. Wenn ein Angehöriger einer anderen christlichen Konfession nach deren Ordnung den Gottesdienst seiner Dienstgemeinde nicht voll würde mitfeiern können und wollen, kann er nur in besonders gelagerten Grenzfällen an den ihr aufgetragenen Diensten berufsmäßig mitwirken. Wer sich als Mitarbeiter von der Gemeinschaft des Glaubens durch *Kirchenaustritt* lossagt oder mit den vom Glauben an alle Christen gerichteten Erwartungen in eindeutigen Widerspruch setzt, kann auch in seinem Beruf der christlichen Gemeinde nicht mehr recht dienen. Diese Grundsätze sind allerdings in der arbeitsrechtlichen Literatur und Rechtsprechung nicht unbestritten. Zwar schützt die Rechtsprechung der obersten Gerichte der Bundesrepublik Deutschland die Kirchen derzeit im Blick auf alle Bediensteten, die an der kirchlichen Verkündigung teilhaben. In Abweichung davon wird aber teilweise auf anderer Ebene versucht, dem unbestrittenen Grundrecht der Arbeitnehmer im kirchlichen Dienst auf persönliche Glaubensfreiheit den Vorrang auch vor den Geschäftsgrundlagen ihres Dienstverhältnisses zu geben. Das verkennt den Zusammenhang aller kirchlichen Tätigkeit mit dem geistlichen Auftrag der christlichen Kirche und mißachtet das den Kirchen verfassungsrechtlich verliehene Selbstbestimmungsrecht. Die christliche Gemeinde muß um ihres Selbstverständnisses willen von ihren Gliedern ebenso wie von ihren beruflichen Mitarbeitern die Übereinstimmung im Glauben erwarten.

Das Miteinander der kirchlichen Mitarbeiter findet in der Ordnung der Gemeinde seinen Ausdruck durch ihre Beteiligung *an der Leitung* der Gemeinde und an der Gestaltung ihrer eigenen Aufgabe. Die verfassungsmäßigen Formen dafür sind Mitarbeiterkreise und -ausschüsse, in denen man gemeinsam über die Dienstführung berät und über die gemeindlichen Angelegenheiten informiert wird. Teilweise bilden die Mitarbeiter auch *Mitarbeitervertretungen* als gewählte Organe für ihre Mitwirkung an der Gestaltung der dienstlichen Verhältnisse oder ordnen gewählte Mitarbeitervertreter in das Presbyterium der Gemeinde ab. Das ist umso angemessener, weil ja die Pfarrer als die wichtigsten Mitarbeiter der Gemeinde stets Mitgliedschaft und meist auch Vorsitz im Presbyterium

innehaben. Nicht als Pfarrer, aber als Vorsitzende des Leitungsorganes nehmen sie dann auch Vorgesetztenstellung gegenüber den Mitarbeitern wahr. Damit ergibt sich unter Umständen eine schwierige Lage daraus, daß sie ja zugleich den Mitarbeitern der Gemeinde ebenso wie allen Gemeindegliedern Seelsorger sein sollen. In möglichen Konfliktsfällen kann es eine Aushilfe bedeuten, daß ein Gemeindeglied auch andere geistliche Amtsträger als nur den zuständigen Pfarrer für Seelsorge und Amtshandlungen in Anspruch nehmen darf und daß die seelsorgerliche Amtsverschwiegenheit des Pfarrers allen anderen Rücksichten und Verpflichtungen vorgeht (vgl. 2.5., 3.1.3., 3.2.2.).
Ob für kirchliche Arbeitnehmer mit den zuständigen Gewerkschaften auch *Tarifverträge* abgeschlossen werden sollen, ist zur Zeit Thema kirchenpolitischer Auseinandersetzungen in den Landeskirchen. Jedenfalls dürfen kirchliche Arbeitnehmer den Gewerkschaften angehören. Andererseits erscheint das Selbstverständnis der kirchlichen Mitarbeit mit solchen tarifrechtlichen Gestaltungsformen unvereinbar, die einen Streik oder eine Aussperrung innerhalb der Kirche als Kampfmittel zur Lösung von Konflikten vorsehen.

3.5.3. Die Deckung des Geldbedarfes der Gemeinden

Wie die Gemeinde zu ihrem Gelde kommt, wird schon in hierfür grundlegenden neutestamentlichen Berichten behandelt. Danach wird der geldliche Aufwand ebenso wie der Sachaufwand für die Aufgaben einer Gemeinde auch von den Christen insgesamt gedeckt und zwar zunächst weitestmöglich von der jeweiligen Gemeinde selbst und im übrigen durch ein Sichaushelfen anderer Gemeinden. Schon die ersten Missionsgemeinden haben durch Sammlungen von Geld- und Sachgaben unter ihren Gliedern eine Freistellung der ihnen dienenden Missionare von dem Zwang zur Berufsarbeit ermöglicht. Ähnlich haben sie die Aufgabe der Unterstützung von Notleidenden in der eigenen Gemeinde wie anderwärts gelöst. Dem leitenden Grundsatz freiwilliger christlicher Zusammenarbeit entsprechend stand dabei ein das »Charisma der Handreichung« verwirklichendes Beisteuern aus eigenem Antrieb im Vordergrund.
Ein solches formloses Verfahren erlaubt zwar Aushilfen für den Augenblick, aber keine mittelfristigen besonderen Planungen. Deshalb ist man in der Kirchengeschichte bald auf geordnete *Umlagen* zurückgekommen, welche eine Vorausschau auf die verfügbaren Mittel der näheren Zukunft gestattete. Die Finanzierung von kirchlichen Daueraufgaben durch besonders gewidmete und ertragbringend angelegte Spenden behielt daneben ihren Platz in den Rechtsformen von frommen Stiftungen, Pfründen und Patronaten zugunsten von Pfarrstellen, Kirchen und Sonderzwecken. Heute finden wir alle diese Mittel und Wege kirchlicher Finanzierung nebeneinander. Von vergangenen Generationen hinterlassener kirchlicher *Grundbesitz* sichert die kirchliche Arbeit in gemeindlichen Mittelpunkten, Kirchen und Gemeinderäumen. Daneben dienen kirchliche Wohngebäude, zumal die *Pfarrhäuser* als »Anlaufstellen« für alle mit der Gemeinde Kontakt Suchenden. Zugleich decken sie den Wohnbedarf der hauptamtlich Mitarbeitenden. Verpachteter *Grundbesitz,* aber auch gemeinde-

eigene Friedhöfe, bringen den Gemeinden laufende Einnahmen, bringen allerdings auch Verwaltungsarbeit. Kirchliche *Verwaltungsordnungen* geben dafür Anleitung und Rahmeneinrichtungen. Wichtig ist, daß zur Verhütung von Schadensfällen und Ersatzansprüchen der sichere Zustand aller gemeindlichen Baulichkeiten vom Zustand der Ziegeldächer bis zur Standfestigkeit der Grabdenkmäler regelmäßig überprüft wird. Dazu dienen wiederkehrende Kirchen-, Gebäude- und Friedhofsbegehungen.
Der größere Teil der für die Arbeit der Kirche nötigen und eingeplanten Geldmittel wird durch Geldleistungen der Gemeindeglieder aufgebracht. Dem urkirchlichen Finanzierungssystem noch am nächsten steht die *Kollekte* im Gottesdienst. Hier weisen die Kirchenverfassungen meistens die Zuständigkeit zur Zweckbestimmung einheitlich der jeweiligen Teilkirche zu; ein jährlicher Kollektenplan legt für alle Gottesdienste jedes Sonntages oder einer Reihe davon den Kollektenzweck fest. So kann mit den zentral abgeführten Erträgen insgesamt mehr ausgerichtet werden als mit vielen kleineren Erträgnissen. Die einzelnen Gemeinden sind dann verpflichtet, den jeweiligen gesamtkirchlichen Kollektenzweck empfehlend anzukündigen und das Eingesammelte ungeschmälert abzuführen. Um diese Pflicht zu sichern, müssen Kollekten sogleich nach dem Gottesdienst gezählt und ihre Summe im Kollektenbuch unterschriftlich festgestellt werden. Für das Bedürfnis der jeweiligen Gemeinde bleibt eine bestimmte Zahl von Gottesdiensten frei, teilweise wird für ihre Diakonie noch gesondert eingesammelt. Die staatlichen Gesetze gewähren den Kirchen hierzu meist besondere Befreiungen von den sonst geltenden Genehmigungserfordernissen für öffentliche Sammlungen. Während die Kollekten meist besondere Aufgaben von Schwerpunktcharakter und Diakonieaufgaben finanzieren wollen, kommt der laufende Bedarf der kirchlichen Personal- und Verwaltungskosten meist durch Umlagen der Gemeindeglieder herein. In der Bundesrepublik Deutschland geschieht das im Wege der *Kirchensteuer*. Diese wird nach einheitlichen Hebesätzen von der staatlichen Einkommens- und Lohnsteuer, teils auch der Grundsteuer, berechnet und mit dieser zusammen vom Staat für die Kirche gegen Unkostenersatz eingehoben. Hier geht es also weder um ein freiwilliges Opfer noch braucht auch nur eine bewußte Verbindung des Herangezogenen zu seiner Kirche zu bestehen. Vielmehr genügt die nach öffentlichen Registern bestimmte kirchliche Mitgliedschaft, um einen von dem Steuerpflichtigen vielleicht gar nicht als solchen empfundenen Anteil der Gesamtabgaben für die Kirche zu sichern.
Ein solches Kirchensteuersystem entspricht dem staatskirchenrechtlichen Grundmodell der »Volkskirche«, also einer Kirche, die sich mit dem Volksganzen oder doch einem Großteil davon identisch weiß. Diese Voraussetzung ist heute nicht mehr unbedenklich zu bejahen. Allerdings sichert dieses Kirchensteuersystem den an ihnen beteiligten Kirchen weitgehende wirtschaftliche Unabhängigkeit. Denn es sorgt, weil von einem nicht mehr zahlungswilligen Kirchenmitglied nur durch einen ausdrücklichen Kirchenaustritt zu unterlaufen, geräuschlos und ziemlich wirkungsvoll für die Füllung kirchlicher Kassen. Gleichwohl muß es sich theologischer Hinterfragung stellen. Dabei erweist sich neben der bedenklichen Grundtendenz mittelbaren, stillen Zwanges auch als

bedeutsam, daß eine solche Zusatzkirchensteuer zwangsläufig den Steuertabellen und damit auch der Steuerpolitik des Staates zu folgen hat. Bei Großverdienern kann so die Kirche an konfiskatorischen Steuersätzen partizipieren, während die Bezieher kleiner Einkommen aus der Beteiligung an den kirchlichen Lasten ganz herausfallen; beides leuchtet nicht ein. Die Kirchen in Österreich leben weitgehend von *Kirchenbeiträgen.* Diese dürfen sie zwar für ihre Mitglieder generell festsetzen, können sie aber nur durch ausdrückliche Einzahlungen von ihnen erhalten. Rückstände können an sich gerichtlich eingeklagt werden; das erscheint aber nach evangelischem Verständnis im Regelfall pastoral inopportun.

In der Deutschen Demokratischen Republik genießen die Kirchen weder ein Besteuerungsrecht noch können sie rechtlich verpflichtende Beiträge erheben; auch die Einklagung ihrer Ansprüche vor den ordentlichen Gerichten ist nicht möglich. Folglich nehmen die dem Leben der Gemeinde ferner stehenden Kirchenmitglieder nicht mehr oder nur beschränkt an der Deckung der kirchlichen Lasten mit teil. Die Kirchen verlieren dadurch wirtschaftliche Möglichkeiten großzügigerer Planung, soweit sie nicht die Verbundenheit der bewußten Gemeindeglieder mit ihrer Kirche motivieren können. Diese Rechtslage führt zu armen Kirchen, die sich aber auf das Mitverantwortungsbewußtsein ihrer Glieder stützen und sich nicht durch volle Kassen über ihre innere Kraft ein falsches Bild machen können. Ob hier Nachteil und Vorteil sich ausgleichen, ist eine die Grenzen der Kirchenrechtswissenschaft überschreitende Grundsatzfrage.

Gemäß geschichtlichem Herkommen, Staatsverträgen oder Gesetzen beziehen die Kirchen in unterschiedlichem Umfange auch heute noch unmittelbare geldliche *Staatsleistungen.* Meist sind das Entschädigungen für in der Säkularisation verlorenen Grundbesitz oder für die unter landesherrlichem Kirchenregiment vom Staat mitgetragenen Kosten kirchlicher Verwaltungsbehörden. In unterschiedlichem Umfange genießen weiter die Kirchen um ihrer Bedeutung für die Gesamtheit willen Steuerbefreiungen und gebührenrechtliche Vorteile. Auch die an Kirchen gegebenen Spenden und Steuern bzw. Beiträge lassen sich meist steuerermäßigend berücksichtigen, wenn für sie pfarramtliche Bescheinigungen vorgelegt werden können.

3.5.4. Die Wirtschaftsführung der Gemeinden

Die Verwaltung und Bewirtschaftung der den kirchlichen Zwecken dienenden Mittel ist eine wichtige Aufgabe für die Leitungsgremien der kirchlichen Körperschaften. Je nach der mehr zentralistisch oder mehr von der einzelnen Gemeinde aus angelegten Ordnung der jeweiligen Teilkirche kommt dabei die Verfügungsgewalt mehr der Leitung der Teilkirche oder der Kirchengemeinde zu, in welcher die Mittel aufgebracht wurden. Hat die Ortsgemeinde das Verfügungsrecht, so trägt sie zu den Kosten der kreis- und gesamtkirchlichen Aufgaben durch eine Umlage bei. Wo die kirchlichen Einnahmen zentral bewirtschaftet werden, erhalten die einzelnen Gemeinden und Kirchenkreise nach einem *Verteilungsschlüssel* daraus Zuweisungen für ihren Eigenbedarf. Durch die gesamtkirchliche Kasse erfolgt auch die Besoldung der kirchlichen Bediensteten, insbesondere der Pfarrer. Die Gemeinden leisten für jede Pfarrstelle entsprechende Beiträge.

Mit dem *Haushaltsplan* nehmen die zuständigen kirchlichen Körperschaften alljährlich beschlußmäßig ihre Verantwortung für die Finanzgebahrung wahr. Er ist das wichtigste Instrument kirchlicher Wirtschaftsplanung. In ihm wird jeweils für das kommende Jahr nach Sachposten getrennt zusammengestellt, welche Einnahmen aus welchen einzelnen Quellen erwartet werden können und wie sie auf die verschiedenen Aufgaben verteilt werden sollen. Ebenso wird einsichtig gemacht, ob für besondere Ausgaben Fremdmittel als Darlehen in Anspruch genommen, Rücklagen gebildet oder Schuldentilgung geleistet werden müssen. Das wird nach einheitlichem, gesamtkirchlichen Schema aufgeschlüsselt, um einen Vergleich zu ermöglichen, dann beschlußmäßig verabschiedet und von der Aufsichtsbehörde überprüft.

Bauvorhaben und *Darlehensaufnahmen* bedürfen regelmäßig der vorherigen Genehmigung durch die kirchliche Aufsichtsbehörde. Das rechtfertigt sich schon dadurch, daß von der Gesamtkirche für den Fall von Fehlplanungen ja auch meist Aushilfe erhofft wird. Während des Haushaltsjahres ermöglicht dann die fortlaufende Verbuchung der Einnahmen und Ausgaben bei den einzelnen Haushaltstiteln die Kontrolle über die Einhaltung des Haushaltsplanes. Ergeben sich unvorhergesehene Ausgaben oder auch Einnahmen, so muß für sie ein Nachtragshaushalt beschlossen werden. Nach Ende des Haushaltsjahres bietet der gemäß den Belegen aufzustellende *Haushaltsabschluß* die Grundlage für die Rechnungslegung und Prüfung durch die zuständigen Beauftragten. Verläuft sie ohne Beanstandungen, oder werden die erhobenen Prüfungsbemerkungen zur Zufriedenheit erledigt, so wird den Verantwortlichen beschlußmäßig »Entlastung« erteilt.

Die tatsächliche Durchführung des Haushaltsplanes liegt in den Händen der jeweiligen Vorsitzenden der Beschlußgremien, in der Gemeinde also meist beim Vorsitzenden des Presbyteriums, oder in seinem Auftrage bei angestellten Rendanten. Damit niemand in Versuchung kommt und eine Revision jederzeit möglich ist, muß für jede zu leistende Ausgabe eine schriftliche *Kassenanweisung* erstellt werden. Darin werden von den Zeichnungsberechtigten die sachliche Richtigkeit der Angabe über den Ausgabenzweck wie auch die rechnerische Richtigkeit ihres Zahlenwertes ausdrücklich durch Unterschrift bescheinigt. Der Kassenführer wird außerdem durch den Vorsitzenden seines Presbyteriums, gelegentlich auch durch Beamte der höheren kirchlichen Verwaltungen unvermutet kontrolliert. Durch solche Kassenprüfungen, wie überhaupt durch die Ordnungsvorschriften des kirchlichen Vermögensrechts, äußert sich kein unchristliches Mißtrauen. Dahinter steht nur die gute Absicht, es gemäß dem Apostelwort auch in den äußeren Dingen der Gemeinde stets ehrbar und ordentlich zugehen zu lassen. Deshalb sollten die vielerlei Einzelregelungen, die in kirchlichen Verwaltungs- und Kassenordnungen näher getroffen werden, auch von den Theologen mit gutem Willen studiert und befolgt werden.

4. Kirche im größeren Bereich

4.1. Das Miteinanderleben benachbarter Gemeinden im Kirchenkreis

Jede christliche Gemeinde soll die von ihrem Herrn ihr zugedachten Gaben und Hilfen auf geordnete Weise soweit wie möglich auch über den eigenen Bereich hinaus von anderen Christen empfangen und anderen Christen selbst zugute kommen lassen.

Beispielhafte Quellenstellen:

Aus der Grundordnung der Evangelischen Kirche der Kirchenprovinz Sachsen vom 16. März 1980 (ABl 2, ABl EKiD 196):

Artikel 47
(1) Die Kirchengemeinden sind zu Kirchenkreisen zusammengeschlossen.
(2) Die Kirchenkreise dienen dem Zusammenwirken der Gemeinden ihres Bereiches in Zeugnis und Dienst in geordneter Rechtsform. Sie nehmen dabei gemeinsame Aufgaben der Kirchengemeinden wahr und geben den einzelnen Kirchengemeinden Anregungen und Hilfe für ihre Arbeit.

Aus der Verfassung der Nordelbischen Evangelisch-Lutherischen Kirche vom 12. Juni 1976 (ABl Schleswig-Holstein 159, ABl EKiD 1977, 19):

Artikel 26
Der Kirchenkreis ist Aufsichts- und Verwaltungsbezirk der Nordelbischen Kirche. Besondere Verwaltungsaufgaben können einzelnen Kirchenkreisen durch Kirchengesetz zugewiesen werden.

Artikel 27
Der Kirchenkreis soll eine raum- und situationsgerechte Einheit bilden, in der seine Aufgaben sachgemäß wahrgenommen werden können.
. . .

Artikel 28
Das Leben des Kirchenkreises wird durch die Kirchenkreissynode, den Kirchenkreisvorstand und den Propst in gemeinsamer Verantwortung gefördert und geordnet. Hierbei wirken der Pastorenkonvent, die Mitarbeiterkonferenz und der Konvent der Dienste und Werke mit.

Artikel 29
(1) Die Kirchenkreissynode berät und beschließt im Rahmen der kirchlichen Ordnung über die Angelegenheiten des Kirchenkreises.
(2) Die Kirchenkreissynode ist dazu berufen, die Kirchengemeinden des Kirchenkreises zur Wahrnehmung gemeinsamer Aufgaben anzuregen, das kirchliche

Leben im Kirchenkreis zu fördern und die einzelnen Kirchengemeinden bei der Erfüllung ihrer Aufgaben zu unterstützen.
(3) Die Kirchenkreissynode kann zu Fragen des kirchlichen und öffentlichen Lebens Stellung nehmen.
. . .

Aus dem Kirchlichen Gesetz der Evangelischen Landeskirche in Württemberg zur Ordnung der Visitation in der Landeskirche (Visitationsordnung) vom 25. November 1976 (ABl Bd. 47, 352, ABl EKiD 1977, 206):

§ 1 – Aufgaben der Visitation
Die Visitation ist ein geordneter Besuchsdienst, der dazu helfen will, daß in den Gemeinden, Bezirken, Werken und Einrichtungen der Landeskirche das Evangelium von Jesus Christus, wie es in der Heiligen Schrift gegeben und in den Bekenntnissen der Reformation bezeugt ist, das Maß und die Richtschnur ihres Zeugnisses und ihres Dienstes ist. Mit der Visitation nehmen die Visitatoren Aufgaben der Leitung innerhalb der Kirche wahr.

> Aus den Ausführungsbestimmungen zur Visitationsordnung vom 3. April 1981 (ABl 308, ABl EKiD 249)
> *Zu § 1:*
> *An der doppelten Zielsetzung der Visitation soll festgehalten werden. Visitation ist brüderlicher Besuchsdienst und kirchenamtliche Aufsicht. Sie dient der gegenseitigen Information, Beratung und Hilfe von Visitatoren und Visitierten und sie dient der Prüfung, ob das Evangelium auftragsgemäß und gegenwartsbezogen verkündet, der Dienst der Liebe an jedermann getan wird und ob dies im Rahmen der Ordnung der Landeskirche geschieht. In ihren beiden Aspekten will die Visitation dazu helfen, daß das Evangelium von Jesus Christus Maß und Richtschnur des Zeugnisses und des Dienstes der Kirche ist und bleibt.*

§ 3 – Visitatoren
Die Visitation obliegt dem Landesbischof, den Prälaten, den Dekanen und für den Schulbereich den Schuldekanen. Andere geeignete Personen können vom Landesbischof oder vom Oberkirchenrat mit der Durchführung einer Visitation beauftragt werden.
. . .

§ 7 – Vorbereitung der Hauptvisitation
(1) Zeitpunkt und Ablauf der Hauptvisitation werden von den Visitatoren im Benehmen mit dem geschäftsführenden Pfarrer und dem Kirchengemeinderat festgelegt (Visitationsprogramm), diesen rechtzeitig mitgeteilt und in der Gemeinde in geeigneter Weise bekanntgegeben.
(2) Zur Vorbereitung der Hauptvisitation erstellt der geschäftsführende Pfarrer im Benehmen mit dem Kirchengemeinderat, den anderen Pfarrern und den Mitarbeitern der Kirchengemeinde einen Bericht über das kirchliche Leben in der Gemeinde. Der Bericht wird in angemessener Frist vor Beginn der Visitation vorgelegt. Die Pfarrer und die haupt-, neben- oder ehrenamtlichen Mitarbeiter kön-

nen dem Visitator persönliche Berichte über ihren Arbeitsbereich gesondert vorlegen.

§ 8 – Ablauf der Hauptvisitation
(1) Zur Hauptvisitation gehören
1. der Visitationsgottesdienst,
2. das persönliche Gespräch mit den Pfarrern und anderen Mitarbeitern der Kirchengemeinde,
3. der Besuch im Religionsunterricht und im Konfirmandenunterricht, sofern zur Zeit der Visitation ein solcher stattfindet,
4. die Prüfung der äußeren Ordnung in Pfarramt und Kirchengemeinde,
5. die abschließende Sitzung mit dem Kirchengemeinderat.
(2) Die Hauptvisitation soll ferner einen Besuch der örtlichen Gemeinschaften, der anderen christlichen Gemeinden am Ort sowie einen Besuch der bürgerlichen Gemeinde und anderer für die Kirchengemeinde wichtiger Einrichtungen und Personen einschließen.
. . .

§ 9 – Auswertung der Hauptvisitation
(1) Nach Abschluß der Hauptvisitation erstellen die Visitatoren alsbald den Visitationsbericht und den Visitationsbescheid.
(2) Der Visitationsbericht soll über den Ablauf und die Ergebnisse der Hauptvisitation umfassend Auskunft geben. Er wird über den Prälaten dem Oberkirchenrat zugeleitet.
(3) Der Visitationsbescheid enthält eine Zusammenstellung der wichtigsten Ergebnisse der Hauptvisitation, insbesondere die sich daraus für die Weiterarbeit von Pfarrer und Gemeinde ergebenden Anregungen und Hinweise. Er wird den Pfarrämtern und dem Kirchengemeinderat zugestellt und in Abschrift dem Oberkirchenrat zugeleitet.
. . .

§ 11 – Außerordentliche Visitation
. . .
(2) Sind Meinungsverschiedenheiten über den Dienst eines bestimmten Pfarrers oder eines anderen Mitarbeiters in der Kirchengemeinde Anlaß für die außerordentliche Visitation, so wird auf seinen Antrag eine Person seines Vertrauens zur Visitation beigezogen.
. . .

4.1.1. Die Rechtsform der Nachbarschaft christlicher Gemeinden

Christliche Gemeinden sind darauf angewiesen, sich wechselseitig zu helfen. Dieser Grundgedanke rechtfertigt die kirchenrechtliche Struktur aller über die Gemeinde hinausführenden organisatorischen Zusammenfassungen. Er widerlegt zugleich zwei Gegenauffassungen. Nach dem extremen *Kongregationalis-*

mus bzw. *Independentismus* soll jede Gemeinde die Fülle der ihr notwendigen und zugedachten Gaben schon in sich selbst aufweisen, daher jede Ortsgemeinde die alleinige Autorität in allen Dingen besitzen und in der Aufnahme von Beziehungen zu anderen gleich unabhängigen Gemeinden frei sein. Das wird inzwischen auch von den kongregationalistischen Gemeinden selbst, die sich in Einigungsverhandlungen mit den presbyterianischen Kirchen befinden, nicht mehr in dieser Strenge vertreten. Richtig gesehen wird hier zwar, daß keine christliche Gemeinde einer anderen einseitig rechtlich unterworfen sein darf. Die für den geistlichen Aufwuchs einer Gemeinde entscheidenden Gaben können eben auch außerhalb von deren räumlichem Nahumfeld bestehen; andererseits können aus dem Kreis einer Gemeinde Gaben und Aufträge über die Gemeindegrenze hinaus ausstrahlen.

Streng nach dem *Episkopalsystem* verfaßte Kirchen andererseits, wie die römisch-katholische und orthodoxe, sehen einen regionalen Amtsträger, eben den Bischof als zentralen Träger der entscheidenden geistlichen Vollmacht an; ihm sollen entscheidende Aufgaben vorbehalten bleiben und sich die Gemeinden und deren Amtsträger unterordnen. Demgegenüber haben die *Reformationskirchen*, auch wo sie das Bischofsamt beibehalten wollten, dieses von vornherein nur als ein Pfarramt mit einem größeren Aufgabenbereich verstanden (vgl. 4.2.4.). Evangelisches Kirchenrecht sieht nach alledem das Wechselverhältnis der Gemeinden innerhalb eines regionalen Zusammenschlusses weder in autarker Unabhängigkeit noch in dem einer Über- und Unterordnung der Gemeinden, sondern in einem rechtlich geordneten Verhältnis des geistlichen Gebens und Nehmens. Die rechtstheologische Grundlage dafür bildet das paulinische Bild vom Leib und den Gliedern (1. Kor. 12), die in ihren Aufgaben und an ihrem jeweiligen Ort zwar verschieden sind, aber zum Dienst aneinander im Leibe Christi zusammengefügt sind und daher gleichermaßen unter dem einen Haupte Christus aufeinander bezogen bleiben.

In neuerer Zeit wurde dieses Konzept wohl am deutlichsten und bis heute nachwirkend verwirklicht bei der Selbstorganisation der reformierten »*Kirchen unter dem Kreuz*« in Holland, Belgien und am Niederrhein im sechzehnten Jahrhundert. Dort fügten sich die Gemeinden zu »Klassen« und diese zu Synodalverbänden zusammen. Durch solchen nachbarschaftlichen Zusammenschluß dienten sich in regelmäßigem Zusammenkommen gegenseitig die Gemeinden in allen Angelegenheiten, die »vor Ort« in einer Gemeinde nicht zu Ende gebracht werden konnten oder alle gemeinsam angingen. Dieser Gedanke kommt heute auch in den neueren Kirchenverfassungen lutherischer und unierter Herkunft zum Tragen (vgl. 4.3.).

Wichtigster Dienst der Christen in der Region aneinander ist das wechselseitige Sich-Annehmen aller Glaubensgenossen im Streben nach sichtbarer Grundeinigkeit ihres christlichen Lebens. Christliche Gemeinden sollen auch von ihrer Rechtsseite her nicht in sich abgeschlossene Klubs sein, sie sollen sich dazu offenhalten, einem mit dem Bekenntnis gleichen Glaubens von außen Hinzukommenden gleichberechtigten Zutritt zu gestatten und auch für den nur Durchreisenden *Gastrecht* zu gewähren. Dies kommt, wie wir sahen, schon in den Grundsätzen über die kirchliche *Gemeindegliedschaft* (vgl. 3.2.) zum Ausdruck. Es

führt aber auch zu der Folgerung, daß eine *Grundeinigkeit* der kirchlichen Lebensformen zum Zeichen guter gemeindlicher Nachbarschaft und zur Hilfe zum Einleben für neu Hinzukommende und Gäste werden soll.
Daher dürfen in einer auch rechtlich geordneten Region christlicher Gemeinden die äußeren Grundformen des gottesdienstlichen Lebens (»Liturgie«, *Agende*, Gesangbuch, Predigttextplan) von den Gemeinden nicht unbegrenzt eigenwillig ausgestaltet werden; vielmehr legt sich von der Sache her ein Zusammenwirken der ganzen kirchlichen Region auf eine Grundeinigkeit hin nahe (vgl. 2.1.).
Gleiches gilt für die grundsätzliche Einigkeit im Blick auf Gewährung und Versagung von kirchlichen *Amtshandlungen* (vgl. 2.4.). Zwar verstieße es gegen Recht und Vollmacht der christlichen Gemeinde, die Entscheidung über solche Fragen von vornherein einseitig und völlig auf eine »höhere« Ebene zu verlagern. Eine Grundeinigkeit des Vorgehens, wie sie etwa in dem Vorhandensein gemeinsam beschlossener »Lebensordnungen« oder Agenden zum Ausdruck kommt, ermöglicht regional Zusammenarbeit von Kirchengemeinden um so eher, wenn sie auch Wahlmöglichkeiten zur Wahrung örtlicher Besonderheiten in der Ausgestaltung der Agenden gewährt.

4.1.2. Kirchliches Zusammenleben in der Region

Region ist ein soziologischer Begriff, bekannt auch aus dem Recht der Landesplanung und Gebietsreform. Er meint ein Gebiet, das unter geographischen, wirtschaftlichen und politischen Kriterien eine Einheit bildet und anderen ähnlich geordneten Gebieten gegenüber deutlich abgegrenzt werden kann. Hier soll der Begriff der *kirchlichen Region* in Abgrenzung einerseits zu dem der Kirchengemeinde, andererseits zu dem später zu behandelnden der Teilkirche bestimmt werden als der Umkreis, in dem sich die ihr angehörigen Christen noch im Alltagsmaßstab erreichen können. Kirchliche Region ist praktisch der Bereich, in dem man sich noch ohne Kofferpacken gegenseitig besuchen kann. Das gewinnt Gewicht in der Gegenwart, weil innerhalb der soziologischen Region einer mobil gewordenen Gesellschaft die Wohnwelt, Berufswelt und Erholungswelt des Einzelnen oft auseinander fallen, so daß gemeindliche Bemühungen ihn nur in einem regionalen Konzept wirklich zu erreichen vermögen. Andererseits wird es dem einzelnen Christen infolge der technischen Verkehrs- und Mobilitätsmittel heute viel stärker als früher möglich, auch in dem weiter gespannten Bereich einer Region Dienste in Anspruch zu nehmen wie auch selbst zu übernehmen. Das hat bekanntlich auch im Verwaltungs-, Erziehungs- und Gesundheitswesen mehr und mehr zu überregionalen Leistungsverbänden und Dienstangeboten geführt.
In der kirchenrechtlichen Literatur wird diese Region weitgehend als »Mittlere Ebene«, »Mittlere Instanz« oder »*Kirchliche Mittelstufe*« bezeichnet. Im Zeitalter absolutistischer Kirchenleitung hat man allerdings in der Region noch einen mittleren Aufsichtsbereich im Auftrage oberer Kirchenbehörden erblickt. Aber

Kirchengemeinde und Kirchenleitung lassen sich nicht derart in ein Verhältnis von oben und unten bringen. Der Sache nach handelt es sich bei den kirchlichen Regionen nicht um einen bloßen Gemeindeverband, sondern vielmehr um die regionale Form des wechselseitigen Dienstes aneinander. Jeweils einzelne Gemeinden oder einzelne Beauftragte bemühen sich so, den übrigen Christen auch über den Grenzbereich einer Kirchengemeinde hinaus zu helfen. Solche Regionen heißen heute Kirchenkreis oder -bezirk, Dekanat, Superintendentur, Klasse oder Ephorie.

Schon das Neue Testament schildert uns das Miteinanderleben der an ihrem Ort bestehenden, aber in der Gliedschaft am Leibe Christi zusammengehörigen Kirchengemeinden durch Betonung wiederkehrender Formen. Apostel und andere Amtsträger besuchen, von der eigenen Gemeinde entsandt, andere Gemeinden. Im Falle der Notwendigkeit von Streitschlichtung und Gewinnung geistlicher Klarheit treffen Beauftragte von Gemeinden zusammen. Geistliche wie leibliche Notstände werden in gegenseitigem Sichaushelfen angegangen. Für alles dies bilden sich bereits Grundmodelle und Regeln heraus. Auf diesen Grundlagen haben sich schon in der alten Kirche auch rechtliche Grundstrukturen des christlichen Miteinanders in der Region gebildet, die dann zu tragenden Rechtsformen evangelischer Kirchenordnung seit der Reformation geworden sind und von denen nun die Rede sein soll.

4.1.3. Visitation und Synode

Die *Visitation* einer Gemeinde bedeutet von ihrem Wesen her nicht eine obrigkeitliche Besichtigung, mögen auch Erinnerungen an eine solche bis heute noch Visitationsordnungen oder Visitationswirklichkeit teilweise mitbestimmen. Es geht hier vielmehr um einen Gemeindebesuch, der von der Absicht solidarischen Helfens getragen ist und dabei allerdings auf der für wirkliches Helfen notwendigen vollen wechselseitigen Offenheit besteht. Manches davon findet sich auch in der heute vor allem bei der Ausbildung von Psychologen und Sozialarbeitern üblichen »*Supervision*«, also der geordneten Begleitung örtlicher Dienste durch einblicknehmende Fachberater von außen.

Schon in der für alle späteren evangelischen Kirchenordnungen grundlegenden Chursächsischen Visitation von 1527 zeigt sich die Problematik, ob und wie sich innerhalb eines visitatorischen Gemeindebesuchs das geistliche Bemühen um Hilfe für Glaubensstand und Verkündigungsklarheit des Ortspfarrers mit einer gleichzeitig vollzogenen obrigkeitlichen Aufsicht über die äußere Ordnung und besonders die sachgerechte Vermögensverwaltung einer Gemeinde verträgt. Bis heute laufen die Visitationsordnungen teilweise noch auf die Vereinigung von Unvereinbarem hinaus. Praktisch wird oft die geistliche Unterstützung des Ortspfarrers, oft aber auch die pädagogische Fachberatung des Pfarrers bei seinem kirchlichen Unterricht durch Predigtbesuch und Aussprache von dem Gesamtkontext einer mehr behördlichen Visitation überdeckt. Vorgeschrieben, wenn auch keineswegs immer so praktiziert, ist regelmäßig eine Visitation aller Gemeinden in mehrjährigen Abständen in Gestalt einer Durchprüfung der

Amtsführung und der persönlichen Verhältnisse aller örtlichen Amtsträger. Hinzu kommen die Kontrolle der Geschäftsführung, der Kassen und der kirchlichen Liegenschaften, die Entgegennahme von Beschwerden und Weitergabe von Anregungen für die weitere kirchliche Arbeit. In obrigkeitlicher Form durchgeführt, konnte eine solche Visitation schließlich als ein geballter Akt der Dienstaufsicht erscheinen. Ungeachtet aller solcher Schwierigkeiten stellt jedoch, wie insbesondere HERMANN DIEM immer wieder unterstrichen hat, die recht verstandene Visitation geradezu die Grundform und den entscheidenden Kern evangelischer Kirchenleitung dar. Nur wo der Charakter des gegenseitigen Sich-Besuchens, Auge in Auge miteinander vor Ort geschehenden Redens und Sich-Helfens gewahrt bleibt, wird die christliche Mitverantwortung durch eine Visitation geistlich sinnvoll erscheinen. Neuere Ordnungen versuchen die Gesichtspunkte behördlicher Aufsicht und Wirtschaftskontrolle in den Hintergrund zu rücken und statt dessen die Anbahnung von Kontakten und Reflexionen zur Überprüfung und Verbesserung der gemeindlichen Arbeit zu machen. Zuständig für die Durchführung der Visitationen in den Gemeinden ist regelmäßig ein Träger des kirchlichen Leitungsdienstes oder ein Kollegium von Amtsträgern aus der Region. Durch einen abschließenden Visitationsbericht an die gesamtkirchlichen Leitungsorgane erhält die Visitation eine über den Bereich der Region hinausragende Bedeutung. Neben die Visitation der Ortsgemeinden tritt als schwierigere, nur zum Teil in Vorschriften faßbare Aufgabe die Visitation von »Sonderpfarrern« und anderen regional ausgerichteten Diensten. Hier gilt es Formen des Vorgehens zu finden, die sowohl eine beratende Mitwirkung von in der gleichen Aufgabe an anderem Orte stehenden Berufsgenossen sichern, als auch dem für die jeweilige Sonderaufgabe maßgeblichen Personenkreis den Kontakt mit der besuchenden Kirche ermöglichen.

Anspruch auf einen geordneten Besuchsdienst haben aber auch die zur Visitation der Gemeinden berufenen Amtsträger und die ihre kirchliche Verwaltung führenden Kirchenbehörden. Ein solcher Dienst findet statt, wenn diese Amtsträger mit den Vertretern der Aufträge und Dienste ihrer Gemeinden zu geordneter wechselseitiger Rechenschaft und Beratung über die gemeinsame weitere Arbeit zusammentreten. Ein solches Zusammentreffen ist die *Synode*. So nennen wir das Zusammenkommen der Beauftragten aus einer gesamten Region zur Besprechung und Regelung gemeinsamer Anliegen. Sie bedeutet gewissermaßen eine wandelnde Visitation. Vorgebildet im Jerusalemer Apostelkonzil und in den Konzilien der Alten Kirche, erhielt sie im Reformationsjahrhundert, wiederum besonders im reformierten Bereich ihre Form als ein geordnetes Zusammentreffen der verschiedenen mit kirchlichen Diensten beauftragten Christen einer Region. Im neunzehnten Jahrhundert wurden die Synoden als ein den Landständen und Parlamenten vergleichbares Gegenüber von Vertretern des Kirchenvolkes zur kirchlichen Obrigkeit verstanden. Besonders die theologische Neubesinnung seit dem *Kirchenkampf* hat den geistlichen Grundzug der Synoden als eines Zusammenkommens von Beauftragten der Gemeinden zum Dienst aneinander wieder deutlicher werden lassen. In den heutigen Synoden treffen sich nicht nur Pfarrer, sondern auch eine meist gleich starke oder noch größere Zahl gewählter Presbyter der zugehörigen Gemeinden. Hinzu kommen Abgeordnete der unabhängig von Ortsgemeinden arbeitenden kirchlichen Werke und Dienste, wie etwa der Religionslehrer, der Mitarbeiter diakonischer Anstalten oder Universitätsprofessoren als Vertreter der theologischen Fakultäten. Dieses Zusammenführen so unterschiedlicher Beauftragter mannigfacher kirchlicher Unternehmungen geschieht aus der Erwartung heraus, daß sich so für möglichst viele der unterschiedlichen Verhandlungsthemen Synodale finden, die gerade hierfür die geistliche Gabe der Unterscheidung der Geister mitbringen.

Die Synoden besitzen *Zuständigkeit* zur Beratung und Entscheidung in allen Fragen, die entweder von vornherein die Christen der ganzen Region angehen oder von einer bestimmten Gemeinde oder einem Beauftragten der Region besonders an sie herangetragen werden. Sie beschließen über die gemeinsamen Angelegenheiten der Region, also insbesondere das geistliche Leben im Bezirk sowie die gemeinsamen Unternehmungen und deren Finanzierung. Solche gemeinsamen Unternehmungen können z.B. überörtliche diakonische Aufgaben, regionale Jugendarbeit sowie regionale *Sonderpfarrämter, Krankenhauspfarrämter, Gefangenenseelsorge- und Ausländerpfarrämter* darstellen. Zu den gemeinsamen Angelegenheiten gehören die Wahl der regionalen Dienste, an sie gerichtete *Auftragsbeschlüsse,* die Erledigungen von Beschwerden sowie Anträge aus dem Gemeindebereich und die Beratung über Vorlagen der Teilkirche. In alledem leisten die Synoden einen geistlichen Dienst der Zusammenführung und kirchlichen Willensbildung. Mit diesem geistlichen Dienst ist es vereinbar, daß der Geschäftsablauf einer Synodaltagung äußerlich teilweise dem Muster parlamentarischer Beratungen folgt. Andachten und Gottesdienste innerhalb der Synodaltagung versuchen aber den geistlichen Charakter dieses kirchlichen Dienstes sichtbar zu machen. Neuerdings hat man teilweise diesen geistlichen Charakter der Synodalverhandlungen auch dadurch ausdrücken wollen, daß man von ihren Beratungen möglichste Einmütigkeit auch in Verfassungsvorschriften fordert. Daran ist richtig, daß eine Synodenmehrheit ungeistlich verfahren würde, wenn sie Gewissensbedenken einer Minderheit niederstimmte, statt sie durch ein die Einstimmigkeit ermöglichendes Entgegenkommen zu berücksichtigen. Das Bestehen unterschiedlicher Meinungen unter Christen und sogar der Streit kirchlicher Gruppen ist nicht tadelnswert, solange dabei Wahrheit und Liebe gewahrt bleiben. Im übrigen aber wird das Wesen einer Synode als einer in Hoffnung auf das einigende Wirken des Heiligen Geistes zusammentretenden Amtsträgerversammlung davon leben, daß jeder Synodale seine an Schrift und Gewissen gewonnene Meinung ohne Bindung an Mehrheitsverhältnisse oder Fraktionsbeschlüsse in Rede und Abstimmung offen darlegt.

Das Zusammentreten einer regionalen Synode verursacht erheblichen Aufwand an Reisekosten, Verdienstausfall und Arbeits- und Zeitverlust der Teilnehmer und kann daher nur in größeren, meist jährlichen Abständen verantwortet werden. Die Aufgaben der Synode fallen aber auch zwischen den üblichen Synodaltagungen weiter an. Schon in nachreformatorischer Zeit hat man hier den Ausweg gefunden, durch einen von der jeweiligen Synode dazu gewählten *bevollmächtigten Synodalausschuß,* eine Art verkleinerter »Zwischensynode«, vorbehaltlich der Entscheidung der nächsten Hauptsynode die unauf-

schiebbaren Entscheidungen einstweilen fällen zu lassen. Dazu gehören vor allem *gesetzesvertretende Verordnungen* (vgl. 1.4.3.), die aber aus guten Gründen meist die Kirchenverfassung nicht ändern dürfen.
Besondere Aufgaben dieser Synodal- oder Superintendentialausschüsse, in reformiertem Bereich öfter Moderamen genannt, sind dabei die Ausführung der Beschlüsse der vergangenen und die Vorbereitung der Tagesordnung der nächsten Synode; ferner fassen sie dringliche Beschlüsse personeller oder wirtschaftlicher Art und behandeln Einsprüche im Bereich der geistlichen Amtshandlungen.
Neben diesem bevollmächtigten Hauptausschuß der Synode bestehen teilweise noch besondere *Fachausschüsse*. Teils mit Synodalen und im übrigen mit sachkundigen Gemeindegliedern besetzt, bereiten sie die Verhandlung von Themen ihres Fachgebietes auf der Synode vor oder betreuen in deren Auftrag, teilweise auch mit der Befugnis zur Verfügung über die ihrer Arbeit gewidmeten Haushaltstitel, ihr Arbeitsfeld innerhalb der kirchlichen Region.

4.1.4. Das Sich-Aushelfen in der Region

Zum christlichen Miteinanderleben in der Region gehört das Recht und die Pflicht, sich bei örtlich auftretenden Schwierigkeiten gegenseitig tätig auszuhelfen. Das ist zwar nicht überall in der Klarheit der beiden zuvor besprochenen Rechtsinstitute geordnet, aber es ist doch als gemeinsames Anliegen einer Reihe einzelner Rechtsvorschriften erkennbar und verdient Hervorhebung als ein kirchenrechtliches Prinzip.
Dies zeigt sich zunächst im *Pfarrerrecht*. Jeder Pfarrer ist trotz seiner Berufung an eine bestimmte Gemeinde dennoch verpflichtet, auf entsprechenden Auftrag hin auch aushilfsweise die Vertretung für einen verhinderten anderen Amtsträger zu übernehmen, oder sich an der Betreuung vakanter Pfarrgemeinden zu beteiligen. Auch ist jeder Pfarrer der Region verpflichtet, zufolge einer auf ihn gefallenen Wahl neben seiner bisherigen Aufgabe auch die Betreuung besonderer Angelegenheiten der ganzen Region zu übernehmen. Das gilt sowohl für die Leitungsämter innerhalb der Region wie auch für die unter ihrer Aufsicht wahrgenommenen Sonderaufgaben als nebenamtlicher und hauptamtlicher regionaler Fachberater oder Koordinator, wie etwa als synodaler Jugendpfarrer, Kindergottesdienstbeauftragter, Bezirksmännerpfarrer und dergleichen.
Eine andere Form des wechselseitigen Einanderaushelfens der Gemeinden bedeutet es, wenn in Durchbrechung der allgemeinen Zuständigkeit (vgl. 3.1.3., 3.2.2.) aus besonderen Gründen ein anderer Amtsträger an die Stelle des Gemeindepfarrers tritt. Hier hat der Gedanke des »kirchlichen *Minderheitenschutzes*« für bekenntnis- oder volkstumsmäßige Gruppen teilweise auch rechtlichen Ausdruck gefunden. Die Sonderbeauftragten melden ihren bevorstehenden Dienst jeweils dem Gemeindepfarrer an. Die Ortsgemeinde läßt ihren Einsatz als eine Form der wechselseitigen Aushilfe zu. Ebenso kann ein Pfarrer zur Wahrnehmung besonderer Aufgaben oder Bedürfnisse in deren Wahrnehmung auch im Bereich einer anderen Gemeinde tätig werden.

Auch was ihre wirtschaftliche Kraft angeht, steht jede Gemeinde unter Recht und Pflicht des gegenseitigen Sichaushelfens. Kirchliche Arbeit im regionalen Rahmen braucht ebenso Geld wie die Arbeit in den Gemeinden (vgl. 3.5.3.). Das wird regelmäßig durch *regionale Umlagen* aufgebracht, welche die regionale Synode mit Wirkung für alle ihre Gemeinden beschließt und welche unter Aufsicht des Synodalausschusses erbracht und bewirtschaftet werden. Teilweise findet ein regionaler *Finanzausgleich* statt, in dem die wirtschaftlich stärkeren Gemeinden den schwächeren durch Zuschüsse beistehen. Weiterhin können in unterschiedlichem Umfange auch im regionalen wie im gesamtkirchlichen Interesse *Kollekten* für bestimmte regionale Zwecke ausgeschrieben werden. Die einzelnen Gemeinden sind dann verpflichtet, diese Kollekten ebenso wie die gesamtkirchlichen tatsächlich zu erheben, sie ordnungsgemäß abzukündigen und ungeschmälert abzuführen.
Insbesondere im Bereiche der Organisation gemeinsamer Dienste ergeben sich für die Gemeinden der innerhalb einer Region gelegenen größeren Städte oft Schwierigkeiten. Für eine sinnvolle geistliche Nachbarschaft in der Region ist Voraussetzung, daß die Zahl der in ihr verbandsmäßig zusammenarbeitenden Gemeinden jeweils nicht zu groß wird. Manche gemeinsamen Aufgaben einer Großstadt, wie etwa eine Stadtakademie oder die Betreuung der Jugendarbeit, fordern aber eine einheitliche Konzeption und Ausführung. Besonders nach einer Teilung früher größerer regionaler Bezirke werden daher solche Teilaufgaben oft durch besondere Zusammenschlüsse (*Stadtkirchenverbände, Gemeindeverbände, Zweckverbände*) gezielt bearbeitet. Die Koordination und Leitung geschieht dann meist durch eine Zweckverbandsversammlung mit einem leitenden Zweckverbandsausschuß, den die beteiligten kirchlichen Regionen beschicken.

4.2. Geistliche Aufträge im Großbereich

Zur Wahrung und Stärkung der geistlichen Gemeinschaft innerhalb eines Umkreises von Gemeinden wirken die Träger des Aufsichtsauftrages im überörtlichen Bereich. Ihnen ist herkömmlich neben dem Vorsitz in der Synode die besondere geistliche Sorge für die Amtsträger und die repräsentative Vertretung der Kirche in ihrer Region, oft auch Teilhabe an der kirchlichen Verwaltungsaufsicht zugewiesen.

Beispielhafte Quellenstellen:

Aus der Grundordnung der Evangelischen Kirche Berlin-Brandenburg – Region Ost – vom 20. November 1978 (KABl 1979, 37, ABl EKiD 294):

Artikel 51
(1) Der Superintendent nimmt im Kirchenkreis einen gesamtkirchlichen Auftrag wahr. Er fördert die Zeugnis- und Dienstgemeinschaft von Kirchengemeinden, Kirchenkreis und Evangelischer Kirche in Berlin-Brandenburg. Sein Wirken ist brüderlicher Dienst unter Gottes Wort.
(2) Als Vorsitzender des Kreiskirchenrates hat er teil an der Leitung des Kirchenkreises. Er ist Inhaber einer Pfarrstelle im Kirchenkreis.
(3) Gemeinsam mit dem Kreiskirchenrat achtet er darauf, daß Erfahrungen und Hilfen für Zeugnis und Dienst aus allen Bereichen berücksichtigt und Gefahren abgewehrt werden.

Artikel 52
(1) Der Superintendent steht allen Mitarbeitern im Kirchenkreis als Seelsorger zur Verfügung. Er ist darauf bedacht, daß die Mitarbeiter Seelsorge erfahren.
(2) Er berät und fördert den Nachwuchs für den kirchlichen Dienst, besonders die Studenten und Kandidaten der Theologie in seinem Kirchenkreis.
(3) Werden dem Superintendenten Mängel bekannt oder Beschwerden über Mitarbeiter vorgebracht, soll er zu klären, zu helfen und zu bessern suchen. Ist ein Mangel auf diese Weise nicht zu beheben und droht der Gemeinde dadurch ernster Schaden, so berichtet er dem Generalsuperintendent und dem Konsistorium.
. . .

Aus der Grundordnung der Evangelischen Kirche der Kirchenprovinz Sachsen vom 16. März 1980 (ABl 2, ABl EKiD 196):

Artikel 97
(1) Der Bischof leitet als Diener des Wortes Gottes und ist darin in besonderer Weise Pfarrer für alle Mitarbeiter und Gemeinden. Er achtet darauf, daß sie in der Einheit des Glaubens bleiben und gestärkt werden.
(2) Selber unter das Wort gestellt, wacht er über der Reinheit und Lebendigkeit von Verkündigung und Lehre.

Aus der Grundordnung der Evangelischen Kirche von Kurhessen-Waldeck vom 22. Mai 1967 (KABl 19, ABl EKiD 328):

Artikel 112
Der Bischof als leitender Geistlicher der Landeskirche ist berufen,
1. darüber zu wachen, daß das Evangelium den Bekenntnissen der Reformation gemäß lauter und rein verkündigt und die Sakramente recht verwaltet werden,
2. darüber zu wachen, daß die Einheit der Kirche gewahrt wird,
3. dafür zu sorgen, daß die Ordnungen der Kirche eingehalten werden,
4. dafür zu sorgen, daß die Kirche ihren Auftrag in der Öffentlichkeit wahrnimmt.

Artikel 113
Der Bischof vertritt die Landeskirche im gesamten kirchlichen und öffentlichen Leben.

Artikel 114
(1) Der Bischof hat das Recht, in allen Gemeinden der Landeskirche Gottesdienste zu halten. Er ist befugt, außerordentliche Gottesdienste festzusetzen. Er kann Kundgebungen erlassen, die in den Gottesdiensten zu verlesen sind.
(2) Der Bischof besucht die Geistlichen und die Gemeinden, berät und ermahnt sie und übt die erforderliche Zucht. Er wacht über die Ausbildung der Geistlichen und leitet die Prüfungen. Er entscheidet über die Ordination und nimmt sie vor.
...

Aus der Verfassung der Lippischen Landeskirche vom 17. Februar 1931 (GVBl III, 1):

§ 64
Dem Landessuperintendenten liegt die geistliche Leitung des reformierten Teiles der Landeskirche nach Maßgabe dieser Verfassung und künftiger Kirchengesetze ob.
...

§ 66
(1) Der Landessuperintendent führt die Aufsicht über die reformierten Superintendenten, Pfarrer und Gemeinden des Landes.
(2) Er hat in steter persönlicher Fühlung mit seinen Amtsbrüdern und den ihnen anvertrauten Gemeinden darauf zu achten, daß das Reich Gottes gebaut werde.
(3) Er soll insbesonderheit Seelsorger, Berater und Freund der Pfarrhäuser sein und sich auch der Kandidaten und der Studenten der Theologie beratend und fördernd annehmen.
(4) In Besprechungen mit den Superintendenten soll alles, was das geistliche Leben der Landeskirche oder der einzelnen Klassen bewegt, behandelt werden.
(5) Er hat in der Regel alljährlich die Pfarrer zu einer dienstlichen Versammlung zu berufen, in der wissenschaftliche und Fragen des praktischen Amtes zu behandeln sind.
...

Aus der Grundordnung der Evangelischen Landeskirche in Baden vom 5. Mai 1972 (GVBl 35, ABl EKiD 493):

§ 105
(1) Prälaten unterstützen den Landesbischof in der geistlichen Leitung der Gemeinden und Pfarrer. Sie können in den Gemeinden ihres Kirchenkreises Gottesdienste und andere Versammlungen halten.
...

§ 106
Der Prälat erfüllt seine Aufgabe insbesondere dadurch, daß er
(a) die Gemeinden seines Kirchenkreises besucht, ihre Anliegen hört und ihnen durch Predigt und Zuspruch mit Gottes Wort dient,
(b) die Verbindung zwischen der Kirchenleitung und den Gemeinden fördert,
(c) die Pfarrer und kirchlichen Mitarbeiter in ihren beruflichen und persönlichen Anliegen und Nöten berät und ihnen hilft,
...

§ 108
Die Prälaten gehören dem Landeskirchenamt mit beratender Stimme an. Sie nehmen an den Sitzungen des Evangelischen Oberkirchenrats sowie an den Tagungen der Landessynode beratend teil.

4.2.1. Das Wesen des geistlichen Leitungsauftrages

Schon die Chursächsische Visitation von 1527 führte zu der Einsetzung von *Superattendenten* als Pfarrern, die im Auftrage der visitierenden Obrigkeit die weitere Aufsicht vor Ort über die Pfarrer zu führen hatten. JOHANNES LASKI verwirklichte in Emden und London den Gedanken eines auf den geistlichen Dienst an den Gemeinden ausgerichteten evangelischen Oberhirtenamtes. Im lutherischen Bereich hatte die Augsburgische Konfession zwar die Möglichkeit eines evangelisch verstandenen *Bischofsamtes* als eines überregionalen Gesamtpfarramtes offengehalten; dies ließ sich aber zunächst nicht praktisch verwirklichen. In den reformierten Kirchen »unter dem Kreuz« gewann das Amt des Vorsitzenden der Synode (*Moderator, Präses*) allmählich personale Zuständigkeit für die geistliche Leitung der Gemeinden auch außerhalb der Synodaltagungen. Aus diesen verschiedenen Ansätzen haben sich die heutigen Ämter des *Superintendenten, Dekans* oder *Propstes* als ein Vorsitzendenamt, verbunden mit dem Auftrag eines beratenden und seelsorgerlichen Besuchsdienstes innerhalb einer kirchlichen Region, entwickelt. Es trägt heute oft von seiner Geschichte her aber auch Züge einer behördlichen Aufsichtszuständigkeit und verwaltender Aufgaben.
Für die unterschiedlich benannten Träger aller dieser leitenden geistlichen Aufträge ist teilweise die Bezeichnung als *Oberhirten* üblich. Ihr gegenüber bleibt jedenfalls daran zu erinnern, daß für den Auftrag geistlicher Leitung und Aufsicht ein Verhältnis rechtlicher oder gar geistlicher Über- und Unterordnung dem Wesen evangelischer Kirchenordnung widersprechen würde. Diese Bezeichnung bringt aber immerhin zutreffend zur Geltung, daß die Träger eines solchen Auftrages den gleichen Hirtendienst ausüben sollen wie auch die Gemeindepfarrer, wenn auch in einer ausgedehnteren und auch den Hirtendienst

an den Gemeindepfarrern selbst umfassenden Weise. Zugleich macht sie ersichtlich, daß der Ortspfarrer im Blick auf seine Gemeinde nicht deren einziger Hirte ist, sondern diese Verantwortung in Gemeinschaft mit einem Träger des gleichen Dienstes im größeren Bereiche ausübt.
Die heutigen unterschiedlichen Aufgaben dieser Träger der geistlichen Leitung und Aufsicht verschiedener regionaler Stufen lassen sich aufteilen in die Hauptgruppen der Repräsentation, der Verwaltung und des geistlichen Dienstes. Zu den *Repräsentationsaufgaben* gehört insbesonders die Führung des Vorsitzes in Synode, Synodalausschuß oder dem der kollegialen Weiterbildung dienenden *Pfarrkonvent*, weiter die Gesamtvertretung des seiner Leitung anvertrauten Bezirks in der Öffentlichkeit und gegenüber politischen Stellen. *Verwaltungsaufgaben* liegen dem Superintendenten ob bei der Leitung der gemeinsamen Verwaltungseinrichtungen des Kirchenkreises. Weiter gehören dazu dienstaufsichtliche Funktionen im Blick auf die kirchlichen Amtsträger seines Bezirks. So ist er etwa zuständig für die Erteilung von Urlaub an die Pfarrer, für die Entgegennahme und womöglich Erledigung von Beschwerden, für die Erstattung von Berichten und die Schlichtung von Streitigkeiten. Ihre *geistlichen Aufgaben* sind meist die Seelsorge an den Amtsträgern und insbesondere den Pfarrern (das Amt des *»pastor pastorum«)*, ihre fachliche Beratung, die Entscheidung wegen strittiger Amtshandlungen, daneben besondere Gottesdienste im Bezirk und der Erlaß von Kanzelschreiben an die Gemeinden (Hirtenbriefe), weiter die Vornahme von oder die Mitwirkung bei Ordinationen, Einführungen und Einweihungen. Die sehr wichtige und schwierige Aufgabe der *Seelsorge an den Pfarrern* wird regelmäßig dadurch belastet, daß der Oberhirte zugleich dienstaufsichtsrechtliche, ja teilweise disziplinarrechtliche Befugnisse hinsichtlich der seiner Seelsorge anvertrauten Pfarrer wahrnehmen soll. Der so gegebene Rollenkonflikt ist vom Kirchenrecht her meist nicht ausdrücklich zugunsten des Vorranges der Seelsorge gelöst. Das macht innere Vorbehalte der Pfarrer gegenüber der Seelsorge durch ihren Dienstvorgesetzten eher verständlich. Abhilfe wäre möglich, wenn das Kirchenrecht oder doch der einzelne leitende geistliche Amtsträger den Vorrang seines Auftrages als pastor pastorum vor allen anderen Pflichten und die Entschlossenheit zur Wahrung der seelsorgerlichen *Schweigepflicht* (vgl. 2.5.) auch gegenüber den »höheren« kirchlichen Stellen unzweideutig klarstellte.
Wo in Kirchenverfassungen reformierter Tradition ein personales geistliches Leitungsamt eingerichtet ist, da steht dieses regelmäßig in einem deutlichen Bezug auf die allgemeine presbyterial-synodale Verfassungsstruktur. Solche *reformierten Leitungsämter* sind daher regelmäßig nur zeitlich befristet, werden im Zusammenwirken mit anderen synodalen Amtsträgern ausgeübt und sind stärker auf die Funktionen des Vorsitzes und der Dienstaufsicht als auf episkopale Repräsentation hin ausgerichtet.

4.2.2. Der Auftrag des Superintendenten

Die *Berufung* zum Dienst der Aufsicht und Leitung im Regionalbereich geschieht im Zusammenwirken zwischen den Gemeinden des zu betreuenden Kir-

chenkreises und der Gesamtkirche. Der so Berufene führt meist die Amtsbezeichnung als Superintendent oder Dekan, z.T. als Propst oder Oberpfarrer. Meist wird er mit qualifizierter Mehrheit durch die Synode des Kirchenkreises gewählt, die Organe der Gesamtkirche sind durch Wahlvorschläge oder Bestätigungsrechte mitbeteiligt. In der Regel führt dies zur Besetzung des Amtes durch einen der Pfarrer des Bezirkes selbst, was neben dem Vorteil der Orts- und Personenkenntnis oft den Nachteil der Erschwerung von Innovationen bedeutet.
Ein ähnliches Doppelgesicht hat die Frage, ob der Superintendent sein Amt haupt-oder nebenamtlich innehaben soll. Diesen Auftrag neben einer üblichen oder auch entsprechend kleineren Pfarrstelle ausüben zu müssen, hat den Vorteil bleibender Praxisnähe. Das wird aber erkauft mit den Gefahren der Überforderung des Superintendenten und der Vernachlässigung seiner Gemeinde. Einen Ausweg bietet vielleicht die Entlastung des Superintendenten durch Zuweisung von Teilaufgaben an seine berufenen *Vertreter* und die Mitglieder seines Synodalausschusses (Senioren, Synodalassessoren).
Dieser Weg bietet sich auch zur Lösung typischer *Rollenprobleme* für das Amt des Superintendenten an. Wie wir schon sahen, vereinigt der Amtsauftrag des Superintendenten eine Anzahl recht unterschiedlicher Aufgaben. Es ist nicht nur kaum zu erwarten, daß der Superintendent für sie alle die gleiche Begabung und Freudigkeit mitbringt. Für einige davon, besonders für Seelsorge und Dienstaufsicht, lassen sich Rollenkonflikte fast voraussehen. Dazu kommt als weitere Erschwerung, daß der Superintendent meist unter den Augen seiner bisherigen Kollegen selbst noch als Pfarrer tätig bleibt. Um so dankbarer muß man sein, wenn es dem Träger eines so schwierigen Auftrages gelingt, zum zusammenführenden und ausgleichenden, die einzelnen Gemeinden und Pfarrer mit dem kirchlichen Ganzen verbindenden Helfer zu werden.
In Verwaltungsangelegenheiten wird der Superintendent regelmäßig durch einen eigenen Arbeitsstab (*Superintendentur*) unterstützt. Die Kosten seiner Amtsführung gehören zu den umlagefähigen Aufwendungen des Kirchenkreises. Der von ihm erwartete besondere Einsatz wird regelmäßig durch eine ruhegehaltsfähige Funktionszulage zum Pfarrergehalt entgolten.
In Kirchen lutherischer Tradition ist die Amtsdauer des Superintendenten meist auf Lebenszeit, in Kirchen reformierter oder unierter Tradition als zeitlich befristet ausgestaltet, beides jeweils unter dem Vorbehalt der Dienstfähigkeit und mit der Möglichkeit freiwilliger Niederlegung. Einen mittleren Weg bedeutet es, wenn der Superintendent zwar auf Dauer gewählt, aber seine vorzeitige Abwahl mit qualifizierter Mehrheit der Synode und unter Zustimmung gesamtkirchlicher Organe ermöglicht wird.

4.2.3. Geistliche Leitung im weiteren Bereich

In größeren Teilkirchen stellt sich die Frage, wie der Dienst geistlicher Aufsicht und Seelsorge auch an den Superintendenten recht getan werden kann und wie die übergreifenden Aufgaben an benachbarten Kirchenkreisen zweckmäßig wahrgenommen werden. In verschiedener Ausgestaltung findet sich ein gewissermaßen oberhirtliches Leitungsamt im weiteren Bereich (*Generalsuperintendent, Prälat, z.T. Propst*). Sein Aufgabenfeld ist unterschiedlich.

Zusammenführende geistliche Dienste bestehen in größeren Teilkirchen auch für Sprengel, die mehrere Kirchenkreise umfassen. Ihnen begegnen wir mit der Bezeichnung *Generalsuperintendent, Kreisdekan, Prälat oder Propst* in Hessen-Nassau und Kurhessen-Waldeck; in Nordelbien dagegen entspricht der Propst den Dekanen oder Superintendenten. Diese geistlichen Amtsträger üben insbesondere Aufgaben der Seelsorge und Beratung sowie Weiterbildung der Pfarrer aus, besuchen die Gemeinden und nehmen Einweihungshandlungen vor. Damit entlasten und ergänzen sie zugleich den Bischof, wo ein solcher für den gesamten teilkirchlichen Bereich vorhanden ist. Teilweise nehmen sie auch als ein besonderes Kollegium beratend oder mitentscheidend an geistlichen Führungsaufgaben innerhalb der Kirche teil.

Die Chance eines solchen Amtes liegt darin, daß seine Führung den zu gedeihlicher Beratung nötigen *Abstand* mit der für ein Vertrauensverhältnis nötigen *Nähe* zu den anvertrauten Gemeinden und Amtsträgern verbinden kann. Ein wirkliches Besuchen in den Pfarrhäusern und ein regelmäßiges Erscheinen dieses geistlichen Amtsträgers vor den Gemeinden muß allerdings in seinem ganzen Bereich noch selbstverständlich sein, wenn dieses Amt seinen geistlichen Sinn erfüllen soll. Problematisch wird dieses Amt, wenn es zu sehr in die Verwaltungsstruktur der Teilkirche eingebunden wird und sein Träger so faktisch zu einem aufsichtsführenden Obersuperintendenten oder einem im Bezirk residierenden Gebietsreferenten der Kirchenleitung wird. Vorbildlich erscheint das Amt des badischen Prälaten, von seinem katholisierenden Namen allerdings abgesehen. Da er lediglich als beratendes Mitglied dem Oberkirchenrat angehört, kann er zwar sich dort mit seiner besonderen Personalkenntnis für die ihm Anbefohlenen einsetzen, braucht aber nicht für Entscheidungen die Mitverantwortung zu tragen, welche seine seelsorgerlichen Aufgaben belasten müßten.

Ohne förmliche Zuschreibung von Dienstbezirken und Aufgaben üben auch diejenigen Amtsträger faktisch geistliche Leitungsaufgaben im weiteren Bereiche aus, die als *Rektoren* von Pastoralkollegs, Predigerseminaren und ähnlichen Einrichtungen an der Ausbildung und Weiterbildung der Pfarrer maßgeblichen Anteil haben. Dem entspricht, daß sie zumeist auch sonst den »höheren« kirchlichen Amtsträgern gleichgestellt sind.

Hier muß, auch wenn es sich der Rechtsstruktur nach um eine staatliche Beamtenstellung handelt, schließlich der *Theologieprofessor* erwähnt werden. LUTHER hat sein einer heutigen Professur entsprechendes Doktorat bekanntlich als eine ihm obliegende und zum reformatorischen Hervortreten berechtigende wie verpflichtende geistliche Aufgabe verstanden. Und in CALVINs Schema der vier kirchlichen Grundämter hat der doctor ecclesiae seinem dem minister verbi divini gleichgeordneten, aber doch selbständigen Platz. So läßt sich die besondere Stellung der Theologieprofessoren in der evangelischen Kirche dahin verstehen, daß sie, unangesehen ihrer beruflichen Rechtsstellung als Staatsbeamte, ein der Kirche insgesamt zu dienen bestimmtes, besonderes geistliches Amt theologischer Forschung und Lehre innehaben. Dieses Amt besteht in der verfaßten Kirche und für sie; es steht aber nicht etwa unter ihr, weil ihm um der Freiheit

der dem Herrn der Kirche verpflichteten theologischen Wissenschaft willen eine organisatorische Unterordnung unter kirchenverwaltende Behörden nicht angemessen wäre.
Das Aufeinanderbezogensein von Teilkirchen und der auf ihrem Boden bestehenden theologischen Fakultäten kommt kirchenrechtlich mehrfach zum Ausdruck. Staatsgesetze oder Kirchenverträge geben den Kirchenleitungen regelmäßig ein unterschiedlich ausgestaltetes Anhörungsrecht bei der Besetzung theologischer Lehrstühle. Umgekehrt kommen die theologischen Fakultäten dadurch im Bereich der Kirche zu Wort, daß sie Mitglieder in die Landessynode entsenden oder daß aus ihrer Mitte Synodale berufen werden. Die Prüfung der ausgebildeten Theologen vor Aufnahme in den kirchlichen Dienst schließlich ist ein gemeinsames Geschäft, bei dem in unterschiedlicher Form ein Zusammenwirken von Fakultätsmitgliedern und Kirchenbehörde vorgesehen ist.
Was hier von den Professoren der staatlichen theologischen Fakultäten gesagt worden ist, gilt in entsprechender Abwandlung auch von den nichtstaatlichen *kirchlichen Hochschulen*. Diese sind meist während oder auch nach dem Kirchenkampf in ihrer jetzigen Form geschaffen worden, um die universitären theologischen Fakultäten zu ergänzen und die Zusammengehörigkeit von Kirche und Theologie zum Ausdruck zu bringen. Teilweise ist ihnen auch vom Staat das Promotionsrecht zugebilligt worden. Im Verhältnis zur Kirche bedeuten sie nicht einfache kirchliche Unterinstanzen, sondern selbständige Institutionen kirchlichen Rechts mit einem gemischt zusammengesetzten Kuratorium als Wahrerin der kirchlichen Interessen.

4.2.4. Der Auftrag des evangelischen Bischofs

Das *Bischofsamt* ist wohl die interessanteste und problemreichste Rechtsfigur des evangelischen Kirchenrechts. Schon im Neuen Testament finden wir Bischöfe als aufsichtsführende Amtsträger innerhalb einer Gemeinde, ohne daß wir ihren eigentlichen Amtsauftrag sicher erheben könnten. In der *Alten Kirche* führten sie den Vorsitz beim Herrenmahl und erlangen von daher ein auf die Wahrung der Einheit der Kirche in rechter Lehre und Ordnung gerichtetes, die ökumenische Verbindung zur Gesamtkirche tragendes monarchisch-charismatisches Leitungsamt. In der Reformation ging die folgenreiche Auseinandersetzung darum, ob die herkömmlichen und in der Sukzession ihres Amtes stehenden Bischöfe der mittelalterlichen Kirche die evangelische Verkündigung zulassen und durch Erteilung der Ordination an ihr verpflichtete Theologen fördern würden. Diese Hoffnung scheiterte jedenfals in Mitteleuropa; und LUTHER gelang auch nicht die Einrichtung eines von der bisherigen Amtsträger-Sukzession gelösten, sich nur auf die Sukzession der evangelischen Wahrheit gründenden Bischofsamtes. Damit kam die theologische Erkenntnis der lutherischen Bekenntnisschriften noch nicht zum Tragen, daß nämlich das Bischofsamt als ein nach menschlichem Recht mit besonderem Auftrag versehenes Pfarramt im Großbereich legitim und anzustreben sei. Vielmehr bildete das Bischofsamt zunächst nur den Rechtstitel, demgemäß die Landesfürsten als Träger des »*Summepiskopates*« die Leitung der äußeren Kirchenangelegenheiten übernahmen und durch ihre Konsistorien ausübten. Die geistliche Aufgabe des Bischofsamtes, insbesondere die Ausübung der Visitation und Ordination, ging freilich unterdes nicht unter, sondern wurde von den Superintendenten und Generalsuperintendenten weiter geübt. Der Wegfall der landesfürstlichen Kirchenleitung, die Entdeckung des im ökumenischen Bereiche auch bei nichtkatholischen Kirchen erhalten gebliebenen und fruchtbar wirkenden Bischofsamtes insbesondere der Anglikaner und nordischen Lutheraner, schließlich die theologische Rückbesinnung auf die reformatorischen Bekenntnisschriften führten in diesem Jahrhundert zu einer Wiederbelebung des nun auch ausdrücklich so bezeichneten Bischofsamtes. Seine Diskreditierung durch deutschchristliche »Kirchenführer« während des Kirchenkampfes hat diesem Anliegen nicht entscheidend schaden können. Vielmehr hat das Beispiel bekenntnistreuer Bischöfe und insbesondere die dem württembergischen Landesbischof D. THEOPHIL WURM zugewachsene geistliche Autorität, die fast allgemeine Wiedereinführung eines evangelischen Bischofsamtes nach 1945 begünstigt.

Heute haben alle evangelischen Kirchen im deutschen Sprachraum, von Bremen abgesehen, ein leitendes geistliches Amt. Sein Träger führt meist die Amtsbezeichnung »Landesbischof« oder »Bischof«. In den reformierten Kirchen von Lippe und von Nordwestdeutschland heißt dieser Amtsträger »Landessuperintendent«, in den unierten Kirchen Rheinlands und Westfalens »Präses«, in Hessen-Nassau, Pfalz und Anhalt »Kirchenpräsident«. Die nordelbische Kirche hat die Besonderheit, daß dort drei Bischöfe in je einem Sprengel die geistliche Leitung und Aufsicht ausüben, für gesamtkirchliche und ökumenische Stellungnahmen aber gemeinsam auftreten sollen. Ähnlich wird in der Evangelischen Kirche in Hessen und Nassau das »Leitende geistliche Amt« von dem Kirchenpräsidenten in Gemeinschaft mit seinem Stellvertreter und den Pröpsten wahrgenommen. In Rheinland und Westfalen wird der Präses durch die übrigen Mitglieder der Kirchenleitung in seinem Amt unterstützt, in Baden und Württemberg der Landesbischof durch die Prälaten.

Gemeinsam ist allen diesen Amtsträgern, daß sie in einer engen Beziehung zur jeweiligen Landessynode ihrer Kirche stehen. Diese wählt sie entweder unmittelbar in ihr Amt oder ist jedenfalls an der durch ein besonderes Wahlorgan erfolgenden Wahl mitbeteiligt. Wo eine vorzeitige Abberufung vorgesehen ist, fällt sie in die Zuständigkeit der Synode. Man hat daher mit Recht das heute in evangelischen Kirchen des deutschen Sprachraumes bestehende Bischofsamt, es von dem sich episkopal ergänzenden anderer Kirchengemeinschaften abgrenzend, mit ADOLF DEISSMANN als ein *»synodales Bischofsamt«* bezeichnet. Einigkeit besteht auch darüber, daß der Träger des leitenden geistlichen Amtes im allgemeinen auf lange Frist gewählt wird. Bei den als »Bischöfen« bezeichneten Amtsträgern währt das Amt meist die ganze Dauer der Dienstfähigkeit. Bei den als »Präsides« und ähnlich Bezeichneten geht es über eine oder mehrere Synodalperioden.

Was die Aufgaben dieses leitenden geistlichen Amtes angeht, so bestimmt die repräsentative Vertretung der jeweiligen Kirche in der Öffentlichkeit und in den unterschiedlichen kirchlichen Gremien meist den Alltag und die Amtsbelastung des jeweiligen Amtsinhabers. Die Klage ist so gut wie allgemein, daß der Bischof

durch ein Zuviel an Konferenzen, Reisen und Auftreten in Massenmedien sich seinen anderen Aufgaben nicht so wie erwünscht mehr widmen könne. Die gleiche Klage wird erhoben, wenn die in den einzelnen Kirchenverfassungen unterschiedlich starke Einbindung des leitenden geistlichen Amtsträgers in die Aufgaben des obersten kirchlichen Verwaltungsorganes (Landeskirchenamt, Oberkirchenrat o.ä.) seine Amtsführung ausfüllt. Die Väter der Kirchenverfassungen mögen den Gedanken für sinnvoll gehalten haben, die Stimme des geistlichen Hirten der ganzen Kirche müsse auch auf die Geschäftstätigkeit der kirchlichen Bürokratie unmittelbar Einfluß nehmen können. Es fragt sich aber, ob es nicht weithin umgekehrt ist, daß nach dem Gesetz von der Sogkraft der Haupttätigkeit vielmehr der oberste Verwaltungstheologe der Kirche mit dem zusätzlichen Anspruch überlastet wird, außerdem noch ihr leitender geistlicher Amtsträger zu bleiben. Soweit dem Bischof verfassungsgemäß noch ausdrücklich die Ausübung des Gnadenrechts in Disziplinarsachen und der Seelsorge an den kirchlichen Amtsträgern zugewiesen ist, kann das zu Sachkonflikten mit gleichzeitigen Verwaltungsaufgaben führen. Zur Auflösung dieser Problematik hilft wohl am ehesten der Blick auf den Ursprung des Gedankens. Gerade die Aufgaben eines Pfarrers für den Bereich einer ganzen Teilkirche aber waren es, die für LUTHER und die lutherischen Bekenntnisschriften das Bischofsamt als ein für evangelische Gemeinden mögliches und wünschenswertes Amt begründeten. Nicht der auf den Fernsehern flimmernde, auf Staatsempfängen mit eingeladene oder in Behörden und Synoden präsidierende Repräsentant der Kirche, sondern der die Gemeinden in Hirtenbrief und Predigt ansprechende, mit den künftigen Pfarrern als Pastor pastorum das *Ordinationsgespräch* führende Prediger des Evangeliums verwirklicht das Leitbild der Reformation vom evangelischen Bischof. Und die Zusammenbindung eines solchen Hirtendienstes mit Verwaltungskompetenzen kann nicht nur den Amtsträger bis zum Herzinfarkt überlasten; sie bedroht vor allem die Unbefangenheit der von ihm erwarteten Seelsorge an den Seelsorgern. Wo man gerade um dieser seelsorgerlichen Aufgabe des bischöflichen Dienstes wegen dem Bischof der Teilkirche, wie wir sahen, besondere Oberhirten als Pröpste, Kreisdekane oder Prälaten zur Seite stellt, ist jedenfalls das Problem erkannt und seine Ausgleichung versucht.
Nur wenig kommt in dem Recht der evangelischen Kirchen unseres Sprachraumes zum Ausdruck, was für das Bischofsamt der alten Kirche doch konstitutiv war: sein *ökumenischer Zug*. Die Grundordnungen der Evangelischen Kirche in Deutschland und der Vereinigten Evangelisch-Lutherischen Kirche in Deutschland sehen wenigstens Konsultationen mit dem Leitungsorgan des kirchlichen Zusammenschlusses vor, ehe der Träger des leitenden geistlichen Amtes einer Gliedkirche neu gewählt wird. Auch pflegen die Bischöfe von Nachbarkirchen bei der Amtseinführung liturgisch zu assistieren. Aber ohne daß deshalb eine Sukzession im Bischofsamt ökumenisch-apostolisch angestrebt werden brauchte, sollte der ökumenische Kontext dieses Amtes doch auch im Recht der Teilkirchen deutlicher hervortreten. Die stimmberechtigte Mitwirkung von leitenden geistlichen Amtsträgern auch aus den Nachbarkirchen bei der Bischofswahl wäre dafür ein gutes Zeichen.

4.3. Die Teilkirchen (»Landeskirchen«)

Der Zusammenschluß kirchlicher Regionen zu einer Teilkirche (»Landeskirche«) mit relativer Selbständigkeit verwirklicht in dem jeweils vorgegebenen räumlichen und geschichtlichen Rahmen weiter ausgreifende Zusammenarbeit. Dazu gehören richtungweisende Zielsetzung, geistliche Gesamtaufsicht, wirkungsvolle Verwaltung der Mittel, partnerschaftliche Zusammenarbeit mit kirchlichen Werken und Gruppen sowie der Dienst allfälliger rechtsförmlicher Streitschlichtung.

Beispielhafte Quellenstellen:

Aus der Grundordnung der Evangelischen Kirche von Kurhessen-Waldeck vom 22. Mai 1967 (KABl 19, ABl EKiD 328):

Artikel 89
(1) Landessynode und Bischof tragen in ihrem Miteinander und Gegenüber die oberste Verantwortung für Leben und Dienst der Landeskirche.
(2) Die Landeskirche wird geistlich und rechtlich in unaufgebbarer Einheit geleitet und verwaltet durch die Landessynode, den Bischof, die Pröpste, den Rat der Landeskirche und das Landeskirchenamt.
(3) Die Landessynode hat in allen kirchlichen Fragen die letzte Entscheidung. Ihr sind die anderen Organe für ihre Amtsführung verantwortlich.

Artikel 90
Die Landessynode ist berufen, das Leben und Wirken der Kirche in brüderlicher Aussprache darzustellen und zu fördern sowie insbesondere durch Gesetze und Ordnungen zu sichern und zu entwickeln.

. . .

Artikel 128
(1) Der Rat der Landeskirche ist berufen, die Einheit des kirchenleitenden Handelns zu wahren. In ihm wirken Mitglieder der Organe der Leitung und Verwaltung zusammen.

. . .

Artikel 134
(1) Das Landeskirchenamt hat an der Leitung und Verwaltung der Landeskirche nach Maßgabe der Grundordnung mitzuwirken und die Kirchengemeinden, kirchlichen Verbände und Werke (Artikel 86) bei der Erfüllung ihrer Aufgaben zu unterstützen.
(2) Es führt innerhalb der kirchlichen Ordnung in eigener Verantwortung die Verwaltung aller Angelegenheiten der Landeskirche, soweit nicht die Verwaltung einem anderen Leitungsorgan oder einer sonstigen kirchlichen Stelle zusteht.
(3) Das Landeskirchenamt führt die Aufsicht über die Verwaltung der Kirchengemeinden, kirchlichen Verbände und Stiftungen.

. . .

Aus der Verfassung der Evangelisch-Lutherischen Kirche in Bayern vom 20. November 1971 (KABl 287, ABl EKiD 1972, 3):

Artikel 36
Gemeinde Jesu Christi verwirklicht sich auch in besonderen Arbeitsbereichen und durch besondere Arbeitsformen der Kirche.

Artikel 37
(1) Die Evangelisch-Lutherische Kirche in Bayern weiß sich zur Weltmission verpflichtet; sie nimmt an der ökumenischen Arbeit teil. Sie arbeitet mit Kirchen in Übersee und in der Diaspora zusammen. Sie ruft Menschen in den Missionsdienst, bildet sie aus und sendet sie.
(2) In ihrer diakonischen Verantwortung nimmt sie sich in Wort und Tat menschlicher Not in zeitgemäßer Weise vorbeugend, beratend und helfend an.
(3) Sie erkennt ihre Aufgabe auch in Diensten an verschiedenen Gruppen der Gesellschaft und im Bereich der Erziehung, Bildung und Öffentlichkeitsarbeit.

Artikel 38
(1) In den in Artikel 37 genannten kirchlichen Arbeitsbereichen bestehen besondere rechtlich selbständige oder nichtselbständige Ämter, Werke und Dienste.
(2) Sie stehen unter dem Schutz und der Fürsorge der Evangelisch-Lutherischen Kirche in Bayern und sind deren Leitungsorganen verantwortlich.
(3) Die missionarischen Werke haben im Rahmen der kirchlichen Ordnungen das Recht, ihre Arbeit so zu gestalten, wie es ihrem besonderen Auftrag entspricht. Rechtsträger, die diakonische Aufgaben wahrnehmen, sind im Diakonischen Werk zusammengeschlossen; Satz 1 gilt entsprechend.
. . .

Aus der Ordnung der Evangelischen Kirche in Hessen und Nassau vom 17. März 1949 (ABl 27, ABl EKiD 77) / 21. April 1966 (ABl 89, ABl EKiD 345):

. . .

3. Das Leitende Geistliche Amt
Artikel 51
(1) Das Leitende Geistliche Amt wird von dem Kirchenpräsidenten in Gemeinschaft mit seinem Stellvertreter und den Pröpsten wahrgenommen.
(2) Wenn im Leitenden Geistlichen Amt eines der Bekenntnisse nicht vertreten ist, so werden dessen Anliegen durch ein weiteres, von der Kirchensynode zu wählendes Mitglied dieses Bekenntnisses wahrgenommen, das ordinierte Theologe sein muß und gleichzeitig ein Pfarramt in der Evangelischen Kirche in Hessen und Nassau versieht...
. . .

12. Das Kirchliche Verfassungs- und Verwaltungsgericht
Artikel 64
Zur maßgebenden Auslegung des geltenden kirchlichen Rechts wird das Kirchliche Verfassungs- und Verwaltungsgericht eingerichtet. Zuständigkeit, Bildung, Zusammensetzung und Verfahren regelt ein Kirchengesetz.

Aus der Disziplinarordnung der Evangelischen Kirche in Österreich A.u.H.B. i.d.F. vom 1. Dezember 1965 (Wiederverlautbarung ABl 70):

§ 17

. . .

(4) Die Mitglieder der Disziplinarsenate legen in die Hand des zuständigen Superintendenten, die Mitglieder des Disziplinarobersenates in die Hand des Bischofs oder des Landessuperintendenten H.B. folgendes Gelöbnis ab:
»Ich gelobe vor Gott, mich bei meinem Wirken als Mitglied des Disziplinarsenates nur von meinem an das Evangelium gebundenen Gewissen leiten zu lassen und die Gesetze und kirchlichen Ordnungen zu beachten. Ich will in meinem Amt dazu beitragen, daß in der Kirche Ordnung und Friede gewahrt und wiederhergestellt werden.«

4.3.1. Grundsatzfragen der Ordnung der Kirche im Großbereich

Kirchen im Großbereich als Zusammenschlüsse mehrerer kirchlicher Regionen werden hier *Teilkirche* genannt, wenn sie sich in einer auf eben diese Regionen beschränkten Weise rechtlich verfassen und sich anderen kirchlichen Zusammenschlüssen gegenüber unabhängig selbst leiten. Damit soll der in der Ekklesiologie früherer Jahrhunderte gebräuchliche Ausdruck *»ecclesia particularis«* weitergeführt und zugleich das nur Teilhafte eines solchen Zusammenschlusses im Verhältnis zu der die ganze Christenheit auf Erden umfassenden *»ecclesia universalis«* betont werden, wie das aus dem sonst teilweise gebrauchten Ausdruck »Kirchentum« so nicht deutlich wird. Öfters bezeichnen sich solche kirchliche Zusammenschlüsse im Großbereich innerhalb Deutschlands auch heute noch als *»Landeskirchen«* oder Kirche eines bestimmten Landes. In diesen Bezeichnungen wirkt nach, daß die evangelischen Kirchen früher von den Landesfürsten kraft des landesherrlichen Summepiskopates oder auch von den Staatsregierungen kraft des von ihnen in Anspruch genommenen staatskirchenrechtlichen Aufsichtsrechts in äußeren Angelegenheiten geleitet wurden. Heute führen solche Bezeichnungen eher irre, weil diese Kirchen keineswegs mehr in ihrer Leitung mit den staatlichen Instanzen des Landes verbunden sind und regelmäßig auch nicht mehr den einzigen kirchlichen Zusammenschluß innerhalb der politischen Landesgrenzen darstellen. Ist eine solche Kirche im Großbereich nicht voll selbständig, sondern hat sie sich in Teilfunktionen einem kirchlichen Zusammenschluß weiteren Umfanges eingeordnet und wird sie also insoweit von den Organen dieses Zusammenschlusses geleitet, so sprechen wir von ihr als einer *Gliedkirche* oder *Kirchenprovinz* (vgl. 4.4.).
Alle diese kirchlichen Zusammenschlüsse entsprechen dem, als biblische Weisung neutestamentlich zu begründenden grundsätzlichen Gebot der Zusammenarbeit aller Christen. Dennoch verwirklichen sie regelmäßig auf irgendeiner Stufe eine umfassende Selbstleitung in Eigenverantwortung *(Autokephalie)*. Das beruht meist auf Sozialfaktoren, welche eine weitere Zusammenarbeit hemmen, wie etwa auf die Verbindung erschwerenden geographischen Umständen, politischen Grenzen, Sprachunterschieden oder auch bekenntnismäßigen oder kirchengeschichtlichen Verschiedenheiten. Größere kirchliche Zusam-

menschlüsse erweisen sich nur solange als sinnvoll und sind daher nur soweit anzustreben, als sie den gemeinsamen Auftrag der Christen auch in tatsächlicher Zusammenarbeit fördern. Im Sinne dieses *Effektivitätsprinzips* sollte jede einzelne kirchliche Aufgabe auf derjenigen Ebene der Zusammenarbeit gelöst und verantwortet werden, die ihrer Eigenart am besten entspricht. Es kann weder generell gefordert werden, alle und jede kirchliche Aufgabe müsse einer zentralen Leitung im Großbereich unterstellt werden, noch ist es immer das beste, sie nur in möglichster Ortsnähe anzusiedeln. Die *Kirchenreformbewegung* der letzten Jahrzehnte hat in diesen schwierigen Fragen wichtige Anregungen gegeben. Es leuchtet ein, daß die grundsätzliche Zusammenarbeit mit staatlichen Stellen, z. B. in Finanz- und Schulfragen, am besten einheitlich für alle im Staatsgebiet liegenden bekenntnisgleichen Gemeinden geregelt wird. Aufgaben wirtschaftlichen Ausgleiches und entsprechende Beratung der Gemeinde werden sinnvoll nur im Umkreis vergleichbarer wirtschaftlicher Verhältnisse gelöst. Regelungen über die Ordnung des Gottesdienstes werden vor allem deren grundsätzliche Eigenständigkeit in diesem Bereich (vgl. 2.1.1.) sowie die Freiheit des Pfarrers in seiner Wortverkündigung (vgl. 3.4.1.) zu achten haben. Eine Rahmengesetzgebung über die Zuweisung dieser Aufgaben wird dann den notwendigen Zusammenhang aller gottesdienstlichen Ordnung mit der Gesamtkirche (vgl. 2.1.2.) zur Geltung bringen und zugleich doch für die Gemeinden und ihre Pfarrer genügenden Freiraum bereitstellen. Zurüstung, Betreuung und Kräfteausgleich geistlicher Dienste erfordern ein hinreichend breites Arbeitsfeld. Die zentrale büromäßige Erledigung solcher Aufgaben, also die Kirchenverwaltung, in hauptberuflichem Einsatz bringt die Gefahr mit sich, daß vor den verwaltungsmäßigen Aspekten die auf den Einzelfall eingehende menschenführende und seelsorgerliche Seite der Kirchenleitung zurücktritt. Die aktenmäßig gehäuft die Kirchenbehörde beschäftigenden Problemfälle können dann gewichtiger scheinen als die büromäßig nicht sichtbar werdenden Normalverhältnisse. Vorbeugend und ausgleichend kann hier wirken, wenn die Mitglieder der Kirchenverwaltungen sich nicht der Aufgabe eines regelmäßigen Besuchsdienstes in den Gemeinden entziehen. Seelsorge an Amtsträgern kann dagegen nur in einem noch für den einzelnen Visitator personell gut überschaubaren Bereich sinnvoll geübt werden. Hieraus ergibt sich die Dringlichkeit einer sinnvollen *Aufgabenteilung* zwischen den regionalen Kirchenkreisen, den möglicherweise eine Reihe solcher Kirchenkreise zusammenfassenden größeren Kirchenbezirken, den Glied- und Teilkirchen verschiedener Ordnung sowie den kirchlichen Zusammenschlüssen auf gesamtstaatlicher oder sogar übernationaler Ebene. In solcher sinnvollen Gliederung der Zuständigkeiten wird am ehesten deutlich: kirchenleitende Stellen aller Instanzen sollen nicht Vormundschaft über als unmündig erachtete Gemeinden ausüben, sondern Treuhänderschaft über gemeinsamer Interessen mündiger Gemeinden führen.

4.3.2. Verwaltung und Koordination im kirchlichen Großbereich

Die sehr verschiedenen Aufgaben innerhalb der Leitung einer Teilkirche übersteigen Kräfte und Möglichkeiten eines einzelnen Amtsträgers. Ein wichtiges

Ziel des Kirchenrechts liegt daher in der Sorge dafür, die mit diesen Aufgaben befaßten verschiedenen Amtsträger in gute Zusammenarbeit zu bringen. Dies geschieht regelmäßig durch eine mit qualifizierter Synodalmehrheit beschlossene und nur durch solche zu ändernde *Kirchenverfassung* oder *Grundordnung*, welche Aufgaben und wechselseitige Beziehungen der leitenden kirchlichen Stelle regelt.

Gemäß dem Verfassungsmodell des *Katholizismus* wird der Großbereich der Diözese durch einen monarchischen Bischof geleitet. Bei diesem laufen alle Befugnisse und Aufgaben zusammen; und er delegiert sie fallweise oder grundsätzlich an Beauftragte, wie Weihbischof, Generalvikar, Offizial und andere.

Die Kirchen der Reformation haben diese monarchische Zuspitzung mit Recht nicht übernommen. Statt dessen entwickelte sich im Bereich der Reformation unter dem Einfluß der von den Landesherren übernommenen Kirchengewalt für mehrere Jahrhunderte eine Leitung der Teilkirchen durch landesfürstliche Behörden, die *Konsistorien*. Als Konsistorium bezeichnete man ursprünglich eine Beratung des Papstes oder des Bischofs mit seinen engsten Mitarbeitern. In unserem Zusammenhang meinte man damit eine vom Landesfürsten aus Theologen und Juristen gebildete ständige Behörde, die unter Leitung eines Präsidenten, über die aktenmäßig an sie herangetragenen Angelegenheiten kollegial beriet und entschied. Zu ihren Aufgaben gehörte die geistliche Gerichtsbarkeit in Ehesachen und bei Amtsverfehlungen der Pfarrer. Daraus ergab sich die weitere Zuständigkeit, mit Hilfe der ihnen unterstellten Superintendenten die verwaltungsmäßige Überwachung der Kirchengemeinden und Pfarrer auszuüben. Von LUTHER zunächst nur unter Bedenken in Wittenberg hingenommen, wurden die Konsistorien zu den grundsätzlich allzuständigen Staatsbehörden in Kirchensachen. In größeren Territorien führte bald eine Stufenfolge von mehreren territorial abgegrenzten Konsistorien hinauf zum Oberkonsistorium. Die Leitung dieser Behörden oblag regelmäßig einem Juristen, die Theologen wirkten oft nur im Nebenamte mit. Das Amt des Generalsuperintendenten war teilweise mit der Mitgliedschaft im Konsistorium verbunden. Bis heute haben alle evangelischen Kirchen in Deutschland und Österreich solche kirchliche Verwaltungsbehörden, teilweise auch *Landeskirchenamt, Oberkirchenrat, Landeskirchenrat* oder *Kirchenverwaltung* genannt. Die Mitglieder führen Dienstbezeichnungen wie Konsistorialrat, Landeskirchenrat oder Oberkirchenrat.

Von den Konsistorien her ist in die Leitung unserer Teilkirchen ein Zug von obrigkeitlichem Verwaltungsdenken eingebracht worden. Formulare und Berichte, Erlasse und Amtsblätter prägen den Stil meist ähnlich wie bei höheren Staatsbehörden. Die konsistoriale Arbeitsweise hätte sich aber nicht mit solch zäher Lebenskraft bis in die Gegenwart halten können, wenn in ihr nicht auch in dieser behördenmäßigen Gestalt ein evangeliumsgemäßer Grundzug zum Ausdruck käme, nämlich die Leitung der Kirche durch das Zusammenwirken und gemeinsame Bemühen von Amtsträgern, die als Theologen wie Juristen oder auch in anderen Berufszweigen Fachkundigen bringen hier ihre unterschiedlichen Erfahrungen und Gesichtspunkte in eine gemeinsame Aufgabe ein. Ehren- und nebenamtlich Hinzugezogene lassen in den Beratungen mit den „Berufschristen" das Wort der „Laien" und die Erfahrungen wie Bedürfnisse der kirchlichen Basis zur Geltung kommen. So wird der, sonst für Mitglieder der zentralen Behörden kaum vermeidlichen Blickfeldverengung und Frustration entgegengewirkt, zugleich aber dem vom begrenzten Felde einer Ortsgemeinde her Denkenden die Faszination einer kirchlichen Gesamtkonzeption immer neu entgegengesetzt. Daher ist es auch keine Unfolgerichtigkeit, sondern eine sinnvolle Fortentwicklung, wenn seit dem vorigen Jahrhundert zu diesem Grundmodell konsistorialer Kirchenleitung auch synodale und episkopale Momente hinzugetreten sind.

Wir hörten schon von den Synoden in den »Kirchen unter dem Kreuz« am ursprünglich Clevischen Niederrhein. Dort hatte sich bei Fehlen eines vom Staate eingesetzten Konsistoriums gemäß dem Vorbild der reformierten Niederlande ein System der Selbstleitung durch *Synoden* in verschiedenen Stufen entwickelt. Als die evangelischen Kirchen im Rheinland und Westfalen 1815 in die preußische Staatskirche übernommen und von dem bald gegründeten königlichen Oberkirchenrat geleitet wurden, bedeutete ihr *presbyterial-synodaler Aufbau* das Vorbild für die erst nach und nach verwirklichten Verfassungsbestrebungen der übrigen Provinzial- und Landeskirchen. Gleichzeitig gewann unter dem Namen der Generalsuperintendenten das *episkopale* Moment neue Bedeutung. Auf dieser Grundlage entstand auf deutschem Boden das Modell einer »*kirchlichen Gewaltenteilung*«, in welcher episkopale, konsistoriale und synodale Momente zusammenwirkten. Das episkopale Moment war dabei im geistlichen Auftrag des Bischofs oder Generalsuperintendenten verwirklicht, bei welchem die persönliche geistliche Leitung sowie die Repräsentation der Kirche lag. Die Geschäfte der laufenden Verwaltung wurden durch das Konsistorium, gegebenenfalls mehrstufig, betreut. Das synodale Element bestand im allgemeinen in der durch eine aus gewählten Vertretern der Bezirkssynoden stufenweise nach dem »*Siebsystem*« gebildete Generalsynode. Ihr fiel die kirchliche Gesetzgebung, die Genehmigung neuer Agenden und Gesangbücher, die Mitwirkung an der Wahl der höheren kirchlichen Amtsträger und die Entscheidungen über den kirchlichen Haushalt zu.

Aus diesen Bausteinen sind, allerdings in bei den einzelnen Teilkirchen recht unterschiedlichen Akzentsetzungen und Bezeichnungen, auch die heutigen Kirchenverfassungen aufgebaut. Deutlicher als früher wird jedoch heute meistens gesehen, daß durch das Nebeneinanderstehen derart verschiedener und auf unterschiedliche Aufgaben ausgerichteter kirchlicher Ämter die Aufgabe einer besonderen Sorge um die Einheit sich ergibt. Der von ihnen allen für die Gesamtkirche erwartete Dienst besteht in Zusammenhang und Zusammenhalt. In dem katholischen Modell der monarchisch geleiteten Diözese fällt diese Aufgabe dem Bischof zu. Auch im evangelischen Raum macht man teilweise den leitenden geistlichen Amtsträger dadurch zum Garanten der kirchlichen Zusammenarbeit, daß man ihn zum Mitglied oder sogar Vorsitzenden der verschiedenen kirchlichen Leitungsorgane beruft. So sind etwa die Evangelischen Kirchen im Rheinland und von Westfalen nach dem »*Einheitsprinzip*« aufgebaut, indem der Präses der Kirche als leitender geistlicher Amtsträger zugleich auch Vorsitzender des Landeskirchenamtes und der Landessynode ist. Das bringt die Gefahr seiner ständigen Überforderung und gefährdet durch die ihm abverlangten

Verwaltungsentscheidungen auch die Unbefangenheit bei den ihm zugewiesenen seelsorgerlichen Aufgaben. Schon vom Arbeitsanfall aus gesehen, kann allenfalls in einer kleineren Teilkirche diese zusammenführende Aufgabe noch von dem Träger des Bischofsamtes mit geleistet werden. In anderen evangelischen Kirchen sind besondere kollegiale Organe der Zusammenführung und der Zusammenfassung geschaffen worden. Als solche trifft meist in regelmäßigen Zeitabständen unter Bezeichnungen wie *Kirchenleitung* oder *Kirchensenat* ein eigener Kreis gewählter, berufener oder kraft Amtes bestimmter hervorgehobener Vertreter der kirchlichen Verwaltungsbehörde und der Synode in kollegialem Zusammenwirken mit dem Träger des Bischofsamtes zusammen. Er berät über grundsätzliche Aufgaben des kirchlichen Dienstes und trifft insbesondere auch wichtige Personalentscheidungen.

4.3.3. Die kirchliche Streitschlichtung (»Kirchengerichte«)

Auch in der Kirche muß man damit rechnen, daß sich die Christen über die Richtigkeit getroffener Entscheidungen der kirchlichen Amtsträger und Organe nicht gleich einig werden. Es wäre gefährlich, solche *Uneinigkeiten* immer nur auf dem Wege einseitigen Nachgebens lösen zu wollen. Gewiß ist der Rechtsverzicht des Christen eine biblisch gewiesene Haltung für den, der selbst von einem Unrecht betroffen wird. Aber zur guten Erfüllung des Auftrages der Kirche gehört es auch, daß gegen zum Schaden anvertrauter Mitchristen eingerissene, falsche oder schwächliche Verwaltung der kirchlichen Aufträge Abhilfe gesucht werden kann und daß für die Wiedergewinnung belasteten Vertrauens zueinander geordnete Handlungsanweisungen bereitstehen. Diese Erwägungen, nicht einfach das Vorbild staatlicher Gerichtsbarkeit rechtfertigen eigenständige kirchliche *Streitschlichtung*.
Urspünglich hatten die Konsistorien auch richterliche Aufgaben. Im Laufe des 20. Jahrhunderts kam es aber teils unter dem Einfluß staatspolitischer Gewaltenteilungsprinzipien, teils in der Erkennung der Unvereinbarkeit verwaltungsmäßiger und gerichtsförmlicher Aufgaben zur Bildung eigener *kirchlicher Gerichte*. Solche bestehen heute unter verschiedener Bezeichnung, wie Kirchengericht, kirchliches Verfassungsgericht, Verwaltungskammer mit unterschiedlicher Zusammensetzung und Verfahrensregelung. Sie sind nach kirchenverfassungsmäßiger oder kirchengesetzlicher Regelung berufen zur Streitschlichtung bei grundsätzlichen Konflikten zwischen obersten kirchlichen Verfassungsorganen, weiter aber zur Behandlung von Konflikten kirchlicher Amtsträger mit Gemeinde oder Kirchenbehörde. Solange und soweit diese Gremien ihren Auftrag als eine geschwisterliche Hilfe in Konfliktsituationen verstehen, treffen die Warnungen der Bergpredigt vor dem »Richten« auf sie nicht zu. Vielmehr vollziehen sie dann einen Dienst des Ausgleichens zwischen Bruder und Bruder im Sinne vom 1. Korinther 6,5. Das wird umso deutlicher werden, je näher der Streitgegenstand dem Kernbereich kirchlicher Arbeit liegt.
Gewichtigen geistlichen Bedenken muß allerdings begegnen, wenn an solchen kirchlichen Gerichten Vorwürfe gegen kirchliche Amtsträger wegen ihrer

Amtsführung in *Disziplinarverfahren* nach inzwischen vom Staate teilweise preisgegebenen Modellen strafrechtsähnlich gemäß den Kategorien von Schuld und Sühne behandelt werden (vgl. 3.4.4.). Sinnvoller geordnet erscheint dagegen das »*Lehrverfahren*«, in welchem nachhaltige Beanstandungen gegen die Lehrweise von Pfarrern durch ein aus Vertretern von Pfarrerstand, Presbytern und theologischer Wissenschaft gebildetes Gremium auf ihre Vereinbarkeit mit dem Grundanliegen der christlichen Botschaft geprüft werden. Sachgerecht wäre es, wenn auch das *Versetzungsverfahren* sich vor einem aus Pfarrern, Presbytern und Juristen gebildeten Gremium abwickeln würde, das nach eigener Beweiserhebung unabhängig über Anträge von Gemeinden oder Kirchenleitung auf Versetzung eines Pfarrers im Interesse des Dienstes entscheiden könnte (vgl. 3.4.4.). Schon jetzt sind in *Verfassungs- und Verwaltungsstreitigkeiten* Kirchengerichte damit befaßt, ähnlich staatlichen Verfassungs- und Verwaltungsgerichten über die Rechtmäßigkeit von Kirchengesetzen und kirchenbehördlichen Verwaltungsakten auf Klage des Betroffenen zu befinden. Dabei steht allerdings nur die Einhaltung der kirchlichen Gesetze und die Wahrung der Grenzen eines durch sie eingeräumten Ermessens zur Entscheidung; die tatsächliche Richtigkeit der von der Kirchenbehörde getroffenen Feststellungen wird, ebenso wie bei den staatlichen Verwaltungsgerichten, nicht nochmals überprüft.
Die kirchlichen Streitschlichtungsstellen der Teilkirchen treten meist nur von Fall zu Fall und also selten zusammen, ihre Mitglieder sind nur neben- und ehrenamtlich tätig. Dadurch fehlt es ihnen oft an der Breite der Erfahrung, welche staatliche Gerichte erst zu weiterwirkender Rechtsauslegung befähigt. Umso förderlicher erschiene es, wenn mehr als bisher die Spruchtätigkeit der kirchlichen Streitschlichtungsstellen durch die Anregungen einer gemeinsamen Berufungsinstanz und durch eine fachwissenschaftliche Würdigung ihrer, heute noch zu oft unveröffentlichten Entscheidungen bereichert würde. Wichtig bleibt für alle kirchlichen Rechtsverfahren, daß dem Betroffenen in *rechtlichem Gehör* die faire Darlegung seiner Sache, die Beweisführung für sein Vorbringen und die Unterstützung durch einen *Beistand* ermöglicht werden muß. Bei den in ein solches Gremium berufenen Mitgliedern muß ihre *Unbefangenheit* gesichert sein; diese würde besonders durch Beteiligung an den einschlägigen Geschäften der allgemeinen Kirchenverwaltung gefährdet sein. Neben der Sachkunde bedarf es bei ihnen einer mehr auf das Helfen- als auf das Richten-Wollen ausgehenden, letztlich seelsorgerlichen Haltung. Ihre Entscheidungen werden umso mehr dem kirchlichen Frieden dienen, als sie sich in Verhandlungsstil und Sprache als Träger einer kirchlichen Aufgabe ausweisen und sich nicht zu selbstverständlich dem Beispiel staatlicher Gerichte anpassen.

4.3.4. Die kirchlichen Werke und Gruppen

Der rechtlich selbständige Großbereich ist schließlich auch der Ort, wo die freien »kirchlichen *Werke*« und Gruppen in rechtliche Verbindung mit der verfaßten Kirche treten. Der Ausdruck »Werke« macht deutlich, daß es hierbei um institutionell verfaßte kirchliche Aufgabenbereiche geht, die sich in die allge-

meine Struktur der Gemeinden- und Kirchenkreise um ihrer übergreifenden Zielsetzung willen nicht gut einfügen lassen. Seit dem Aufbruch der diakonischen Bewegung im vergangenen Jahrhundert hat sich in der »*Vereinsdiakonie*«, ebenso in dem Aufbruch der Missionsbewegung bei den *Missionsgesellschaften* gezeigt, daß solche Aufgaben der Kirche besser in der freieren Form einer, unabhängig vom territorialen Kirchenaufbau sich zusammenfindenden Dienststruktur wahrgenommen werden können. Folgerichtig wurde auch später mancher besondere kirchliche Arbeitszweig, der für den ganzen Bereich einer Kirche zu wirken hatte, als kirchlich selbständige Einrichtung aufgebaut. Je nach der eigenen Lebenskraft und der wirtschaftlichen Selbständigkeit solcher »Werke« ergab sich die Notwendigkeit oder Rätlichkeit, sie gleichwohl mit der jeweiligen Teilkirche näher zu verbinden. Dabei liegt es in der Natur der Sache, daß die verfaßte Kirche nicht nur als Geldgeberin und Ausfallbürgin in Erscheinung treten, sondern auch auf die Tätigkeit der Werke mitberatend und mitbeschließend Einfluß nehmen möchte.
Die recht unterschiedlichen gegenwärtigen Regelungen sind bestimmt von zwei leitenden Gedanken: einmal sollen die jeweiligen Werke so frei wie nach ihrer Aufgabe möglich von rechtlich bindender Eingliederung in die verfaßte Kirche sein, um die Beweglichkeit und Offenheit für ihre Arbeit möglichst zu wahren. Andererseits aber sollen sie mit eben dieser verfaßten Kirche so weit verflochten sein, wie es nötig ist, um ihr Besonderes in sie einzubringen und von ihr die erforderlichen Hilfen zu erhalten. Daher verleiht die verfaßte Kirche den Werken selbständige oder unselbständige Rechtspersönlichkeit kirchlichen Rechts, beruft Vertreter ihrer Arbeitszweige in ihre Synoden oder läßt sie nach Abordnung dort zu. Sie gewährt Hilfen durch Zubilligung von Kollekten oder Haushaltsmitteln und stellt kirchliche Amtsträger zum Dienst bei ihnen ab. Das »Diakonische Werk« der Evangelischen Kirche in Deutschland nimmt in deren Auftrag und unter Mitverantwortung von deren Organen seine Aufgaben als eine Gestalt des kirchlichen Zeugnisses wahr. Die Rechtsform als eingetragener Verein sichert ihm die hierfür erforderliche Eigenständigkeit und Beweglichkeit; die durch Kirchengesetz geregelten Mitwirkungsrechte der Organe der Evangelischen Kirche in Deutschland stellen die Mitzugehörigkeit des Diakonischen Werkes zur Kirche und seine Teilhabe an deren verfassungsmäßiger Stellung im Staate sicher. Ähnliche Wechselbeziehungen im diakonischen Bereich bestehen auch auf der Ebene der Landeskirchen. Dadurch findet die besondere Bedeutung der Diakonie als wirksamer Form des Zeugnisses und des Dienstes der Kirche auch in deren Rechtsordnung einen sachgemäßen Ausdruck. Das »Missionswerk«, das Gemeinschaftswerk Ev. Publizistik oder die schon genannten Kirchlichen Hochschulen (vgl. 4.2.3.) sind weitere Beispiele für selbständige, Männer-, Frauen-, Jugendwerk und Evangelische Akademien oder Kollegs Beispiele für unselbständige kirchliche Werke. Sie sind zu unterscheiden von den nach staatlichem Recht gebildeten *Vereinen mit kirchlicher Zielsetzung,* wie etwa den »Trägervereinen« für ein auf kirchlichen Antrieb hin gegründetes evangelisches Krankenhaus. Bei solchen Vereinen wird die Beteiligung der verfaßten Kirche oft satzungsgemäß dadurch sichergestellt, daß kirchliche Stellen Vorstandsmitglieder zu entsenden und Satzungsänderungen zu ge-

nehmigen haben. Die Gründung solcher Vereine bedarf nach kirchlichem Recht meist der Beratung und Genehmigung der kirchlichen Verwaltungsbehörde.
Neben den institutionell auf ein bestimmtes Sachziel gerichteten kirchlichen Werken hat es auch von jeher *kirchliche Gruppen* gegeben, denen es um die gemeinsame Pflege besonderer christlicher Lebensformen ging. Die großen altkirchlichen *Orden* bieten Beispiele solcher Gruppen, die um des nach eigener Regel geordneten geistlichen Lebens willen innerhalb der Kirche eine, von der allgemeinen Pfarr- und oft auch Diözesanstruktur befreite (exemte) kirchenrechtliche Lebensform fanden. Die Reformation hat sie nicht etwa dieser Rechtsformen und des in ihnen ausgedrückten Willens zu gemeinsamen besonderen Formen des christlichen Lebens wegen abgelehnt. Vielmehr richtete sich ihr Protest gegen die Verbindung solcher Ordnungen mit schriftwidrigen Zölibatsgelübden und gegen den von ihnen damals erhobenen Anspruch einer durch den Ordensstand gewährleisteten besonderen Werkgerechtigkeit.
Im Zusammenhang mit dem Aufkommen der evangelischen Vereinsdiakonie hat im vorigen Jahrhundert der Gedanke diakonischer *Schwestern- und Bruderschaften* im Dienste evangelischer Krankenhaus- und anderer Sozialarbeit neuen Auftrieb erhalten. Die liturgische Erneuerungsbewegung dieses Jahrhunderts hat uns kirchliche Bruder- und Schwesternschaften gebracht, deren Glieder teilweise auch in gemeinsamem ordensförmigem Leben, durch Erprobung und Pflege liturgischer Lebensformen einander und der ganzen Kirche dienen wollen. Die evangelische Michaelsbruderschaft ist unter ihnen wohl die bekannteste. Das innere Rechtsleben solcher Schwestern- und Bruderschaften ordnet sich meist nach einer »Regel«, auf die sich die Neueintretenden nach einer Probezeit verpflichten. Die Leitung geschieht durch Älteste oder Vorsteher, die von dem regelmäßig zusammentretenden Konvent der Mitglieder gewählt werden. Der evangelische Charakter dieser Ordnungen zeigt sich daran, daß im Gegensatz zu römisch-katholischen Ordensgelübden die Verpflichtung der Mitglieder nicht etwa auf unbedingten Gehorsam gegen die Oberen geht; die ein gemeinsames Leben pflegenden Gruppen entlassen ihre Mitglieder auch in die Ehe, wenn sie sich als zur Ehelosigkeit nicht berufen erkennen.
Wenn im Verhältnis zur rechtlich geordneten Kirche eine nähere Verbindung zustande kommt, so hat sie meist die Bereitschaft solcher Bruder- oder Schwesternschaften zum Inhalt, sich gesamtkirchlich visitieren zu lassen. Auch kann durch die Errichtung von Personal- oder Anstaltsgemeinden (vgl. 3.1.2.) das besondere gottesdienstliche Leben dieser Gruppe eine auch von der verfaßten Kirche anerkannte Eigenbestimmung erhalten.

4.3.5. Kirche und Schule (Exkurs)

Am Anfang ihrer modernen Geschichte war die Schule ein »Werk« der Kirche; die Lehrer standen im kirchlichen Dienst, der Pfarrer führte über sie die Aufsicht. Mit der Aufklärung nahm der Staat die Bildung seiner Bürger in eigene Hände und machte die Schule zur öffentlichen Aufgabe. Dennoch war es noch ein langer Weg, bis die Ausbildung der Lehrer und danach die Ausrichtung der Schulen ihren konfessionellen Charakter verlor. Es blieb im Bereich der Bundesrepublik Deutschland und in Österreich allerdings der *Religionsunterricht* als ordentliches Lehrfach, außer in bekenntnisfreien Schulen, verfassungsmäßig gesichert. In der Bundesrepublik Deutschland, ausgenommen Berlin, ist dieser Religionsunterricht ein wie alle anderen Fächer vom allgemeinen Schulrecht getragener Unterrichtsgegenstand. Allerdings muß er in Übereinstimmung mit den Grundsätzen der Religionsgemeinschaft erteilt werden, auf die er sich bezieht; nur im Lande Bremen wird statt eines konfessionellen ein bekenntnismäßig nicht gebundener Unterricht »auf allgemein christlicher Grundlage« erteilt. In Österreich und in Berlin tragen die Kirchen und Religionsgesellschaften für den Religionsunterricht in den Schulen selbst Sorge, werden aber vom Staate finanziell entschädigt. Dies entspricht der Bedeutung, welche die Kirchen als die Treuhänderinnen des Religionsausübungsrechts ihrer Glieder in Anspruch nehmen. Die Rechtsstellung der Kirchen im einzelnen, besonders ihre Beteiligung an der Aufstellung der Lehrpläne und der Zulassung der Lehrmittel sowie ihre Möglichkeiten zur Mitwirkung bei der Lehrerbildung, wird in den einschlägigen Gesetzen unterschiedlich geregelt, in der Bundesrepublik Deutschland als Ländersache. Das Nähere gehört ins Staatskirchenrecht und kann in diesem Lernbuch nicht mitbehandelt werden.

Im innerkirchlichen Recht legt die Kirchenverfassung meistens der Gemeinde die Aufgabe auf, mit den Religionslehrern in ihrem Bereich Fühlung zu halten. Oft besteht die Möglichkeit, diese unter erleichterten Bedingungen in das Presbyterium der Gemeinde als beratendes oder vollberechtigtes Mitglied zuzuwählen, damit so Kirche und Schule mehr voneinander erfahren und besser aufeinander Rücksicht nehmen können.

Für den Pfarrer kommt hinzu, daß die jeweiligen Schulgesetze oftmals Vertreter der Kirchen in die bezirklichen Schulausschüsse, Beiräte oder ähnliche Gremien beratend einbeziehen. Weiter steht dem Pfarrer gemäß den Staatsgesetzen meist auf Grund seiner kirchlichen Prüfungen die Befugnis zu, an öffentlichen Schulen im Rahmen des öffentlichen Schulrechts, Religionsunterricht zu erteilen. Da bisher die Zahl der im öffentlichen Dienst beschäftigten Religionslehrer den Bedarf an vorgeschriebenen Religionsstunden in den Schulen meist nicht hat decken können, haben die Pfarrer oftmals ein nicht geringes Lehrdeputat an Religionsstunden in den öffentlichen Schulen übernommen. Vom Standpunkt des Schulträgers bedeutet das dann eine Teilzeitbeschäftigung mit Vergütungsanspruch und teilweise auch Versicherungspflicht. Aus der Sicht der Kirche übt der Pfarrer in einem solchen Falle eine Nebentätigkeit neben seinem kirchlichen Hauptberuf aus. Dementsprechend muß der Pfarrer der Kirchenbehörde Anzeige machen und gegebenenfalls ihre Genehmigung einholen, wenn er solchen Religionsunterricht übernimmt, der nicht ohnehin zu seinen in der kirchlichen Dienstanweisung niedergelegten Pflichten gehört. Wieweit der Pfarrer den Nebenverdienst aus dem Religionsunterricht für sich behalten darf, bestimmt das jeweilige gliedkirchliche Recht. Meist ist durch Anrechnungsklauseln dafür Sorge getragen, daß der Pfarrer zwar für den von ihm erwarteten Einsatz entschädigt wird, für einen nur unter Vernachlässigung seiner Pflichten gegenüber der

eigenen Gemeinde möglichen Übereinsatz aber kein materieller Anreiz besteht.
Das besondere Interesse der Kirche, an den öffentlichen Schulen die Erteilung eines ihren Grundsätzen entsprechenden Religionsunterrichtes zu sichern, hat auch zu dem schon besprochenen Dienst von *Schulpfarrern* (vgl. 3.4.1.) geführt. Diese stehen im Pfarrerdienstverhältnis zur Kirche und üben den Religionsunterricht als einen kirchlichen, im Raume der Schule durchgeführten Auftrag aus, manchmal in Verbindung mit einem beschränkten Dienstauftrag in einer Kirchengemeinde. Dies ermöglicht einen Wechsel zwischen Schulpfarramt und Gemeindepfarramt, wo er erwünscht erscheint. Von diesen Schulpfarrern zu unterscheiden sind solche vollausgebildeten Theologen, die nach dem Studium und vielleicht der Vikarszeit statt in den kirchlichen in den staatlichen Schuldienst getreten sind; sie sind öffentliche Beamte und üben, wenn sie kraft einer zuvor empfangenen Ordination weiterhin in einem kirchlichen Hilfsamt tätig werden (vgl. 3.4.2.), in Bezug auf ihr öffentliches Beamtenverhältnis eine Nebentätigkeit aus.
Für solche Lehrer, die als öffentliche Beamte den Religionsunterricht neben einem anderen Lehrfach übernehmen, ist der öffentliche Schulträger und nicht etwa die Kirche die rechtlich maßgebliche Instanz ihres Dienstverhältnisses. Jedoch bieten die evangelischen Kirchen in der Bundesrepublik ihnen den kirchlichen Einführungsakt einer »*Vokation*« an, welche ähnlich wie die Ordination der Pfarrer den auf die ganze Kirche bezogenen Charakter des Religionsunterrichtes verdeutlichen und geistlich begleiten möchte (vgl. 3.3.4.). In Österreich ist eine kirchliche Bevollmächtigung aller Religionslehrer für ihre Unterrichtstätigkeit Voraussetzung.
Besonders in der Diaspora ist es in den Jahren der überfüllten Schulklassen oftmals auch unter Ausnützung aller dieser Möglichkeiten nicht gelungen, die Durchführung des Religionsunterrichtes in den Schulen zu sichern. Die evangelischen Kirchen haben daher einen eigenen kirchlichen Beruf des »*Katecheten*« oder der »Katechetin« geschaffen; das sind seminaristisch oder auf Fachhochschulen in kirchlicher Trägerschaft ausgebildete Pädagogen, die im kirchlichen Auftrage Religionsunterricht an öffentlichen Schulen und andere pädagogische Aufgaben im Bereich der Kirchengemeinde übernehmen. Ihrer kirchlichen Stellung nach sind sie Mitarbeiter im Angestellten- oder Beamtenverhältnis (vgl. 3.5.2.). Teilweise steht ihnen im zweiten Bildungsweg der Aufstieg in den Pfarrerberuf nach Bewährung offen.
Es leuchtet ein, daß sich aus allen diesen Regelungen mannigfache Aufgaben der Beratung, der geistlichen Begleitung, Verwaltung und Finanzierung ergeben. Da sie meist in Zusammenarbeit mit staatlichen Dienststellen auftreten, nimmt sie im allgemeinen die kirchliche Verwaltungsbehörde, also das Konsistorium oder Landeskirchenamt wahr. Dann besteht dort teilweise eine besondere Schulabteilung. Für die Förderung und Begleitung der Religionslehrer in der Region sind meist die Superintendenten, teilweise auch für die Aufgabe besonders berufene *Schuldekane* zuständig.
Alles Bemühen der Kirche um die Schule muß schließlich im Auge behalten, daß in den geltenden Verfassungen der Religionsunterricht zwar institutionell

garantiert, aber in seinem Besuch der freien Entscheidung der Eltern und ihrer religionsmündigen Kinder freigestellt bleibt. Dringender als die Ausübung von Rechten ist und bleibt daher die Werbung um das Vertrauen und die Überzeugungskraft des Gebotenen. Dazu gehört, daß der Religionsunterricht nicht das einzige sichtbare Bemühen der Kirche um die jungen Menschen bleibt, sondern daß von Kindergartenarbeit und Kindergottesdienst über kirchliche Jugendgruppenarbeit bis hin zur „Offenen Tür" der Kirchengemeinde für die, einen Freiraum ihrer Freizeit suchenden jungen Menschen der Auftrag der Gemeinde an der Jugend bejaht und durchgehalten wird.

Mit alledem will die Kirche einen freien Dienst an einer freien Schule ausrichten und ebenso an ihre Botschaft erinnern wie an der Erfüllung des gesellschaftlichen Auftrags der Schule mithelfen.

4.4. Die kirchlichen Zusammenschlüsse

Wo Teilkirchen sich noch nicht zu voller Einheit in der Lage sehen, findet der Wille zu, wenigstens in Teilbereichen rechtlich gefestigter Zusammenarbeit den Weg zu kirchlichen Zusammenschlüssen mit bestimmten Teilzuständigkeiten eigenen Rechts bei bleibender rechtlicher Selbständigkeit der Gliedkirchen.

Beispielhafte Quellenstellen:

Aus der Ordnung der Evangelischen Kirche der Union vom 20. Februar 1951 in der Fassung vom 12. Dezember 1953 (ABl EKiD 1954, 174; KABl Rheinland 23):

Artikel 1
(1) Die Evangelische Kirche der Union ist die Gemeinschaft der in ihr zusammengeschlossenen Gliedkirchen im Dienst am Evangelium.
(2) Sie pflegt die Gemeinschaft kirchlichen Lebens der in ihr verbundenen lutherischen, reformierten und unierten Gemeinden.
(3) Sie hat Gemeinschaft in der Verkündung des Wortes Gottes. In allen Gliedkirchen werden die Angehörigen aller in der Evangelischen Kirche in Deutschland geltenden Bekenntnisse unbeschadet der allgemeinen Kirchenzucht ohne Einschränkung zum Heiligen Abendmahl zugelassen.
(4) Sie ruft ihre Glieder, auf das Glaubenszeugnis der Brüder zu hören, in gemeinsamer Beugung unter Wahrheit und Verheißung des Wortes Gottes die Last bestehender Lehrunterschiede zu tragen und im gemeinsamen Bekennen des Evangeliums zu beharren und zu wachsen.

Artikel 6
(1) Die Evangelische Kirche der Union hat die Aufgabe, die Einheitlichkeit der Ordnungen und Dienste der Gliedkirchen zu fördern.
...
Artikel 7
(1) Zur Förderung der Einheitlichkeit können der Rat oder die Synode der Evangelischen Kirche der Union den Gliedkirchen Anregungen und Richtlinien geben.
(2) Der Rat oder die Synode können ferner den Gliedkirchen Gesetzentwürfe zuleiten zur Entschließung darüber, ob sie mit der Regelung des Gegenstandes durch ein Gesetz der Evangelischen Kirche der Union einverstanden sind. Mit Wirkung für die zustimmenden Gliedkirchen kann die Synode den Gegenstand kirchengesetzlich regeln.
...

Aus der Verfassung der Vereinigten Evangelisch-Lutherischen Kirche Deutschlands vom 8. Juli 1948/1. November 1978 (ABl VELKD Bd. V, 123; ABl EKiD 1979, 81):

Artikel 1
(1) Die Grundlage der Vereinigten Evangelisch-Lutherischen Kirche ist das Evangelium von Jesus Christus, wie es in der Heiligen Schrift Alten und Neuen

Testaments gegeben und in den Bekenntnisschriften der Evangelisch-Lutherischen Kirche, vornehmlich in der ungeänderten Augsburgischen Konfession von 1530 und im kleinen Katechismus Martin Luthers bezeugt ist.
(2) Die Vereinigte Kirche ist ein Zusammenschluß von evangelisch-lutherischen Kirchen (Gliedkirchen), die sich in ihrer Verkündigung und Sakramentsverwaltung wie auch in ihrer Ordnung, Leitung und Verwaltung sowie im gesamten Handeln der Kirche an das Bekenntnis gebunden wissen.
...

Artikel 4
(1) Soweit in dieser Verfassung nichts anderes bestimmt wird, behalten die Gliedkirchen ihre Selbständigkeit in Kultus und Verfassung, Gesetzgebung und Verwaltung.
(2) Durch den Zusammenschluß bekunden sie den Willen, zu einer größeren Einheitlichkeit ihrer Ordnungen zu kommen.

Artikel 6
(1) Das Recht der Vereinigten Kirche, das diese mit Wirkung für ihre Gliedkirchen setzt, geht dem Recht der Gliedkirchen vor.
(2) Die Kirchenleitung kann im Einvernehmen mit der Bischofskonferenz Grundsätze aufstellen, die von den Gliedkirchen in Gesetzgebung und Verwaltung beachtet werden sollen (Richtlinien).
(3) Beabsichtigt eine Gliedkirche eine kirchengesetzliche Regelung für ein Sachgebiet, so teilt sie dies der Vereinigten Kirche mit ...
(4) Vor der Bestellung eines Bischofs und seines Stellvertreters sowie des leitenden juristischen Beamten der kirchlichen Verwaltung hat eine Fühlungnahme mit der Vereinigten Kirche stattzufinden.
...

Artikel 8
Die Organe der Vereinigten Kirche sind: 1. Die Bischofskonferenz und der Leitende Bischof, 2. die Generalsynode, 3. die Kirchenleitung.
Aus der Grundsatzerklärung der Arnoldshainer Konferenz vom 6. April/20. Juni 1967 (Alfred Burgsmüller, Rainer Bürgel, Die Arnoldshainer Konferenz, ihr Selbstverständnis, Bielefeld 1974, 13):
1. Die zu gegenseitiger Unterrichtung, gemeinsamer Beratung und vereinter Bemühung um die Förderung der Einheit der EKD gebildete Arnoldshainer Konferenz umfaßt Mitglieder der Kirchenleitungen verschiedener Gliedkirchen der EKD. Sie sind der Überzeugung, daß die Bekenntnisse der Reformation, unbeschadet ihrer Verbindlichkeit nach dem Verständnis der einzelnen Gliedkirchen, auf Grund der theologischen und gesamtkirchlichen Entwicklung ihre kirchentrennende Bedeutung verloren haben....

Aus der Geschäftsordnung für die Arnoldshainer Konferenz vom 22. Oktober 1981 (ABl EKiD 1982, 4):

I. 1. Die Zusammenarbeit in der Arnoldshainer Konferenz dient dem Ziel, die Übereinstimmung in den wesentlichen Bereichen des kirchlichen Lebens und Handelns zu fördern und damit die Einheit der EKD zu stärken.

2. Zu den wesentlichen Bereichen gehören insbesondere theologische Fragen der Kirchengemeinschaft, Gottesdienst, Agenden, Ordination, Gemeinde und Amt, Strukturfragen und Verfassungsrecht, Mitgliedschaftsrecht, Dienst- und Arbeitsrecht, Aus- und Fortbildung, Ökumene.

. . .

III. 2. Die Kirchenleitungen werden ihre einschlägigen Entwürfe erst dann verabschieden oder ihren Synoden zur Beschlußfassung vorlegen, wenn zuvor die anderen Kirchenleitungen innerhalb einer angemessenen Frist Gelegenheit zur Stellungnahme gehabt haben, es sei denn, daß die Angelegenheit keinen Aufschub duldet.

. . .

IV.1. Die Arnoldshainer Konferenz faßt ihre Entschließungen in den Sitzungen der Vollkonferenz. Ihrer Unterstützung dienen der Ständige Theologische Ausschuß und der Ständige Rechtsausschuß. Weitere Ausschüsse können nach Bedarf gebildet werden.

Aus der Grundordnung der Evangelischen Kirche in Deutschland vom 13. Juli 1948/14. Juni 1984 (ABl EKiD 112):

Artikel 1
(1) Die Evangelische Kirche in Deutschland ist ein Bund lutherischer, reformierter und unierter Kirchen. Sie achtet die Bekenntnisgrundlage der Gliedkirchen und Gemeinden und setzt voraus, daß sie ihr Bekenntnis in Lehre, Leben und Ordnung der Kirche wirksam werden lassen.
(2) Die bestehende Gemeinschaft der deutschen evangelischen Christenheit wird in der Evangelischen Kirche in Deutschland für ihren Bereich sichtbar. Die Evangelische Kirche in Deutschland bekennt sich zu der besonderen Gemeinschaft der ganzen evangelischen Christenheit in Deutschland. In der Mitverantwortung für diese Gemeinschaft nimmt sie die Aufgaben, die sich daraus ergeben, in freier Partnerschaft mit dem Bund der Evangelischen Kirchen in der Deutschen Demokratischen Republik wahr.

. . .

(4) Zwischen den Gliedkirchen besteht Kirchengemeinschaft im Sinne der Konkordie reformatorischer Kirchen in Europa (Leuenberger Konkordie). Die Evangelische Kirche in Deutschland weiß sich mit ihren Gliedkirchen verpflichtet, die in ihr bestehende Gemeinschaft auch im Sinne dieser Konkordie zu stärken und die Gemeinsamkeit im Verständnis des Evangeliums zu vertiefen.
(5) Durch seine Mitgliedschaft in einer Kirchengemeinde und in einer Gliedkirche gehört das Kirchenmitglied zugleich der Evangelischen Kirche in Deutschland an.

Artikel 4
(1) In der Evangelischen Kirche in Deutschland gilt für den Dienst der Verkündigung und der Sakramentsverwaltung:

1. Die in einer Gliedkirche ordnungsgemäß vollzogene Taufe wird in allen Gliedkirchen anerkannt.
2. Es besteht Kanzel- und Abendmahlsgemeinschaft.
3. Die in einer Gliedkirche ordnungsgemäß vollzogene Ordination wird in allen Gliedkirchen anerkannt; Ordinierte sind in allen Gliedkirchen zum Dienst der Verkündigung, zur Vornahme von Taufen und Amtshandlungen zugelassen.
4. Ordnungsgemäß vollzogene Amtshandlungen werden in allen Gliedkirchen anerkannt.
(2) Die gliedkirchlichen Ordnungen und Vereinbarungen zwischen den Gliedkirchen bleiben unberührt.

Artikel 10
Die Evangelische Kirche in Deutschland kann gesetzliche Bestimmungen mit Wirkung für die Gliedkirchen erlassen
a) für Sachgebiete, die im Bereich der Evangelischen Kirche in Deutschland bereits einheitlich geregelt waren,
b) für andere Sachgebiete, wenn die beteiligten Gliedkirchen damit einverstanden sind.

Artikel 11
Die Gliedkirchen nehmen über die Bestellung des Vorsitzenden ihrer Kirchenleitung mit dem Rat der Evangelischen Kirche in Deutschland Fühlung.

Aus der Verfassung der Evangelischen Kirche A.u.H.B. in Österreich (Wiederverlautbarung vom 14. Jänner 1983, ABl 1983, 1:

(Vorspruch:)
...
Die Evangelische Kirche A.u.H.B. (Augsburgischen und Helvetischen Bekenntnisses) in Österreich schließt die Evangelische Kirche A.B. und und die Evangelische Kirche H.B. auf dem Boden Österreichs zusammen zu brüderlichem Dienst aneinander, zu gemeinsamem Handeln der Liebe und zu gemeinsamer Verwaltung. Beide Kirchen, durch Gott zusammengeführt in ihrer Geschichte, sind einig in der Bindung an den Weg der Väter der Reformation ... Beide Kirchen wissen sich in Bekenntnis, Lehre und innerer Ordnung an ihre Bekenntnisschriften gebunden, wissen sich aber auch verpflichtet, ihr Bekenntnis immer neu an der Heiligen Schrift zu prüfen.
...

4.4.1. Das Grundproblem kirchlicher Zusammenschlüsse

Einen kirchlichen Zusammenschluß nennen wir die *Rechtsform* einer übergreifenden kirchlichen Zusammenarbeit, durch den rechtlich selbständige Teilkirchen zur rechtlich verbindlichen Zusammenarbeit in bestimmten Teilbereichen zusammengetreten sind. Damit sind zwei Abgrenzungen vollzogen. Ein kirchlicher Zusammenschluß liegt nach diesem Sprachgebrauch noch nicht vor, wo Teilkirchen zwar zusammenarbeiten, aber rechtlich voll selbständig bleiben

wollen. Das kann durch ökumenisches Vertragsrecht geschehen und soll später erörtert werden (vgl. 4.5.2.). Umgekehrt liegt ein bloßer kirchlicher Zusammenschluß dann schon nicht mehr vor, wenn bisher selbständige Teilkirchen sich völlig verschmelzen und die nunmehrigen Unterbezirke des neuen Ganzen diesem gegenüber keine rechtliche Selbständigkeit mehr zurückbehalten.
Damit ist schon ersichtlich, welches *der rechtstheologische Ort* solcher kirchlichen Zusammenschlüsse ist. Sie tragen dem Bedürfnis Rechnung, bestimmte Angelegenheiten einheitlich und vornherein verbindlich zu beschließen und also nicht jedesmal vertraglich aushandeln zu müssen. Andererseits lassen sie erkennen, daß eine volle kirchliche Einigung noch nicht hat ins Werk gesetzt werden können, weil dazu die gewachsene Einheit des Glaubens, Lebens und Vertrauens noch nicht weit genug gediehen ist. Kirchliche Zusammenschlüsse sind Zwischenstationen auf dem Wege zur Einheit, gewissermaßen Momentaufnahmen von dem Prozeß eines Wiederzusammenwachsens der getrennten Christenheit. Damit erweisen sich äußerlich ähnliche *staatsrechtliche Formen* und Rechtsfiguren als nur begrenzt auf den kirchlichen Bereich übertragbar. Im Staatsrecht sind wir gewohnt, von Staatenbünden und Bundesstaaten zu reden, die beide zwischen dem zentralistischen Einheitsstaat und einer nur völkerrechtlichen Staatengemeinschaft stehen. Daher bleibt die Grenzmöglichkeit eines Rechtszwanges des Oberstaates gegenüber dem Unterstaat als gegeben anzuerkennen. Andererseits gewährt der Gedanke des Föderalismus einen rechtspolitischen Rechtfertigungsgrund für die jedenfalls in Grenzen verbleibende dauernde Selbständigkeit des Unterstaates gegenüber dem Oberstaat. Von beidem kann da keine Rede sein, wo das Wesen kirchlichen Rechts die Anwendung äußerlichen Rechtszwanges ausschließt, das Wesen der christlichen Kirche als des Leibes Christi auf Erden aber zu ständig wachsender Zusammenarbeit und weitestmöglicher Anerkennung des Zueinandergehörens auch im Bereiche der rechtlichen Organisation auffordert.
Von daher ist auch die Frage nicht mehr hilfreich, ob ein kirchlicher Zusammenschluß bereits selbst den Charakter als Kirche besitze. Stellen wir diese Frage als eine geistliche, so müssen wir die Zugehörigkeit zum Leibe Christi auf Erden zwar dem Urteil des Herrn der Kirche überlassen, andererseits aber uns jedes Vorgriffes auf dieses Urteil enthalten und um der uns gebotenen geschwisterlichen Liebe willen jeden sich dazu haltenden Getauften als Mitchristen und also die ihn mit umgreifende Gemeinschaft als Kirche behandeln. In diesem Sinne muß demnach auch ein *Zusammenschluß von Teilkirchen* ebenso als Kirche anerkannt werden, wie das für jede dieser Teilkirchen gilt. Denn auch jede Teilkirche ist nur deshalb als Kirche anzusehen, weil sich Getaufte zu ihr halten, die wir als Mitchristen anzuerkennen haben. So wie sie Glied am Leibe Christi ist, kann sie Gliedkirche eines kirchlichen Zusammenschlusses werden. Kirchliche Zusammenschlüsse gibt es in sehr unterschiedlicher Art und Ordnung. Alle miteinander sind sie ebenso Zeugen der unheilvollen Zertrennung der Christenheit wie des in ihr wachsenden Willens zur Wiedervereinigung. Je nach den geschichtlichen Voraussetzungen ihrer Entstehung weisen sie von den gemeinsamen kirchlichen Aufgaben der »*Bundeskirche*« oder der »*Gliedkirche*« das größere Maß zu.

Ein »*Kirchenbund*« als die loseste Form des kirchlichen Zusammenschlusses läßt die vollen rechtlichen Befugnisse der Gliedkirchen noch unberührt und überträgt unmittelbare Bundeszuständigkeiten nur im Bereich des dafür gegebenen gliedkirchlichen Einverständnisses. Über eine bloße von Fall zu Fall zusammentretende »*Kirchenkonferenz*« geht der Kirchenbund aber dadurch hinaus, daß er bereits gemeinsame Organe bildet und damit die förmliche Grundlage zu einer gemeinsamen Willensbildung sichert.
Eine »*Konförderation*« von Kirchen bedeutet nicht unbedingt die Zusammenfassung der Verwaltungen bei den beteiligten Gliedkirchen. Sie ordnet jedoch die Zusammenarbeit auf bestimmten Gebieten in Richtung auf eine verbindliche Einheit des Rechts im Inneren und der Rechtsvertretung nach außen. Unabweisbare Interessen der Gliedkirchen an einer besonderen Regelung werden dadurch geschützt, daß ihnen das Recht verbleibt, durch ausdrücklichen Widerspruch die Geltung einer konföderativen Rechtssetzung auf den eigenen Bereich auszuschließen.
Eine typische Rechtsform für ein noch engeres Zusammenrücken bedeutet die »*Verwaltungsunion*«, welche den Gliedkirchen und ihren Gemeinden ausdrücklich die Eigenverantwortung für die vom Bekenntnis her bestimmten Fragen überläßt, aber dem Zusammenschluß die gemeinsame Verwaltung zuweist. Die einzelnen Teilkirchen, Kirchenkreise oder Gemeinden behalten dann ihren je besonderen *Bekenntnisstand*, auf dessen Wahrung die Pfarrer jeweils bei der Amtsführung dann verpflichtet werden. Schwierigkeit wie Chance einer solchen Verwaltungsunion ergibt sich daraus, daß es in geistlicher Sicht keine von der Bekenntnisfrage ganz abtrennbaren Verwaltungsfragen gibt. Auch und gerade an einer Entscheidung, welche die Bereitstellung von Menschen und Mitteln zum kirchlichen Dienst betrifft und also eine Verwaltungsfrage darstellt, kann die Notwendigkeit zum aktuellen Bekennen des Glaubens gegenüber dem Unglauben und Scheinglauben aufbrechen. So ist der deutsche *Kirchenkampf* 1933–1945 letztlich durch die Frage ausgelöst worden, ob die verwaltungsmäßige Zulassung zum Amt der Kirche entsprechend dem staatlichen Beamtenrecht und also auch mit Einführung eines »*Arierparagraphen*« kirchlich legitim geordnet werden durfte oder nicht. Eine Rechtsform vorsorglicher Rücksicht auf dieses mögliche Hineinspielen von Bekenntnisgesichtspunkten in Verwaltungsverfahren bilden Schutzvorschriften für bekenntnismäßige Minderheiten. Diese kommen im Gesetzgebungsverfahren eines kirchlichen Zusammenschlusses meist dadurch zum Ausdruck, daß die Vertreter eines kirchlichen Bekenntnisses durch gesonderte Abstimmung (»*Itio in partes*«) bei bekenntnismäßig begründeten Bedenken die Verabschiedung einer strittigen Regelung verhindern oder doch zum wenigsten aufschieben oder ihre Wirksamkeit für den Bereich ihres Bekenntnisstandes ausschließen können.
Wo es in der Bekenntnisfrage zu einer die bekenntnismäßige Lehreinheit ausdrückenden *Konkordie*, also zu Fortschritten in der Gemeinsamkeit kommt, kann die Verwaltungsunion sich legitim zu einer kirchlichen Wiedervereinigung fortentwickeln (vgl. 4.5.4.). Vollzieht sich das innerhalb eines kirchlichen Zusammenschlusses, so ist eine Aufteilung kirchlicher Aufgaben zwischen Gesamtkirche und Gliedkirchen allenfalls aus praktischen oder aus historischen

Rücksichten heraus zur einstweiligen Wahrung von liebgewordenen Besonderheiten noch am Platze.
Bei allen diesen unterschiedlichen Rechtsformen bleibt zu beachten, daß der Sprachgebrauch durchaus unterschiedlich ist und die hier gebrachten Bezeichnungen auch einmal in anderer Akzentuierung vorkommen mögen. Weniger auf den Namen als auf die Einzelheiten der damit überschriebenen Regelung ist also zu achten.

4.4.2. Zusammenschlüsse im Bereich der Evangelischen Kirche in Deutschland

Die allgemeine Problematik kirchlicher Zusammenschlüsse hat sich in Deutschland deshalb besonders dringlich gestellt, weil dort die evangelische Kirche sich weder im Zuge der Reformation innerhalb einer sich ihr öffnenden römisch-katholischen Diözesanordnung entfalten noch vor Ende des ersten Weltkrieges von der Einbindung in das staatskirchliche System der deutschen Länder freimachen konnte. Zusätzliche Schwierigkeiten ergaben sich daraus, daß die Reformation in den einzelnen Territorien nicht gemäß einheitlichem Bekenntnisstand verlief. Das spätere Streben nach Gewinnung evangelischer Lehreinheit brachte statt deren Wiederherstellung die zusätzliche Trennung von bekenntniseinheitlichen und unierten Kirchen mit sich. Wo es, wie in den älteren preußischen Provinzen, zur Herausbildung kirchenleitender Organe im größeren Bereich kam, war staatliche Kirchenpolitik daran mindestens ebenso beteiligt wie kirchliches Einheitsstreben. Von diesen Voraussetzungen her ist es zu unterschiedlichen Formen kirchlicher Zusammenschlüsse auf deutschem Boden gekommen.
Auf der Grundlage des lutherischen Bekenntnisses traten schon 1920 die kleinen Kirchen in den bisherigen thüringischen Fürstentümern zur Thüringer Evangelischen Kirche zusammen. Auch nach dem Ende des Zweiten Weltkrieges waren lutherische Kirchen die ersten, denen eine bekenntnismäßig begründete Neuordnung in einem größeren Zusammenschluß gelang. 1948 verabschiedete eine verfassungsgebende Generalsynode in Eisenach die Verfassung der *Vereinigten Evangelisch-Lutherischen Kirche Deutschlands (VELKD)*. Aus dem Bereich der Bundesrepublik Deutschland gehören ihr als Gliedkirchen die Evangelisch-Lutherische Kirche in Bayern, die Evangelisch-Lutherische Landeskirche in Braunschweig und die Hannovers, die Nordelbische Evangelisch-Lutherische Kirche (entstanden aus den früheren Kirchen in Hamburg, Lübeck, Schleswig-Holstein und Eutin) und die Evangelisch-Lutherische Landeskirche Schaumburg-Lippe an; aus dem Bereich der Deutschen Demokratischen Republik gehörten ihr bis zur Verselbständigung als Vereinigte Evangelisch-Lutherische Kirche in der DDR die Evangelisch-Lutherischen Landeskirchen Mecklenburgs und Sachsens sowie die Evangelisch-Lutherische Kirche in Thüringen an. Die »Vereinigte Kirche« versteht sich, wie schon ihr Name sagt, als Kirche im Vollsinne mit uneingeschränkter Bekenntniseinheit und Abendmahlsgemeinschaft. Sie erstrebt eine fortschreitende Annäherung ihrer Gliedkirchen nicht nur im Bereiche des gottesdienstlichen Le-

bens, sondern auch im Kirchenrecht. Zeugen dafür sind die 1956 erlassene Lehrordnung mit dem Kirchengesetz über das Verfahren bei Lehrbeanstandungen, das 1963 erlassene und 1978 neubekanntgemachte Pfarrergesetz und das 1965 beschlossene Amtszuchtgesetz. Auch das 1980 neugeschaffene Kirchenbeamtengesetz von 1958 sowie die Ordnung des kirchlichen Lebens haben kirchenrechtliche Bedeutung. Organe sind die Generalsynode, die Kirchenleitung und die Bischofskonferenz unter Vorsitz des Leitenden Bischofs. Die Geschäftsführung erfolgt durch das Lutherische Kirchenamt in Hannover. Der Senat für Amtszucht sowie als Revisionsinstanz das Verfassungs- und Verwaltungsgericht der Vereinigten Kirche sind von rechtlicher Bedeutung; ihre grundlegenden Entscheidungen werden in einer Beilage zum Amtsblatt der Evangelischen Kirche in Deutschland veröffentlicht und stehen so der wissenschaftlichen Würdigung offen; darin weicht die Vereinigte Kirche erfreulich von der Haltung mancher anderer Kirchen ab.

Die *Evangelische Kirche der Union* (*EKU*) gab sich 1951, damals noch als Evangelische Kirche der altpreußischen Union, eine dann 1953 abgeänderte Ordnung. Sie faßte als Gliedkirchen die früheren Kirchenprovinzen der Evangelischen Landeskirche der älteren Provinzen Preußens zusammen, die 1945 zu kirchlicher Eigenständigkeit gekommen waren. Heute besteht sie in getrennten und rechtlich jeweils besonders geordneten Bereichen innerhalb der Bundesrepublik aus den Evangelischen Kirchen im Rheinland und von Westfalen sowie der Evangelischen Kirche in Berlin-Brandenburg in deren Westberliner Bereich; innerhalb des Raumes der Deutschen Demokratischen Republik arbeiten der übrige Bereich der Evangelischen Kirche in Berlin-Brandenburg sowie die Evangelischen Landeskirchen Anhalts und Greifswald, die Evangelische Kirche des Görlitzer Kirchengebietes und der Kirchenprovinz Sachsen als Evangelische Kirche der Union zusammen. Auch die Evangelische Kirche der Union hat grundlegende Kirchengesetze verabschiedet, die in den Gliedkirchen mit jeweiligen Ausführungsgesetzen verbunden in Kraft treten und im Amtsblatt der Evangelischen Kirche in Deutschland veröffentlicht werden. Davon sind hervorzuheben das 1975 neugefaßte Pfarrerdienstgesetz und die Lehrbeanstandungsordnung von 1963. Organe der Evangelischen Kirche der Union sind die Synode und der Rat; die Verwaltung geschieht durch die in Berlin niedergelassene Kirchenkanzlei.

Mit der Kirchenkanzlei der Evangelischen Kirche der Union eng verbunden arbeitet die Geschäftsstelle der *Arnoldshainer Konferenz*. Diese 1967 konstituierte Konferenz weist als Mitglieder außer der Evangelischen Kirche der Union die Evangelische Landeskirche in Baden, die Evangelische Kirche in Berlin-Brandenburg, die Bremische Evangelische Kirche, die Evangelische Kirche in Hessen und Nassau sowie die von Kurhessen-Waldeck, die Lippische Landeskirche, die Evangelisch-reformierte Kirche in Nordwestdeutschland, die Evangelisch-Lutherische Kirche in Oldenburg, die Evangelische Kirche der Pfalz (Protestantische Landeskirche) sowie die Evangelischen Landeskirchen im Rheinland und von Westfalen auf. Es fehlen also aus den evangelischen Kirchen im Bereich der Bundesrepublik Deutschland lediglich die zur Vereinigten Evangelisch-Lutherischen Kirche Deutschlands gehörigen Kirchen sowie die, gastweise an der Konferenz mitwirkende Evangelische Landeskirche in Württemberg. Die Konferenz sieht ihre Aufgabe nicht in einer die Kirchen bindenden Gesetzgebung oder Kirchenregierung; vielmehr will sie durch gemeinsame Beratung anstehender Fragen unter den Vertretern der Kirchenleitungen die geistliche und rechtliche Einigkeit ihrer Gliedkirchen fördern. Im Bereiche des Kirchenrechts sind die 1975 erarbeiteten Muster einer Ordnung für Lehrverfahren und einer Visitationsordnung zu nennen. Organe der Arnoldshainer Konferenz sind die aus Vertretern der Kirchenleitung gebildete Vollkonferenz, der Theologische Ausschuß und der Rechtsausschuß. Die Beschlüsse der Vollkonferenz werden im Amtsblatt der Evangelischen Kirche in Deutschland veröffentlicht.

In diesem Zusammenhang ist schließlich auch die *Konföderation evangelischer Kirchen in Niedersachsen* zu nennen, die 1971 durch Vertrag der Evangelisch-lutherischen Landeskirchen in Braunschweig, Hannover und Schaumburg-Lippe, der Evangelisch-Lutherischen Kirche in Oldenburg und der Evangelisch-reformierten Kirche in Nordwestdeutschland gebildet wurde. Ihre Aufgaben sind vor allem Erfahrungsaustausch, Rechtsvereinheitlichung im Rahmen des angesichts der unterschiedlichen Bekenntnisbindung Möglichen, Schaffung gemeinsamer Einrichtungen und gemeinsame Vertretung gegenüber dem Lande Niedersachsen. Organe sind Synode, Rat und Geschäftsstelle. Die Konföderation bedient sich des Amtsblattes der Evangelisch-lutherischen Landeskirche Hannovers.

4.4.3. Die Evangelische Kirche in Deutschland (EKiD)

Die Rechtslage der Evangelischen Kirche in Deutschland wird erst aus ihrer Geschichte verständlich. Bis 1933 waren die evangelischen Landeskirchen Deutschlands nur durch einen Kirchenbund verknüpft gewesen. In die Anfangsmonate der Hitlerherrschaft fiel die Ausarbeitung der Verfassung der »Deutschen Evangelischen Kirche«. Als sie am 11. Juli 1933 in Kraft trat, war durch die Machtübernahme der Deutschen Christen schon das Vorzeichen für den *Kirchenkampf* gegeben. An ihm zerbrach die, von »Reichsbischof« LUDWIG MÜLLER und seinem »Rechtswalter« AUGUST JÄGER zum Instrument politischen Gleichschaltungswillens mißbrauchte Kirchenverfassung. Aber auch der Bekennenden Kirche gelang es nicht, ihr auf den Reichsbekenntnissynoden von Barmen und Dahlem 1934 proklamiertes bekenntnisgebundenes, bruderrätliches Kirchenregiment über ihre eigenen Reihen hinaus durchzusetzen. Beim Zusammenbruch der Hitlerherrschaft 1945 standen die bekenntnistreuen »intakten« Landeskirchen, die Bruderräte der Bekennenden Kirche in den durch Irrlehre und Staatseingriffe »zerstörten« Landeskirchen sowie in Vollmacht von Verordnungen des Reichskirchenministers arbeitende Kirchenverwaltungsbehörden nebeneinander.

Auf Einladung des als Begründer des kirchlichen Einigungswerkes verdienten württembergischen Landesbischofs D. THEOPHIL WURM kam es im August 1945

in Treysa zu einer Kirchenversammlung aus Vertretern von Landeskirchen und Bruderräten sowie des kirchlichen Einigungswerks. Sie verabschiedete eine »Vorläufige Ordnung der Evangelischen Kirche in Deutschland vom 31. August 1945« und setzte zur vorläufigen Leitung der Kirche einen zwölfköpfigen »Rat der Evangelischen Kirche in Deutschland« ein. Es bedurfte noch mancher Verhandlungen, ehe auf der Verfassungsgebenden Kirchenversammlung von Eisenach am 13. Juli 1948 die heute noch geltende *Grundordnung* der Evangelischen Kirche in Deutschland einstimmig beschlossen werden konnte.
Man hat darüber gestritten, ob das damals geschaffene Gebilde Kirche oder nur Bund von Kirchen sei. Vor allem HEINZ BRUNOTTE in seinem Grundordnungskommentar vertritt die Auffassung, daß die *EKiD* mangels eines eigenen Bekenntnisses keine Kirche sei. ERWIN WILKENS im Evangelischen Staatslexikon sieht demgegenüber trotz der gegenläufigen Wirkung der landeskirchlichen Sonderbekenntnisse ein solches Maß an tatsächlicher Bekenntnisgemeinschaft aller deutschen evangelischen Christen als gegeben an, daß damit dem Erfordernis einer tragenden Bekenntnisgemeinschaft für die EKiD als Partikularkirche Genüge getan sei. HERBERT FROST wertet die EKiD als ein kirchliches Föderativgebilde eigener Art, das keine Bekenntniskirche im überkommenen Sinne darstellt, wohl aber im Handeln aktuell als Kirche im Vollsinne ereignishaft Gestalt zu gewinnen vermag; er ordnet sie als ausgesprochene Grenzform zwischen den Typisierungsmodellen von Kirchenbund und Bundeskirche ein. Inzwischen ist durch das Kirchengesetz der EKiD über die Kirchenmitgliedschaft vom 10. November 1976 klargestellt, daß evangelische Christen in Deutschland durch ihre Mitgliedschaft in einer Kirchengemeinde und in einer Gliedkirche zugleich auch der Evangelischen Kirche in Deutschland angehören. Damit hat sich ein überzeugendes kirchenrechtliches Argument dafür ergeben, daß die EKiD sich nicht als einen bloßen Kirchenbund versteht. Dem entspricht es, daß auch der mangels Zustimmung der Evangelischen Landeskirche in Württemberg leider doch gescheiterte Entwurf einer neuen *Grundordnung* vom 7. November 1976 in Artikel 1 nicht mehr von dem Charakter der EKiD als Kirchenbund spricht. Stattdessen heißt es dort, daß die Evangelische Kirche in Deutschland lutherische, reformierte und unierte Gliedkirchen umfaßt, zwischen denen Kirchengemeinschaft gemäß der Leuenberger Konkordie besteht. Die Gliedkirchen sind nun gefragt, ob das Maß der bei den Entwurfsberatungen ersichtlich gewordenen Erwartung eines Mehr an kirchlicher Einheit nicht auch in einer Novellierung jedenfalls von Einzelbestimmungen der geltenden Grundordnung sowie in einer stärkeren Rechtsangleichung des gliedkirchlichen Rechtes seine Antwort finden sollte.
Wichtigstes Organ der EKiD, dem insbesondere die Gesetzgebung und die Verabschiedung von Kundgebungen zusteht, ist die *Synode*. Sie wird gebildet aus einhundert Mitgliedern, welche die synodalen Organe der einzelnen Gliedkirchen wählen, sowie aus 20 darüber hinaus vom Rat berufenen Mitgliedern. Dieses weitgespannte Berufungsrecht ermöglicht die Einbeziehung von Repräsentanten der großen kirchlichen Werke und Gruppen. Die *Kirchenkonferenz der EKiD* ist ein beratendes Organ und besteht aus je einem von jeder Kirchenleitung der Gliedkirchen entsandten Mitglied. Der *Rat der EKiD* als leitendes und

verwaltendes Organ ist ein zwölfköpfiges und nach Bedarf zusammentretendes Kollegium. Ihm gehören der Präses der Synode, sowie elf von Synode und Kirchenkonferenz gewählte Mitglieder an. Amtsstellen des Rates der EKiD zur Führung der laufenden Geschäfte nach seinen Weisungen sind die *Kirchenkanzlei* in Hannover mit ihrer Außenstelle in Berlin sowie das *Kirchliche Außenamt* mit Sitz in Frankfurt und das *Kirchenrechtliche Institut* in Göttingen. Ein Bevollmächtigter des Rates der EKiD wirkt am Sitz der Bundesregierung in Bonn. Von den *Beauftragten* des Rates für eine Reihe von Fachgebieten sind der Fernsehbeauftragte, der Filmbeauftragte und der Beauftragte für Fragen der Kriegsdienstverweigerer wohl am bekanntesten. Außerdem unterhält die EKiD eine Anzahl von Kammern und Kommissionen, die teilweise durch die von ihnen erarbeiteten Denkschriften zu wichtigen sozialethischen Fragenbereichen Bedeutung gewonnen haben.

Die *Zuständigkeit* der EKiD gegenüber ihren Gliedkirchen erscheint in der Grundordnung vor allem als eine solche beratender und anregender Art. Gesetzliche Bestimmungen kann die EKiD mit Wirkung für die Gliedkirchen nur erlassen, wo entweder bereits eine einheitliche Regelung bestand oder wo ein Einverständnis der beteiligten Gliedkirchen erzielt wird. Nach dem ersten Gesichtspunkt erging das *Disziplinargesetz* der Evangelischen Kirche in Deutschland vom 11. März 1955, auf Grund dessen auch ein konfessionell gegliederter Disziplinarhof der EKiD besteht. Die VELKD hat, wie erwähnt, für ihren Bereich 1965 ein besonderes Amtszuchtgesetz verabschiedet. Beispiele für mit Einverständnis der Gliedkirchen erlassene Kirchengesetze der EKiD sind das schon erwähnte Gesetz über die *Kirchenmitgliedschaft*, daneben das Kirchengesetz über den *Datenschutz* vom 10. November 1977 und vor allem das Kirchengesetz zur Regelung der evangelischen *Militärseelsorge* in der Bundesrepublik Deutschland vom 8. März 1957. Danach wird die Militärseelsorge an den Soldaten, Bundeswehrangestellten und -beamten sowie deren Familienangehörigen durch den Militärbischof im Auftrage der Gliedkirchen geleitet. Ihn ernennt der Rat der EKiD nach Fühlungnahme mit der Bundesregierung. Die zentrale Verwaltung der Militärseelsorge geschieht durch ein Evangelisches Kirchenamt für die Bundeswehr unter Leitung eines Militärgeneraldekanes; dieser untersteht dem Militärbischof sowie für staatliche Verwaltungsaufgaben zugleich dem Bundesminister für Verteidigung. Die Militärgeistlichen müssen zur Ausübung eines Pfarramtes in einer Gliedkirche berechtigt sein und werden in deren Einverständnis zunächst probeweise und dann als Bundesbeamte auf Zeit oder Lebenszeit beschäftigt. Sie unterstehen in kirchlichen Angelegenheiten der Leitung und Dienstaufsicht des Militärbischofs. Träger der Dienstaufsicht sind auch der Militärgeneraldekan und die Militärdekane.

Die EKiD steht in rechtlich geordneter *Zusammenarbeit auch mit anderen Kirchen* und Gemeinden, die nicht Gliedkirchen geworden sind. Die *Evangelische Brüder-Unität* in Deutschland sowie der *Bund evangelisch-reformierter Kirchen* Deutschlands haben sich der EKiD angegliedert und dieser dadurch die Wahrnehmung von Aufgaben auch für ihren Bereich übertragen.

Auch mit einer Reihe von evangelischen Kirchen und Kirchengemeinschaften deutscher Sprache im Ausland steht die EKiD in vertraglicher Bindung.

4.4.4. Kirchliche Zusammenschlüsse außerhalb der Bundesrepublik Deutschland

Nach 1945 hatten die evangelischen Landeskirchen auch im Bereich der damaligen sowjetischen Besatzungszone zunächst in der EKiD mitarbeiten können; innerhalb einer sich anbahnenden politisch bedingten Spaltung Deutschlands konnte die EKiD eine Zeit lang als eine Art von »Klammer« deutscher Einheit wirken. Zu einer Belastung führte dabei der mit der Bundesrepublik Deutschland 1957 abgeschlossene Vertrag über die Militärseelsorge; aus der Mitverantwortung für diesen mußten die Gliedkirchen auf dem Boden der DDR ein Jahr darauf durch die Synode entlassen werden. Die spätere politische Entwicklung und insbesondere die Verfassung der DDR von 1968 mit ihren neugefaßten Bestimmungen über die Rechtsstellung der Kirchen waren wichtige Schritte in einer Entwicklung, die nach der Bildung einer Vereinigten Evangelisch-Lutherischen Kirche in der Deutschen Demokratischen Republik und eigener regionaler Organisation der Evangelischen Kirche der Union für diesen Bereich am 10. Juni 1969 zur Bildung des *Bundes der Evangelischen Kirchen in der Deutschen Demokratischen Republik* führte. Ihm gehören die Evangelische Landeskirche Anhalts, die Evangelische Kirche in Berlin-Brandenburg, die Evangelische Kirche des Görlitzer Kirchengebietes, die Evangelische Landeskirche Greifswald, die Evangelisch-Lutherische Landeskirche Mecklenburgs, die Evangelische Kirche der Kirchenprovinz Sachsen, die Evangelisch-Lutherische Landeskirche Sachsens, und die Evangelisch-Lutherische Kirche in Thüringen an. Dieser schon seinem Namen nach föderative Zusammenschluß will die Gemeinschaft der Gliedkirchen festigen und deren gemeinsames Handeln anstreben; er hat sich das ausdrückliche Ziel gesetzt, in der Einheit und Gemeinsamkeit des christlichen Zeugnisses und Dienstes weiter zusammenzuwachsen. Seine Organe sind eine Synode aus gewählten und berufenen Mitgliedern sowie die Konferenz der Evangelischen Kirchenleitungen in der DDR. Zur brüderlichen Beratung und zur öffentlichen Wahrnehmung bischöflicher Verantwortung besteht ein Bischofskonvent der leitenden Geistlichen, zur Wahrnehmung der laufenden Verwaltungsaufgaben ein Sekretariat. Inzwischen ist die schrittweise Vereinigung der Gliedkirchen zu einer »*Vereinigten Evangelischen Kirche in der Deutschen Demokratischen Republik*«, die den Charakter einer föderativen Gemeinschaft verbindlicher ausdrücken sollte, nach anfänglichen Fortschritten 1984 durch das Nichterreichen der Zweidrittelmehrheit in der Synode der Ev. Kirche in Berlin-Brandenburg zum Stehen gekommen.

In *Österreich* schließt die *Evangelische Kirche Augsburgischen und Helvetischen Bekenntnisses* (A.u.H.B.) die Evangelische Kirche A.B. und die Evangelische Kirche H.B. zusammen »zu brüderlichem Dienst aneinander, zu gemeinsamen Handeln der Liebe und zu gemeinsamer Verwaltung«. Die gemeinsame Kirche A.u.H.B. weist als Organe eine Generalsynode sowie einen Oberkirchenrat A.u.H.B. auf, denen Gesetzgebung bzw. Leitung und Verwaltung obliegen. Ihrer Zusammensetzung nach deckt sich die Generalsynode allerdings mit der, um sieben Mitglieder der Synode H.B. sowie fünf Vertreter kirchlicher Werke ergänzten Synode A.B. Auch der fünfköpfige Ober-

kirchenrat A.u.H.B. besteht aus vier zugleich dem Oberkirchenrat A.B. angehörenden Mitgliedern sowie dem Landessuperintendenten H.B. Leitender rechtskundiger Bediensteter ist der auch dem Oberkirchenrat angehörige Kirchenkanzler. Zu den besonderen Zuständigkeiten der gemeinsamen Landeskirchengemeinde A.u.H.B. gehören neben den gesamtkirchlichen Finanzen vor allem die Bereiche des Religionsunterrichtes, der Theologenausbildung, der Kirchlichen Werke und Vereine sowie das kirchliche Disziplinarwesen. Kirchliche Verfassungs- und Verwaltungsgerichtsbarkeit wird durch den Revisionssenat der Evangelischen Kirche A.u.H.B. ausgeübt. Der geistlichen Aufsicht der Evangelischen Kirche A.u.H.B. unterstehen auch der Evangelische Militärsuperintendent des österreichischen Bundesheeres und die unter ihm dort wirkenden haupt- und nebenamtlichen evangelischen Militärgeistlichen.
In der Schweiz besteht seit 1920 der *Schweizerische Evangelische Kirchenbund.* Ihm gehören auf föderalistischer Grundlage außer den schweizerischen evangelisch-reformierten Kantonalkirchen die kantonalen Freikirchen und protestantischen Diasporaverbände, sowie die Evangelisch-methodistische Kirche der Schweiz an. Seine Organe sind die Abgeordnetenversammlung der Mitgliedskirche, sowie der von ihr auf vier Jahre gewählte Vorstand. Zu den Aufgaben des Kirchenbundes gehört vor allem die Vertretung der Gesamtheit seiner Mitglieder gegenüber den Behörden der Schweizerischen Eidgenossenschaft und in der Ökumenischen Bewegung, daneben die Verbindung zum Schweizerischen Hilfswerk und den Auslandsgemeinden.
Von den Zusammenschlüssen deutschsprachiger evangelischer Gemeinden im nichtdeutschsprachigen Europa sollen hier wenigstens die beiden bedeutendsten erwähnt werden. Dazu gehört zunächst die *Evangelische Synode Deutscher Sprache im Vereinigten Königreich.* Sie vereinigt 30 Gemeinden reformatorischer Herkunft und überwiegend deutscher Sprache in Großbritannien. Die Gemeinden leben jeweils nach besonderen Verfassungen; die gemeinsamen Angelegenheiten werden von einer Synodalversammlung, einem Synodalausschuß sowie einem Geistlichen Rat und einem Senior an der Spitze wahrgenommen. Die zwölf Gemeinden der *Evangelisch-Lutherischen Kirche in Italien* leiten sich durch eine Synode, die auf jeweils fünf Jahre den Dekan der Kirche wählt. Dieser, der Synodalpräses und die Vertreter beider bilden das Konsistorium. Die Rechtsquellen der beiden letztgenannten Kirchen sind nur im Selbstverlag erschienen. Beide Kirchen arbeiten mit dem Kirchlichen Außenamt der EKiD (vgl. 4.3.3.) zusammen.

4.5. Das Recht der Ökumene

Um der von ihrem Herrn gegebenen und geforderten Einheit aller Christen willen soll jede Teilkirche soweit wie möglich anderen Christen Gastrecht gewähren, anderen Teilkirchen gegenüber ökumenische Rücksicht und Hilfsbereitschaft üben sowie nach einer die Einheit der Christen auch rechtlich ausdrükkenden Verbindung miteinander suchen. Das geschieht in zwischenkirchlichen Verträgen, Arbeitsgemeinschaften und gemeinsam gebildeten Organen, insbesondere durch den Dienst des Ökumenischen Rates der Kirchen.

Beispielhafte Quellenstellen:

Verfassung des Ökumenischen Rates der Kirchen i. d. F. v. 9. Dezember 1975 (ABl EKiD 1977, 107):

I. Basis
Der Ökumenische Rat der Kirchen ist eine Gemeinschaft von Kirchen, die den Herrn Jesus Christus gemäß der Heiligen Schrift als Gott und Heiland bekennen und darum gemeinsam zu erfüllen trachten, wozu sie berufen sind, zur Ehre Gottes, des Vaters, des Sohnes und des Heiligen Geistes.

II. Mitgliedschaft
Alle diejenigen Kirchen können in den Ökumenischen Rat der Kirchen gewählt werden, die ihrer Zustimmung zu der Basis Ausdruck geben, auf welcher der Ökumenische Rat begründet ist, und die den Maßstäben entsprechen, die die Vollversammlung oder der Zentralausschuß bestimmen.

III. Funktionen
Die Funktionen des Ökumenischen Rates sind:
(I) die Arbeit der beiden Weltbewegungen für Glauben und Kirchenverfassung und für praktisches Christentum sowie die des Internationalen Missionsrates weiterzuführen;
(II) das gemeinsame Handeln der Kirchen zu erleichtern;
(III) das Zusammenwirken in der Studienarbeit zu fördern;
(IV) das Wachstum des ökumenischen und missionarischen Bewußtseins bei den Gliedern aller Kirchen zu fördern;
(V) die Kirchen in ihrer weltweiten missionarischen und evangelistischen Aufgabe zu unterstützen;
(VI) Beziehungen zu nationalen und regionalen Christenräten, konfessionellen Weltbünden und anderen ökumenischen Organisationen aufzunehmen und aufrechtzuerhalten;
(VII) Weltkonferenzen über bestimmte Themen einzuberufen, wie es von Fall zu Fall erforderlich wird, wobei solche Konferenzen ermächtigt sind, ihre eigenen Ergebnisse zu veröffentlichen.

IV. Vollmacht
Der Ökumenische Rat gibt Rat und bietet die Möglichkeit zum gemeinsamen Vorgehen in Fragen gemeinsamen Interesses. Er kann im Auftrage von Mitgliedskirchen in solchen Fragen handeln, die ihm eine oder mehrere Kirchen übertragen. Er hat die Vollmacht, regionale Konferenzen und Weltkonferenzen über bestimmte Fragen je nach Bedarf einzuberufen.
Der Ökumenische Rat besitzt keine gesetzgebende Gewalt über die Kirchen. Er handelt auch in keiner Weise in ihrem Namen, außer in den Fällen, wie sie oben erwähnt sind oder wie sie ihm in Zukunft von den Mitgliedskirchen angegeben werden.

V. Organisation
1. DIE VOLLVERSAMMLUNG, die die oberste Autorität des Ökumenischen Rates ist und normalerweise alle fünf Jahre zusammentritt, setzt sich aus offiziellen Vertretern der dem Rat angehörenden Kirchen oder Kirchengruppen zusammen, die von den Kirchen unmittelbar ernannt sind.
Die Vollversammlung hat das Recht, das Präsidium des Ökumenischen Rates und der Vollversammlung nach eigenem Ermessen zu bestellen.
2. DER ZENTRALAUSSCHUSS, der ein Ausschuß der Vollversammlung ist, bestehend aus dem Präsidenten oder den Präsidenten des Ökumenischen Rates zusammen mit nicht mehr als 100 Mitgliedern, die von der Vollversammlung aus den Reihen der von den Kirchen ernannten Mitgliedern der Vollversammlung gewählt werden.

4.5.1. Das Grundproblem ökumenischen Kirchenrechts in evangelischer Sicht

Recht in der Kirche erscheint stets als Recht einer Teilkirche, ist eine für den Dienst in ihr durch sie selbst gesetzte Handlungsanweisung. Um ein für alle Teilkirchen gemeinsam geltendes Recht zu setzen, müßte ein über sie alle Rechtsmacht ausübender gemeinsamer oberster Gesetzgeber vorhanden und also dadurch eine rechtliche Einheit der Kirche gegeben sein. Daran fehlt es in der gespaltenen Christenheit, das ist aber auch zur Verwirklichung der geistlichen Einheit aller Christen nicht einmal notwendig. Übergreifend für alle Christen und damit auch das Recht aller christlichen Teilkirchen sind nämlich die grundlegenden *biblischen Weisungen* für den Dienst der Christen aneinander (vgl. 1.3.). Wo ihnen gehorcht wird, bilden sich gleichlaufende Handlungsanweisungen heraus und erkennen sich auch unterschiedlich geformte Rechtssätze als miteinander durch den gemeinsamen Ursprung verwandt wieder. In einem solchen Sinne kann auch heute bereits vom Recht der Ökumene gesprochen werden.
Grundlegend für das Recht der Ökumene ist der den christlichen Kirchen gemeinsame Grundsatz, daß alles Christsein an Glauben und Taufe hängt (vgl. 2.2.) und sich in teilkirchlicher Mitgliedschaft zwar verwirklicht, aber nicht begründet. Damit Ernst zu machen, bedeutet zunächst die Gewährung christlichen *Gastrechtes* (vgl. 2.3.4.) durch eine jede Teilkirche an alle den christlichen

Glauben bekennenden Getauften. Wie weit dieses Gastrecht reicht, ergibt sich durch die notwendige Mitberücksichtigung des Glaubensbekenntnisses und gemeindlichen Lebensvollzuges einer jeden Teilkirche. Grundlegend ist dabei, daß ein Christ auch außerhalb seiner Heimatkirche als Christ anerkannt und zu dem Gottesdienst der Teilkirche mit zugelassen wird. Ob diese Zulassung sich auch auf Teilhabe am Herrenmahl erstreckt, wird sich ohne Mitberücksichtigung des jeweiligen Abendmahlbekenntnisses der beteiligten Kirchen nicht entscheiden lassen. Gleiches wird für die Frage der Anerkennung der jeweiligen Ämter und Dienste der einen Teilkirche durch die andere gelten.
In einer geteilten Christenheit und einer säkularen Welt werden immer wieder auch *Ehen* zwischen zwei Menschen geschlossen werden, die sich mitgliedschaftlich und bekenntnismäßig an zwei noch getrennte Teilkirchen gebunden wissen. Ökumenisches Gastrecht wird hier noch dringlicher durch die Erkenntnis, daß jede Ehe unter Christen, nicht nur eine zwischen Gliedern der gleichen Teilkirche geschlossene Ehe, eine christliche Ehe bedeutet und so die Gemeinschaft des erhöhten Herrn mit seiner Kirche abbildet (vgl. 2.4.3.). Nicht Wahrung eigenen konfessionellen Besitzstandes, sondern Ermunterung und Ermutigung zu einer, der erhofften Einigung der Christen vorlaufenden Einigkeit im Glauben zwischen den Ehegatten sollte das »Mischehenrecht« bestimmen.
Ökumenische Rücksicht als Grundsatz der Kirchenrechtsgestaltung folgt aus der »Goldenen Regel« Jesu, die für Teilkirchen untereinander ebenso gilt wie von Mensch zu Mensch. Keine Teilkirche ist für ihre eigene Lebensgestaltung in dem Sinne frei, daß sie sich von der Mitverantwortung für die Auswirkungen ihrer Praxis auf die Nachbarkirchen freisprechen könnte. Auch wo eine Teilkirche sich als »stark« und die anders denkende oder handelnde Teilkirche als »schwach« fühlt, sollte sie bis hin zur Rechtsordnung einen Wahrheitskern im Irrtum des Nachbarn suchen und achten. Von daher widerspricht es ökumenischer Rechtsweisung, wenn Trennendes noch betont, statt daß Gemeinsames gefördert und Übernehmbares erprobt wird. Schließlich bedeuten zwischenkirchliche Hilfen und missionarische Unterstützung von Teilkirche zu Teilkirche nicht etwa verzichtbare Sonderunternehmen, sondern aus ökumenischer Rechtsweisung erwachsende Pflichten jeder Teilkirche.

4.5.2. Ökumenisches Vertragsrecht

Solange eine Teilkirche sich selbst als die einzige gültig verfaßte Lebensform des Leibes Christi auf Erden ansieht, kann sie die sich ihr verweigernden Christen nur als »Ketzer« und »Abtrünnige« sehen und deren Vereinigung nur als »Sekten« verurteilen. So standen vier Jahrhunderte hindurch die evangelischen Christen und Teilkirchen für das römisch-katholische Kirchenrecht. Das *Zweite Vatikanische Konzil* hat, besonders in dem Dekret »Unitatis redintegratio« »über den Ökumenismus« anerkannt, daß auch trotz Trennung vom Römischen Stuhl Kirchen und kirchliche Gemeinschaften bestehen können. Auf der gleichen Einsicht hatte es auch schon beruht, wenn innerhalb ökumenischer Annäherung protestantische und orthodoxe Teilkirchen sich als Kirchen zu sehen, an-

zuerkennen und zu begegnen lernten. Das alles hat nicht nur für gottesdienstliche und menschliche Begegnungen, sondern auch für die Entwicklung rechtlicher Beziehungen dieser Teilkirchen untereinander neue Möglichkeiten eröffnet.
In der Mitte zwischen einem feindlichen oder gleichgültigen Nebeneinanderherleben und einem die Verschmelzung zu neuer Einheit anstrebenden Aufeinanderzugehen von Teilkirchen liegt der weite Bereich von Möglichkeiten, ein in *gegenseitiger Anerkennung* geübtes Miteinander auf das Ziel einer von Reibungen und Mißverständnissen möglichst befreiten Nachbarschaft hin zu ordnen. Eine solche Ordnungsaufgabe wird dringlicher dadurch, daß die Mobilität moderner Lebensformen die Zahl gegenseitiger Kontakte der Teilkirchen stark vermehrt hat. Wanderungsbewegungen, Massentourismus und wirtschaftliche wie politische internationale Verflechtungen lassen Begegnungen zwischen Kirchen und Christen auch da immer häufiger werden, wo lange Zeit eine Teilkirche in einem geschlossenen Siedlungsgebiet selbstgenügsam für sich leben konnte. Heute erkennen Kirchen immer deutlicher die Aufgabe, auch bei Fehlen der Voraussetzungen zu einem kirchlichen Zusammenschluß doch schon die Gliedschaft an dem einen Christusleib in der Art und Weise des Umgangs miteinander zum Tragen zu bringen. Sie wird zwar nur durch den guten Willen von im Glauben davon überzeugten Christen wirklich gelöst werden. Die dienenden, anleitenden und konfliktverhütenden Hilfsmöglichkeiten des Kirchenrechts sollten aber auch hier nicht unterschätzt werden.
Wechselseitige Anerkennung im Bereich der *Taufe* und des *Herrenmahles* durch Ausspruch von Kommunikantenzulassung oder Erlaubnis von Interzelebration der das Sakrament verwaltenden Amtsträger waren die Folge von Verständigungen in der Abendmahlsgemeinschaft. Sie sind nach Zustandekommen der Arnoldshainer und Leuenberger Thesen häufiger geworden. Noch weitergehend haben die Gliedkirchen der Evangelischen Kirche in Deutschland durch die Vereinbarung über die *Kirchenmitgliedschaft* vom 1. Februar 1970 die zwischen ihnen geltenden Grundsätze des Kirchenmitgliedschaftsrechtes vertraglich festgeschrieben. Vom rechtstheologischen Standpunkt aus wohl am weitesten im Blick auf den Weg zur Einheit hin gehen diejenigen Vereinbarungen, welche ein gemeinsames *gottesdienstliches Handeln* innerhalb von noch bekenntnismäßig und kirchenrechtlich getrennten Teilkirchen ermöglichen. Beispiel dafür sind die Vereinbarungen zwischen der Deutschen Bischofskonferenz der römisch-katholischen Kirche und dem Rat der Evangelischen Kirche in Deutschland, die besonderen Vereinbarungen zwischen der katholischen Erzdiözese Freiburg und der Ev. Landeskirche in Baden u.a., sowie diejenige zwischen der Österreichischen Bischofskonferenz und dem Evangelischen Oberkirchenrat A.u.H.B. in Österreich über ein Zusammenwirken bei der kirchlichen Trauung. Diese haben nicht nur ein jeweils innerkirchliches Handeln von Amtsträgern der einen Teilkirche im Blick auf die Eheleute aus beiden Teilkirchen vorgesehen, sondern ausdrücklich ein gemeinsames gottesdienstliches Handeln von Amtsträgern jeweils der einen Kirche bei einem Trauungsgottesdienst der anderen Kirche in unterschiedlichem Umfang einverständlich geordnet.

Alle solche Vereinbarungen setzen *zwischenkirchliches Vertragsrecht* im ökumenischen Raume, sie wollen aber auch jeweils und gerade im Raume der rechtlich verfaßten einzelnen Teilkirche selbst verbindlich sein. Damit stellt sich die Frage nach der Transformation solchen zwischenkirchlichen in beiderseitiges teilkirchliches Recht. Für den Abschluß eines zwischenkirchlichen Vertrages wird jeweils das teilkirchliche Organ zuständig sein, dem die jeweilige Kirchenverfassung die Aufgabe der Repräsentation und Vertretung nach außen hin zuweist. Für die Verbindlichmachung als innerkirchliches Recht wird es auf den Gegenstand der Vereinbarung ankommen. Reine Verwaltungsfragen wird das leitende Verwaltungsorgan innerhalb seiner allgemeinen Zuständigkeit ordnen können, Fragen von rein geistlicher Beurteilung werden, wie auch sonst, abseits von kirchenrechtlichem Geltungsanspruch dem Träger des Hirtenamtes zufallen. Wo jedoch in den Bereich der innerkirchlichen Gesetzgebung eingegriffen wird, wird auch deren Organ und also die Synode damit zu befassen sein. Für eine Neuumschreibung des Bekenntnisstandes kann nur der oberhalb rechtlicher Formen zu klärende »magnus consensus« aller Gemeinden eine Vereinbarung legitimieren.

4.5.3. Ökumenische Zusammenschlüsse

Ökumenische Annäherung der Kirche gewinnt da den Charakter ökumenischen Vertragsrechts, wo Teilkirchen zur Verstärkung ökumenischer Bemühungen eigene Organisationen gründen. Der 1949 gegründete *Ökumenische Rat der Kirchen* ist keine Überkirche, sondern ein gemeinsames Willensorgan der Mitgliedskirchen zu kirchlicher Zusammenarbeit, zur Verstärkung gemeinsamer Bemühungen und zur Vertretung christlicher Anliegen gegenüber anderen Teilkirchen und der Weltgesellschaft im Ganzen.

Der föderalistischen Struktur entsprechend wird das oberste Organ des Ökumenischen Rates durch die Vollversammlung der Delegierten aller Mitgliedskirchen gebildet. Aus ihr werden die Präsidenten, der Zentralausschuß und der Exekutivausschuß gewählt. Die laufenden Geschäfte führt ein Generalsekretariat mit den Programmeinheiten »Glaube und Zeugnis«, »Gerechtigkeit und Dienst« sowie »Bildung und Erneuerung«. Die Finanzierung der Aktivitäten (Konferenzen, Informationen, Hilfsaktionen) erfolgt aus Beiträgen der Mitgliedskirchen. Im übrigen hat der Ökumenische Rat in allen seinen Stufen nur beratende Funktion. Es ist ihm ausdrücklich verwehrt, etwa im Namen der Kirchen Gesetze zu geben.

Erhebliche Bedeutung für die Vertiefung der Grundlagen des Kirchenrechts ebenso wie für die kirchenrechtliche Annäherung zwischen den christlichen Kirchen hat die Arbeit der Kommission für Glauben und Kirchenverfassung (*Faith and Order*). Auf der Sitzung von *Accra* 1974 kamen Dokumente über Taufe, Eucharistie und Amt sowie eine Studie über Ökumenische Bewegung und Kirchenrecht zustande, die derzeit zwischen den beteiligten Kirchen im Gespräch sind und Ausgangspunkte für die Gewinnung eines weiterführenden Konsenses zwischen ihnen werden sollen.

Mitgliedskirchen des Ökumenischen Rates sind die Evangelische Kirche in Deutschland und, durch sie vertreten, auch die Gliedkirchen der VELKD unmittelbar, ebenso die Evangelischen Kirchen in der DDR, die Evangelische Kirche A.u.H.B. in Österreich und der Schweizerische Evangelische Kirchenbund.
Neben dem Ökumenischen Rat der Kirchen und gemäß dessen Verfassung mit ihm nach Vorschlag des Zentralausschusses zusammenarbeitend bestehen *konfessionelle Weltbünde* als freie Vereinigungen von Kirchen auf der Grundlage bekenntnismäßiger Übereinstimmung zur Förderung von Zusammenarbeit und gemeinsamen Projekten. Der älteste unter ihnen ist der Reformierte Weltbund, der sich 1970 mit dem Internationalen Kongregationalistischen Rat zusammengeschlossen hat; von großer Bedeutung ist der Lutherische Weltbund.
Auf regionaler Ebene verwirklichen den ökumenischen Gedanken für unseren Bereich die *Konferenz Europäischer Kirchen* sowie die *Arbeitsgemeinschaft christlicher Kirchen in Deutschland*. Zu dieser gehören als Mitglieder die EKiD, der Bund Ev. freikirchlicher Gemeinden, die Ev. Methodistische Kirche, die Altkatholische Kirche, die Vereinigung der Deutschen Mennonitengemeinden, die Ev. Brüder-Unität und die Heilsarmee. Als Gäste nehmen neben dem Bund Freier Ev. Gemeinden, den Altreformierten Kirchen und den Quäkern auch zwei Vertreter der Römisch-Katholischen Kirche teil. Die Arbeitsgemeinschaft hat das Ziel, ökumenische Beziehungen und theologische Gespräche zwischen den Mitgliedern zu fördern und bei Meinungsverschiedenheiten vermittelnd zu wirken.
Alle diese Zusammenschlüsse sind Beispiel und Zeugnis dafür, daß sich rechtlich selbständige Teilkirchen untereinander als Kirche Christi anerkennen und durch Abschluß von Vereinbarungen so zwischenkirchlich-ökumenisches Kirchenrecht gemeinsam setzen wollen. Satzungen aller dieser Zusammenschlüsse werden meist in den Amtsblättern der beteiligten Kirchen sowie insbesondere auch in dem Amtsblatt der Evangelischen Kirche in Deutschland veröffentlicht.

4.5.4. Wiedervereinigung der Christen in kirchenrechtlicher Sicht

Wiedervereinigung der Christen ist, seitdem sich die verschiedenen Teilkirchen rechtlich geordnet haben, auch eine kirchenrechtliche Aufgabe. Hier wiederholen sich auf höherer Ebene Probleme, die auch schon auf rechtlicher Seite kirchliche Zusammenschlüsse von bekenntnisgleichen oder -verwandten Kirchen erschweren. In der seit dem vorigen Jahrhundert voranschreitenden Geschichte kirchlicher *Unionen* und Teilzusammenschlüsse bildeten die Verwaltungsunionen (vgl. 4.4.1.) getrennter Kirchen (eingeführt vor allem in Preußen 1817 zwischen lutherischen und reformierten Gemeinden) ein Ausgangsstadium. Verwaltungsunion als Bildung von gemeinsamen Verwaltungsbehörden bei unberührtem Bekenntnisstand der beteiligten Kirchengemeinden und -gebiete eröffnet die Chancen gegenseitigen besseren Kennenlernens, nimmt aber dafür die Gefahr neuer Gegensätze zu den noch nicht unierten Bekenntniskirchen in Kauf.

Eine engere Form kirchlicher Zusammenarbeit, in der bekenntnismäßig noch getrennte Kirchen bereits auch gottesdienstlich aufeinander zugehen, bedeutet die Verbindung von *Verwaltungsunion mit wechselseitigem Gastrecht* gottesdienstlicher Zulassung. Dabei kann es um die Einladung von Amtsträgern des anderen Bekenntnisses zur Predigt (*Kanzelgemeinschaft*), um die Zulassung von Gliedern des anderen Bekenntnisses zur Feier des Heiligen Abendmahles im eigenen Bekenntnis (*Interkommunion*, vgl. 2.3.4.) oder um die Zulassung auch von Amtsträgern des anderen Bekenntnisses zur Verwaltung der Sakramente in den Gemeinden des benachbarten Bekenntnisses (*Interzelebration*) gehen. Bei der Interkommunion wird wiederum unterschieden, je nachdem ob diese einseitig oder gegenseitig, allgemein oder nur in seelsorgerlich bedingten Ausnahmefällen gewährt wird. Verwaltungsunion mit wechselseitiger Zulassung besteht z. B. in der Evangelischen Kirche der Union zwischen Gemeinden und Amtsträgern der verschiedenen in ihr unter einer Kirchenleitung vereinigten Bekenntnisse. Zwischen den Evangelischen Kirchen A.B. und H.B. in Österreich besteht eine teilweise Verwaltungsunion mit voller wechselseitiger Zulassung.
Volle kirchliche Einigung erfordert von ihrem Wesen her, daß Einigkeit über die bisher strittigen Fragen der Lehre und Ordnung jedenfalls in einem Maß wiedergewonnen wird, das volle Zusammenarbeit ermöglicht und keinem Vorwurf der Lehrabweichung in entscheidenden Punkten des Glaubens mehr Raum gibt. Solche Einigkeit wiederum kann sachgerecht nicht nur durch bloßen Rückbezug auf ein, unausgesprochen in der Schwebe gelassenes »Gemeinsames beider Bekenntnisse« gewonnen werden (»*Konsensunion*«), sondern erfordert ausdrücklichen Konsens durch wechselseitige Anerkennung der Bekenntnisse oder Einigung auf eine *Konkordie*. Auf diese Weise ist durch die Arnoldshainer Thesen zum Heiligen Abendmahl in den Gliedkirchen der evangelischen Kirche in Deutschland und durch die Leuenberger Konkordie für die meisten evangelischen Teilkirchen Europas die volle wechselseitige Sakramentszulassung erreicht worden.
Derartige Konkordien bringen die allgemeine und auch in vielen Kirchenverfassungen ausgesprochene Grundtatsache ins Bewußtsein, daß das Bekenntnis der Kirche nicht der mehrheitsmäßigen Gesetzgebungsbefugnis eigenkirchlicher Synoden unterliegt. Die Wiedergewinnung von Lehreinheit der bisher zerstrittenen Kirchen kann nicht Sache von Kampfabstimmungen in Synoden sein. So wie das Augsburgische Bekenntnis erst durch den »*Magnus Consensus*« der Gemeinden zum Bekenntnis der Kirche wurde, würde sich auch heute eine theologisch wie kirchenrechtlich durchaus denkbare Erweiterung des Bestandes der kirchlichen Bekenntnisschriften von den Synoden nur deklaratorisch feststellen lassen. Es müßte zuvor die Übereinstimmung der berufenen kirchlichen Organe darin klar werden, daß nunmehr auch in der neuen Konsensurkunde einhellig durch die Gemeinden eine rechte Bezeugung des Evangeliums erkannt wird. So gewonnene Einigkeit im Geist knüpft am ehesten das Band des Friedens, aus dem heraus getrennt gewesene Christen eine rechtlich verfaßte kirchliche Einheit wiederfinden. Gerade die evangelische Kirche hat in unseren Tagen neue Schritte auf diesem Wege gewagt. Sie bleibt weiter dazu aufgerufen, auch im Bereich ihrer kirchenrechtlichen Ordnung vorbildhaft voranzugehen.

Leider erscheint vor allem das Kirchenrecht – und zwar nicht etwa nur in Urteilen von Laien – heute in seiner oft so gegensätzlichen Art oftmals eher als ein Ausdruck der Trennung als eine Hilfe auf dem Wege zur Einheit der Christen. Nach alledem, was wir eingangs unserer Untersuchung zum Wesen des evangelischen Kirchenrechts erörtert haben (vgl. 1.2.1.), kann dieser Eindruck nicht sehr verwundern. Evangelisches Kirchenrecht ist nicht so sehr Ausdruck unserer Freiheit wie unseres Gefordertseins, nicht so sehr Besitz als vielmehr Aufgabe. Wir haben an ihm nichts Vollkommenes oder Fertiges, sondern bedienen uns seiner als Zeichen der Vorläufigkeit unserer auf die Hoffnung des Glaubens ausgerichteten christlichen Existenz. So bleibt evangelisches Kirchenrecht schließlich auch im ökumenischen Aspekt, was es insgesamt nur sein will und kann: ein Stück christlicher Glaubensnachfolge.

5. Schluß: Die Grenze des Kirchenrechts

Evangelisches Kirchenrecht muß trotz allen Bemühens vor der Forderung seiner Aufgabe zurückbleiben. Weder seine Rechtssätze noch die ihm dienenden Menschen können voll erbringen, was wir um der Sache der Kirche willen von ihnen erwarten möchten. Kirchenrecht kann letztlich nur auf die Selbstdurchsetzung Gottes hoffen. Ebenso wie die Kirche insgesamt bleibt es auf Gottes zurechtbringende Vergebung angewiesen und darf ihrer auch gewiß bleiben.

Beispielhafte Quellenstelle:

Schlußsätze der Grundordnung der Evangelischen Kirche in Berlin-Brandenburg vom 15. Dezember 1948 (KABl 1949 Nr. 2, ABl EKiD 1949, 41):

Mit dieser Grundordnung weiß sich die Synode von neuem in den Gehorsam gegen ihren himmlischen Herrn gerufen. Die Synode gelobt, in der Treue gegen Jesus Christus die Arbeit an der Grundordnung wachsam fortzusetzen und ihre Fassung bei besserer Erkenntnis zu erneuern. Sie befiehlt das Stückwerk ihres Gehorsams und ihrer Erkenntnis der Vergebung Gottes.
Wir warten des lieben jüngsten Tages, an dem Gott unserem irdischen Dienst ein Ende macht, und um Christi willen hoffen wir, daß Gott uns dann sehen lasse, was Er uns zu glauben gegeben hat.

Evangelisches Kirchenrecht versucht, mit Hilfe von vorformulierten menschlichen Worten und durch das solchen Formulierungen folgende Verhalten anderer Menschen in menschliche Verhältnisse gestaltend einzugreifen. Damit aber hat es teil an der notwendigen Gebrochenheit allen menschlichen Denkens, Redens und Tuns. Niemand kann dem Recht dienen, ohne an seine persönlichen Grenzen zu stoßen. Alles Recht und so auch Kirchenrecht bleibt Menschenwerk, daher schon im Ansatz und erst recht in der Verwirklichung notwendig unvollkommen. Auch bei noch so gutem Willen bleibt es der Möglichkeit vielfacher Irrtümer ausgeliefert und fehlsam. Insofern ist es dem Recht der staatlichen Gemeinschaft nicht etwa überlegen, allerdings auch nicht unterlegen, sondern vergleichbar. Wir erwarten zuviel von ihm, wenn wir uns von seinen Versuchen erhoffen, daß es fleckenlos und treffsicher seinen Zweck erfüllt. Auch das Kirchenrecht ist nicht frei von der Versuchlichkeit allen Rechtes, von den Rechtssuchenden als bloßes Mittel für ihre jeweiligen Zwecke mißverstanden und zurechtgebogen, von den durch die Forderung des Rechts Betroffenen ignoriert oder bekämpft, von den zur Durchsetzung des Rechts Berufenen zum Vehikel beruflicher Selbstverwirklichung und Machtgewinnung benützt zu werden. Es stört auch mehr als anderorts, solchen Haltungen gerade in der Kirche zu begegnen. Aber menschliches Kirchenrecht kann nach evangelischem Verständnis nicht ein vollkommenes, »heiliges Recht« sein, wird nicht von vollendeten »Heiligen« gemacht und kann niemanden zum »Heiligen« machen. Auch im Setzen und Anwenden des Kirchenrechts werden wir vielmehr immer wieder unser bleibendes Sünder-Sein erkennen und wechselseitig auf die *Vergebung* unserer Sünden angewiesen bleiben.

Das gilt für das Kirchenrecht nicht anders als für alle anderen Zweige kirchlicher Arbeit. Wir billigen der Predigt zu, daß sie trotz allem menschlichen Ungenügen dennoch gewagt werden darf und in ihrem Gelingen und Scheitern der Gnade Gottes befohlen werden muß. Eben das gilt auch für die kirchenrechtliche Arbeit. Hier liegt von ihrem Zweck und Gegenstand her sogar eine solche Sicht auf die Grenzen des Kirchenrechts besonders nahe. Denn eine ausdrückliche und Verbindlichkeit beanspruchende Zuschreibung von Aufgaben und eine im voraus entworfene Regelung zur Lösung von innerkirchlichen Konflikten erfolgt ja allemal aus der Einsicht, daß menschliche Schwäche im Erkennen, Wollen und Vollbringen der kirchlichen Aufträge zu solchen Regelungen Anlaß gibt.

»Weltliches Recht« versucht, dieser Schwäche dadurch aufzuhelfen, daß es den Rechtsgehorsam der Rechtsgenossen durch Androhung und Ausübung von Zwang in weiten Bereichen zu sichern sucht. Dieser Weg ist dem evangelischen Kirchenrecht verschlossen, das gemäß biblischer Weisung ohne Rechtszwang *»sine vi sed verbo«* zu wirken hat. Darin hat es teil an der Gewaltlosigkeit der Kirche, aber auch an ihrer Hoffnung. Die Grenze unseres Kirchenrechts ist letztlich die Grenze unseres Angewiesenseins auf den Herrn der Kirche und auf den Frieden, den er uns ebenso zusagt wie zur Aufgabe macht. Die biblische Botschaft hörend und ihre dort empfangenen Aufträge im Blick, sehen Christen das Recht ihrer Kirche nicht nur von den für ihre Aufgaben gefundenen Ordnungsgesichtspunkten, sondern stets auch von der geschuldeten Achtung vor der Freiheit eines Christenmenschen bestimmt. Im Wissen darum dürfen Christen, ob im Auftrag des Theologen oder des Juristen, auch zum Recht der Kirche ein getrostes Ja sagen.

Anhang 1

Hinweise für die Weiterarbeit

Dem Charakter dieses Werkes als eines Lernbuches für Anfänger entsprechend ist davon abgesehen worden, den Text durch einen Anmerkungsapparat zu belasten. Auch soll und kann nicht ein Schrifttumskatalog geboten werden, sondern nur erste Hilfe für solche Benutzer, denen die vorhergegangenen Ausführungen Lust zu weiteren Bemühungen gemacht haben. Das geschieht in abgekürzter Form; die Nummer bei dem Verfassernamen verweist auf die anschließenden Listen der wichtigsten Literatur für die Weiterarbeit.

A. Allgemeines

Ein für allemal wird zunächst hingewiesen auf die Literaturübersichten bei (129) Stein, und (19) von Campenhausen, weiter zu allen Grundsatzfragen auf die Stichwortartikel im Evangelischen Staatslexikon^{2} = (80) Kunst und schließlich zu allen Einzelheiten des Rechtes der deutschen Landeskirchen auf (44) Frost sowie die weiter unten zusammengestellten Rechtsquellensammlungen.

Ein vertiefendes Weiterstudium des evangelischen Kirchenrechts wird sich beständig mit den drei großen neueren Konzeptionen zu befassen haben, die von (29) Dombois, (59) Johannes Heckel und (158) Erik Wolf vorgelegt worden sind. (137) Steinmüller hat sie analysiert und verglichen. Grundfragen des Kirchenrechts beider Konfessionen sowie der Kirchenrechtsgeschichte und des Staatskirchenrechtes behandelt für Juristen (36) Erler. Eine gut lesbare Darstellung des Kirchenrechtes nach lutherischem Verständnis findet sich im Einleitungskapitel bei (53) Grundmann. Lesenswert sind auch die informierenden neueren Aufsätze von (7^{2}) Dreier, (24^{2}) und(25^{2}) Schlaich, (29^{2}) Stein und (30^{2}) Schwarz.

B. Zu den Textabschnitten

1. Kapitel: Voraussetzungen

1.1. Die Wissenschaft vom evangelischen Kirchenrecht im Gesamtsystem der evangelischen Theologie

1.1.1. Kirchenrechtswissenschaft und Theologie

Das dem Abschnitt vorangestellte Zitat steht bei (4) Barth, IV/3/2, 1007. Wissenschaftstheoretische Grundfragen des Kirchenrechts vgl. bei (44) Frost, 8 ff.: (158) Erik Wolf, 2 ff.; (29) Dombois I Vorwort, 9 ff.; Henkys bei (2) Ammer I, 45 – 51.

Näheres über das »Kirchbüchlein« bei (132) Stein.

Theologische Voraussetzungen des Kirchenrechts werden entfaltet in den ekklesiologischen Partien von (14^{2}) Kühn und (26^{2}) Schlink.

1.1.2. Der systematische Ort der Kirchenrechtswissenschaft

Zum kanonischen Recht der röm. kath. Kirche bis 1983 vgl. grundsätzlich (32) Eichmann-Mörsdorf, I, 15 ff.; und (18[2]) Neumann 3 ff., zum neuen Recht des CJC/1983 einführend (23[2]) Ruf, weiter die übersichtliche Gesamtdarstellung von (31[2]) Schwendenwein und das wissenschaftlich vertiefte Sammelwerk von (15[2]) Listl. Zur Stellung des Kirchenrechts an den Fakultäten (61) Martin Heckel und (136) Stein.

1.1.3. Nachbarfächer der Kirchenrechtswissenschaft

Eine erste Einführung in das Staatskirchenrecht der Bundesrepublik Deutschland geben (20) von Campenhausen und (87) Link sowie (18[2]) Neumann, 323 ff., für das der Republik Österreich vgl. (49) Gampl.
Die ebenso schwierigen wie praktisch bedeutsamen Auswirkungen staatskirchenrechtlicher Grundentscheidungen auf die arbeitsrechtliche Stellung kirchlicher Mitarbeiter werden von Richardi (22[2]) dargestellt.

Über die Geschichte des Kirchenrechts informiert (36) Erler, Einführung und Texte über das Verhältnis Staat: Kirche bietet (103) Raab.

Für Vorgerücktere lesenswert sind die kirchenrechtsgeschichtlichen Durchblicke bei (29) Dombois II. Eine auch für Theologen lesbare Einführung in allgemeine Fragen des Rechts bringt für deutsche Verhältnisse (162) Zippelius, für Österreich (50) Glaser. Versuche, in aufgelockerter Weise anhand von praktischen Fällen die Bedeutung von Rechtsfragen in der Pfarramtspraxis aufzuzeigen, bedeuten die Bändchen (130) Stein-Wulf für das allgemeine und (134) für das Kirchenrecht.

Zur allgemeinen Rechtslehre und Rechtsphilosophie kann auf (34) und (35) Engisch, zur Rechtssoziologie auf (105) Ryffel hingewiesen werden.

1.1.4. Kirchenrechtswissenschaft und Theologenausbildung

Zu den Prüfungsordnungen vgl. (61) Martin Heckel und (136) Stein.

Das Zitat von der »endemischen Rechtsneurose« steht in dem auch als Einführung in sein Kirchenrechtsdenken lesenswerten Beitrag (31) Dombois, 261.

1.2. Begriff und theologischer Ort des evangelischen Kirchenrechts

1.2.1. Kirchenrecht als ein Stück kirchlicher Wirklichkeit

Zum Begriff des Rechts, der hier nicht ausführlich dargestellt werden kann, ist zu verweisen auf die schon genannten Werke von (34), (35) Engisch, ferner (73) Kantorowicz und den Sammelband (89) Maihofer.

1.2.2. Versuche zur Begründung der Legitimität des Kirchenrechts

Das katholische Kirchenrechtsverständnis ist dargestellt bei (32) Eichmann-Mörsdorf; die angezogene These des tridentinischen Konzils steht Denz. 1571 über die nachkonziliare kath. Rechtstheologie unterrichten die Beiträge bei (15[2]) Listl. Zur Gegenüberstellung von konsekutivem, additivem und dialektischem Kirchenrechtsverständnis vgl. (29) Dombois I, 22 ff.; (137) Steinmüller, 691, zum grundsätzlichen Verhältnis von Kirchenrecht und Kirche vgl. neuerdings auch (13[2]) Janssen und (24[2]) Schlaich.

Die Entgegenstellung von Rechtskirche und Geistkirche, wobei die Geistkirche die Rechtskirche bestimmen und begrenzen soll, ist Angelpunkt des Kirchenrechtssystems von (68) Holstein, insbes. 210 – 228.

Zum Kirchenrecht als »Gewand« und »Gefäß« der Kirche vgl. (1) Achelis III, 400, 481.

1.2.3. Die rechtstheologische Bestreitung des Kirchenrechts (Rudolph Sohm)

Über Sohm unterrichtet umfassend (18) Bühler.

Die angeführten Kernsätze finden sich in zentralen Abschnitten von (118) Sohms Hauptwerk.

Lesenswert ist die Würdigung Sohms durch (93) Maurer, 328 ff.

Die Begrenztheit von Sohms Kirchenverständnis im Blick auf die Aufgabe kirchlicher Selbstordnung zeigt sich im Vergleich etwa mit (5[2]) von Campenhausen, (21[2]) Plathow und insbesondere den einschlägigen Abschnitten bei (14[2]) Kühn und (26[2]) Schlink, 554 ff.

1.2.4. Kirchenrecht als Anleitung zu christlicher Zusammenarbeit

Den Charakter des Rechts als stabilisierenden Verhaltensentwurf stellen (6) Bäumlin und (89) Maihofer dar; dort XXIX der Vergleich des Rechts mit Verkehrszeichen.

Rechtssoziologisch untersucht die Rechtsnormen als Festlegung von Verhaltensmöglichkeiten (105) Ryffel, 123 ff.

Recht und besonders Kirchenrecht unter dem Blickpunkt von Gesetz und Evangelium behandeln (142) Thielicke, 459 ff. und (23, 6[2]) Dantine, vgl. ferner (76) Kreck. Die Christusnachfolge als Ansatzpunkt einer Ortsbestimmung des Rechts wird betont bei (160) Ernst Wolf, 148 ff., wo zum Institutionenproblem auch 168 ff., 226 ff. wichtig sind. Zum Verhältnis Kirchenrecht: Ethik vgl. (11[2]) Herms.

Johannes Heckels Lehrsystem entfaltet er besonders in seinem Hauptwerk (59), dessen Lektüre zweckmäßig mit der Studie im Anhang 354 begonnen wird. Martin Heckel (9[2]) hat die Rechtstheologie Martin Luthers übersichtlich entfaltet.

Die kritischen Anfragen von Franz Lau sind (83) nachzulesen 528 ff., vgl. auch vorher 484 ff.

Darstellungen eines christokratischen Kirchenrechts bringen (4) (5) Barth und (158) Erik Wolf.

Beispiele von spontaner Ordnung der Gemeinde ohne vorherige kirchenrechtliche Anleitung bietet (123) Stein und, besonders eindrucksvoll in seiner Schilderung des Lebens einer Gemeinde im Konzentrationslager (51) Goldschmidt. Eine kurzgefaßte Schilderung der rechtsgeschichtlichen Entwicklung der evangelischen Kirche in Österreich findet sich bei (48) Gampl.

Der Begriff der realgeschichtlichen Methode im Kirchenrecht findet sich bei (137) Steinmüller, 694 ff.; (2) Ammer, 244 f. kommt mit ähnlichen Abwägungen zur Konzeption einer komplementären Ordnung des Kirchenrechts.

1.3. Die Bestimmtheit des evangelischen Kirchenrechts durch seine geistlichen Voraussetzungen

1.3.1. Der Grundbezug des Kirchenrechts auf Schrift und Bekenntnis

Zum vielerörterten Begriff des Ius divinum jetzt (161) Uvo A. Wolf. Das kirchliche Notrecht behandelt ausführlich (88) Christian Luther. Die Frage biblischer Weisungen in der evangelischen Ethik untersuchen (76) Kreck, 153 ff., (160) Ernst Wolf, 117 ff.

1.3.2. Die Problematik biblischer Voraussetzungen für das Kirchenrecht

Erik Wolf hat seine Lehre zunächst in dem Bändchen (157) und dann in seinem Hauptwerk (158) 465 ff. entfaltet; vgl. weiter (159) I 89 ff., 183 ff.; III 227 f. Seine Lehre wird systematisch dargestellt und interpretiert von (137) Steinmüller 286 ff.

Zu (59) Johannes Heckel ist in diesem Zusammenhang 93 ff., 175 ff., 369, zu (29) Dombois I 280 ff., 814 ff., heranzuziehen.

Zu der zitierten Bemerkung von Micskey vgl. (16[2]) zu Schlaich (24[2]) 368 f.

1.3.3. Der neutestamentliche Befund zu Fragen des Kirchenrechts

Für alle Fragen neutestamentlicher Gemeindeordnung ist als Einführung zu empfehlen (113) SCHWEIZER; beachtlich auch (84) LEUBA und neuerdings auch (141) THEISSEN.

Eine, biblische Weisungen in thetischen Sätzen eines allgemeinen Kirchenrechtes zusammenfassende Konzeption gibt (29) DOMBOIS II 216 ff.

Die Sätze heiligen Rechts hat (72) KÄSEMANN erhoben.

1.3.4. Die Ausrichtung des Schrift und Bekenntnis folgenden Kirchenrechts

Der Abschnitt versucht die Zusammenfassung von Gedanken, über die sich jeweils bei verschiedenen Autoren Gewichtiges lernen läßt.

(4) BARTH IV/3 781 ff. sieht das Kirchenrecht ausgerichtet nach den Gesichtspunkten eines Dienstrechtes (781), eines liturgischen Rechtes (787), lebendigen Rechtes (805) und vorbildlichen Rechtes (815) lesenswert dazu (25) DIEM; (29) DOMBOIS I 237 ff. stellt Kirchenrecht vor allem als liturgisches und bekennendes Recht dar.

Die Zusammenhänge der Erkenntnis des Bekenntnischarakters des Kirchenrechts verdeutlichen sich an der Barmer Theologischen Erklärung; vgl. BURGSMÜLLER (2^2 und 3^2) und HUBER (12^2), 147 ff., zu den Voraussetzungen und Folgerungen dieses Ansatzes auch STEIN (28^2) und (29^2), sowie dessen Beitrag bei (8^2) HAUSCHILD, 186 ff. ebenso wie die sonstigen Abhandlungen dieses Sammelbandes.

(2) AMMER, 245 ff. betont den bekennenden, diakonischen und ökumenischen Charakter.

Den Gesichtspunkt der emanzipatorischen Funktion des Kirchenrechtes findet sich der Sache nach bei (97) MOLTMANN 318 ff. und (52) GOLLWITZER 119 f., 197 ff. angesprochen.

1.4. Quellen und Auslegungsgrundsätze evangelischen Kirchenrechts

1.4.1. Der geschichtliche Charakter evangelischen Kirchenrechts

Lesenswert sind (6), (7) BÄUMLIN, (4) BARTH IV/3, 805 ff., (29) DOMBOIS II 87 ff., (2) AMMER 254 ff. sowie die einschlägigen Abschnitte des Simmelwerks von DANTINE (6^2). Die Gegensatzbildung monistische: dualistische Kirchenrechtsordnung findet sich anschaulich bei (54) GRUNDMANN 4 ff.

1.4.2. Denkform und Sprache des Kirchenrechts

Auch für Theologen lesbare Einführungen bieten (34) ENGISCH und (162) ZIPPELIUS.

Grundlegung und Praxis des Rechts in praktisch-theologischer Sicht versuchte der Vortrag (135) STEIN, 107 ff. anzudeuten.

Wie die Auslegung und Anwendung des Rechts im Gerichtsbetrieb praktisch aussieht, zeigt das für lernenden Juristen im Vorbereitungsdienst geschriebene Buch vom (115) SIRP insbes. 16 ff.

1.4.3. Die Rechtsquellen des Kirchenrechts

Ausführliche Darstellungen zum Problem finden sich bei (85) LIERMANN, 47 ff., (158) ERIK WOLF, 480 ff.

Das neue Phänomen der kirchlichen Lebensordnung analysieren (152) WENDT, 101 ff. und PLATHOW (21^2).

Technische Fragen kirchlicher Rechtsetzung referiert (98) MÜLLER, zur Frage innerkirchlicher Grundrechte PIRSON (19^2).

Die von nun an den einzelnen Abschnitten vorangestellten »beispielhaften Quellenstellen« aus dem Bereich der kirchlichen Rechtsetzung zu Einzelfragen sollen vor allem dazu Gelegenheit geben, Denk- und Redeweise kirchenrechtlicher Quellen kennenzulernen und die hinter dem Wortlaut stehenden Probleme zu empfinden.

Sie sind nach pädagogischen, nicht nach rechtspraktischen Gesichtspunkten ausgewählt worden. Wer für seine besondere kirchliche Umwelt den maßgeblichen Text sucht, wird ihn in der Rechtsquellensammlung seiner Kirche (vgl. darüber hier Anhang 3) aufsuchen müssen.

Für die Zeit bis 1972 bietet das für rechtsvergleichende Bemühungen unentbehrliche zusammenfassende Handbuch (44) FROST den gesamten Rechtsstoff systematisch aufbereitet.

Für die Zeit danach muß gegebenenfalls das alljährliche Rechtsquellenverzeichnis im Augustheft des Amtsblattes der Evangelischen Kirche in Deutschland zu Rate gezogen werden.

1.4.4. Die Auslegung kirchenrechtlicher Texte

Über Gesetzesauslegung allgemein ist auf (115) SIRP, 41 ff. und (34) ENGISCH, 85 ff. zu verweisen. Die Bedeutung der theologischen Voraussetzungen für die Auslegung kirchenrechtlicher Texte veranschaulicht STEIN (27^2).

Welche verwickelten Auslegungsfragen in der kirchlichen Praxis vorkommen können, zeigen die im Kirchenordnungskommentar (8) BECKER angezogenen Beispiele von Einzelfallentscheidungen eines Landeskirchenamtes.

2. Kapitel: Das Recht des Gottesdienstes

2.1. Grundregeln des Gottesdienstrechts

Zum Gottesdienst allgemein kann bei (158) ERIK WOLF, 513 ff. und (2) AMMER, 262 ff. Näheres nachgelesen werden.

BURGSMÜLLER (1^2) schildert anschaulich die rechtlichen Regelungen kirchlich-gottesdienstlicher Praxis.

Kirchenrecht als liturgisches Recht wird entfaltet bei (29) DOMBOIS I, 363 ff.; Dombois' Lehre von den kirchenrechtlichen Grundbegriffen findet sich dort 815 fff.

In der Betonung des Begriffes »= Auftrag« in diesem Zusammenhang folge ich (97) MOLTMANN, 327 ff., bei dem auch 336 der Begriff der Dienstgemeinschaft als Wechselbegriff erscheint.

Über die Bedeutung der Ausnahme als Befreiung von der Regel im Kirchenrecht sind sich (4) BARTH IV/3, 809 ff., (59) JOHANNES HECKEL, 221 f. und (142) THIELICKE, 481 einig.

Zum katholischen Kirchenrecht sind insoweit (32) EICHMANN-MÖRSDORF, 112 ff., 172 ff., und (64) HERING, 68 ff., sowie (18^2) NEUMANN und 109–113, LISTL(15^2) zum orthodoxen Kirchenrecht (116) SLENCZKA, 234 ff. heranzuziehen.

Insbesondere das evangelische Recht der Agenden stellt (144) v.TILING vor. Zur Rechtsordnung der Predigt vgl. MÜLLER (17^2).

2.2. Das Recht der christlichen Taufe

Hier ist näheres bei (158) ERIK WOLF, 530 ff., und bei (29) DOMBOIS I 296 ff., zu erfahren.

Gesichtspunkte aus theologischer Kritik und Kirchenreform finden sich bei (26) DIEM 148 – 164,(111) JÜRGEN SCHWARZ und (30) DOMBOIS-SCHLINK behandelt. Zum römisch-katholischen Taufrecht vgl. (32) EICHMANN-MÖRSDORF II, 23 ff.

2.3. Das Recht des Herrenmahles

Mit dem Gebrauch des Ausdrucks »Herrenmahl« statt Abendmahl oder Eucharistie folge ich einem überzeugenden Vorschlag von ERNST KÄSEMANN beim Kirchentag Nürnberg 1979.

Evangelisches Kirchenrecht hierzu ist näher nachzulesen bei (158) ERIK WOLF, 534 ff., (29) DOMBOIS I, 374 ff., (75) KRÄMER.

2.4. Das Recht der kirchlichen Amtshandlungen

Die Grundsatzproblematik ist ausführlicher dargestellt bei (131) STEIN 231 ff., eine Übersicht des Amtshandlungsrechtes insgesamt bietet (158) ERIK WOLF 539 ff.

Das Trauungsrecht insbesondere wird dargestellt bei (29) DOMBOIS I, 628 ff., die bisherige römisch-katholische Eherechtslehre bei (18²) NEUMANN, 275 – 307, die jetzt geltende bei RUF (23²), 245 ff, SCHWENDENWEIN (31²), 354 ff. und LISTL (15²), 730 ff. Die Fragen von Ehescheidung und Wiedertrauung insbesondere behandeln (65) HESSE und (126) STEIN, die gemeinsame (»ökumenische«) kirchliche Trauung (108) SCHMIDT-LAUBER.

2.5. Das Recht der Beichte und Seelsorge

Zur Seelsorgeordnung vgl. (158) ERIK WOLF, 528 f.

Fragen der Schweigepflicht untersucht (124), und (128) STEIN.

Rechtsfragen der Telefonseelsorge, wie sie auch bei anderen helfenden Gruppen auftreten können, erörtert (138) STOLLEIS.

3. Kapitel: Das Recht der Gemeinde

3.1. Der Rechtsbegriff der Gemeinde

Zur theologischen Grundlegung ist lesenswert (97) MOLTMANN, 341 ff. Die kirchenrechtliche Grundsatzfrage der Stellung der Gemeinde zur Kirche erörtern (158) ERIK WOLF, 569 ff., (43) FORST, 32 ff.

Lesenswert sind weiter zum reformierten Kirchenrecht im Blick auf die Gemeinde (151) WEERDA, 190 ff., zu Fragen des Gemeindeaufbaues und der daraus zu ziehenden kirchenrechtlichen Folgerungen WINKLER bei (2) AMMER, 178 ff. sowie (109) SCHNELL.

3.2. Die Gemeindegliedschaft

Fragen des kirchlichen Mitgliedschaftsrechts behandeln (44) FROST, 66 ff. sowie WENDT bei (16) BRUNOTTE, 129 ff. und (154), ferner von CAMPENHAUSEN (42) I, 635 ff., 657 ff. Den personellen Geltungsbereich kirchlicher Rechtsvorschriften behandelt PIRSON (19²).

Bemerkungen zu Taufe und Kirchengliedschaft bringt STEIN bei (111) JÜRGEN SCHWARZ, 174 ff.

Zur Frage der sog. Kirchenzucht nimmt beachtenswert Stellung (27) DIEM, 199 ff.

3.3. Die Aufträge der christlichen Gemeinde

In die Grundfrage dieses Abschnittes führen vertiefend weiter (97) MOLTMANN, 327 ff., (26) DIEM, 270 ff., und (69) HONECKER; für den nachkonziliaren Katholizismus ist (79) KÜNG, 429 ff. repräsentativ.

Kirchenrechtliche Grundfragen der Ämter- und Dienstlehre wirft (44) FROST, 102 ff. auf.

Zur Problematik der Ordination vertreten die verschiedenen Positionen einerseits (66) HEUBACH und (29) DOMBOIS I, 473 ff., andererseits bei (146) VIERING, 63 ff., ERNST WOLF (28) DIEM 511 ff. und (24) DANTINE, 103 ff. ein.

Über Laienpredigt und Laienordination vgl. (123) STEIN.

3.4. Der Pfarrer

In die theologischen Grundfragen des Pfarramts nach lutherischem Verständnis führen ein (54) GRUNDMANN 156 – 176, und (92) WILHELM MAURER; die kirchenrechtliche Struktur des Pfarramtes schildert heute ausführlich (44) FROST 39 ff.

Grundfragen des Pfarramts behandeln die Beiträge bei (146) VIERING, (37) FAILING und (47) FUNKE. Im Blick auf die Verhältnissse in den reformierten Kirchen der Schweiz behandelt kirchenrechtliche Fragen des Pfarramtes die Dissertation von (81) KUSTER.

Über das heutige Recht der Pfarrerausbildung referiert (9) BLASCHKE 301 ff.

Über die Rechtsstellung der Frau im Pfarramt orientiert (112) KARL SCHWARZ mit weiteren Angaben.

Näheres zu Aufgaben und Stellung der »Sonderpfarrer« hat (119) SPIEGEL zusammengestellt.

Die Lehrverpflichtung des evangelischen Pfarrers untersucht STEIN (121), (125), (133).

Schlaglichter auf die Problematik der Vorschriften über die parteipolitische Betätigung von Pfarrern werfen die bei (71) JOSUTTIS zusammengefaßten unterschiedlichen Rechtsgutachten.

Meine eigenen kritischen Vorbehalte gegenüber der kirchlichen Disziplinargerichtsbarkeit habe ich zusammengefaßt in (127) STEIN; ähnlich neuerdings (57) HARBSMEIER, 205 ff. gegen kirchliche »Verrechtlichung des Erbarmens«.

Rechtsfragen der Versetzung von Pfarrern im Interesse des Dienstes behandelt speziell im Blick auf das lutherische Pfarrerdienstrecht (149) HERMANN WEBER.

Über den Rechtsschutz der kirchlichen Bediensteten, also auch der Pfarrer, unterrichtet VON CAMPENHAUSEN bei (16) BRUNOTTE, 262 ff.

3.5. Die äußeren Mittel

Über das kirchliche Vermögensrecht unterrichten (85) LIERMANN, 363 ff., (40) FRIEDRICH, 385 ff., (43) FROST, (92) ff., ferner HEINER MARRÉ, JOSEF ISENSEE, CHRISTIAN MEYER in (42) FRIESENHAHN II, 5 ff.

Zu den Aufgaben der Gemeindeleitung ist heranzuziehen (58) HAUG.

Die Rechtsstellung kirchlicher Angestellter erörtert (145) VON TILING, die der Kirchenbeamten (38) FRANK, die Besonderheiten der arbeitsrechtlichen Stellung kirchlicher Mitarbeiter schildert unter ausführlicher Darstellung der Probleme RICHARDI (22^2).

Das Wahlrecht der Presbyter ist dargestellt bei (78) KÜHN, die Problematik der Kirchensteuer bei (10) BÖHME.

4. Kapitel: Kirche im größeren Bereich

4.1. Das Miteinanderleben benachbarter Gemeinden im Kirchenkreis

Rechtlich umfassend behandelt das Problem der Kirche in der Region FROST (43) und (44), 156 ff.

Unter dem Gesichtspunkt der Kirchenreform nehmen (33) ELSER sowie die synodalen Arbeitspapiere (82) für Westfalen dazu Stellung.

Wesen und Formen der Visitation verdeutlichen die Beiträge von (27) DIEM, 161 ff., (70) JOSUTTIS (94) MEYER.

Materialien zur kirchenrechtlichen Bedeutung der Synode bringen KINDER und MAURER bei (12) BRUNNER 100 ff., 78 ff., und (117) SMEND sowie (153) WENDT. Die Spezialfrage des synodalen Geschäftsordnungsrechtes behandelt die Dissertation von (55) HÄGELE, den synodalen Finanzausgleich der Aufsatz von (143) THÜMMEL.

4.2. Geistliche Aufträge im Großbereich

(44) FROST behandelt das Superintendentenamt 162 ff., das Amt des Leitenden Geistlichen Amtsträgers 323 ff.

Zur Grundsatzfrage der Leitung der Kirche ist lesenswert (58) HAUG, zum Superintendentenamt die Dissertation von (139) STREITER.

Zum Bischofsamt unterrichten die Literaturübersicht von (17) HEINZ BRUNOTTE 282 ff., ferner unter verschiedenen Leitgesichtspunkten (12, 13) BRUNNER, 235 ff. (21) VON CAMPENHAUSEN und (91) MAURER 388 ff. Zum Problem seiner zeitlichen Begrenzung HECKEL (9^2).

4.3. Die Teilkirchen (Landeskirchen)

Zur Ordnung der Kirche im Großbereich bringen Grundsätzliches (86) LINK und (16) HEINZ BRUNOTTE 29 ff.; die heutige Rechtslage wird dargestellt bei (44) FROST 298 ff. und (153) WENDT.

Die Zusammenhänge zwischen Bischofsamt und Kirchenleitung untersucht (140) TEMPEL.

Fragen der Kirchenverwaltung werden rechtlich von BENN bei (16) H. BRUNOTTE 197 ff., 105 ff., und WILHELM MAURER, kirchensoziologisch-kritisch bei (119) SPIEGEL erörtert.

Kirchliche Gerichtsbarkeit untersucht grundsätzlich HARTMUT MAURER (90) und (91).

Insbesondere kirchliche Verwaltungsgerichtsbarkeit behandeln (107) SCHEUNER und (114) SEIDLER.

Das Recht der kirchlichen Disziplinargerichtsbarkeit referieren der Kommentar von (3) VON ARNIM, die Dissertationen von (56) HANSCH und (156) WIESNER sowie kritisch der Aufsatz von (127) STEIN.

Über das Lehrbeanstandungsverfahren unterrichtet STEIN (121), (125) und (133).

Die Stellung der kirchlichen Richter zum Bekenntnis prüft MEYER bei (16) HEINZ BRUNOTTE 252 ff., das Verhältnis zwischen kirchlicher und staatlicher Gerichtsbarkeit EVERS, dort 329 ff.

Zu Fragen der kirchlichen Werke vergleiche grundsätzlich (148) WASSE, weiter (74) KÖTTGEN sowie VON TILING in (42) FRIESENHAHN II, 231 ff., zur Diakonie im Recht der Kirche und des Staates VON CAMPENHAUSEN (4^2), zu den Besonderheiten des Dienstrechtes der Mitarbeiter diakonischer Werke im Verhältnis zum staatlichen Arbeitsrecht RICHARDI (22^2). Die Rechtsstellung des Diakonischen Werkes der EKiD regelt sich nach deren Kirchengesetz vom 6. November 1975 (ABl EKiD 713).

Über die Rechtsstruktur evangelischer Orden und Bruderschaften unterrichtet (44) FROST, 522 ff. Beispiele schildert auch (96) MOHAUPT.

Über Kirche und Schule informieren die oben 1.1.3. genannten staatskirchenrechtlichen Werke sowie ausführlicher ERWIN STEIN, GEIGER, LINK und MAUNZ bei (42) FRIESENHAHN II, 455 ff.; lesenswert sind auch die Stichwortartikel von HANS HECKEL und OBERMEYER bei (80) KUNST, 2248 ff.

4.4. Die kirchlichen Zusammenschlüsse

Über die EKiD unterrichten die Darstellung (15) und der Kommentar (14) von HEINZ BRUNOTTE, den Stand der EKiD-Verfassungsreform referiert (39) FRANK, 25 ff. nach dem Stande von 1977.

Die einschlägigen Rechtstexte sind am leichtesten in der in Anhang 5 genannten Rechtssammlung von DAHRMANN zu finden. Die im Text erwähnte Vereinbarung über die Kirchenmitgliedschaft vom 27./28. November 1969 ist im ABl EKiD 1970, 2, das Kirchengesetz über die Kirchenmitgliedschaft vom 10. November 1977 ist im ABl EKiD 389 abgedruckt.

Zur Auslegung der Neufassung von Art. 1 Abs. 5 der Grundordnung der Ev. Kirche in Deutschland ist die Zustimmungserklärung der Kirchenkonferenz vom 13. Juni 1984 (ABl EKiD Nr. 113) zu beachten.

Darstellungen des Verfassungsrechtes der VELKD bringen (53) GRUNDMANN, 172 ff. und (110) SCHNELL.

Einführungen in die Kirchenverfassungen der evangelischen Kirchen in der DDR finden sich bei (63) HENKYS, ähnliches für die Schweiz bei (45), 8 ff., (46) FUCHS und (95) MOBBS sowie für Österreich bei (104) RIEGER zum Stichwort.

4.5. Das Recht der Ökumene

Kurzgefaßte Unterrichtung bringen die Stichwortartikel von GASSMANN bei (80) KUNST, 1663 ff., 1670 ff., ausführliches Material die Sammelbände von (41) FRIELING und (147) VISCHER.

Fragen des Lutherischen Weltbundes behandelt umfassend (53) GRUNDMANN. Das Grundsatzproblem zwischenkirchlicher Beziehungen erörtert (102) PIRSON. Beispiele für die auch kirchenrechtlich sich anbahnende Näherung zwischen den Kirchen gibt (99) MÜLLER-FAHRENHOLZ, solche für Verhandlungen evangelischer Kirchen und der römisch-katholischen Kirche in Einzelfragen bieten zur Trauungsproblematik (108) SCHMIDT-LAUBER, zur Herrenmahlsgemeinschaft (100) MUMM.

5. Schluß: Die Grenze des Kirchenrechts

Zur Vertiefung erscheint nützlich zu lesen, was (29) DOMBOIS II, 87 ff. zu Defizienz und Suffizienz der Kirchenverfassung, (60) MARTIN HECKEL, 240 ff. zu summum ius: summa iniuria im Kirchenrecht und (142) THIELICKE, 478 ff. zum »antwortenden Kirchenrecht« zu sagen haben.

Einschlägig sind auch Luthers bei (122) STEIN wiedergegebene Meinungen über die Juristen und die Ausführungen bei (150) OTTO WEBER über die Unverrechenbarkeit kirchlicher Ordnung.

Nachtrag:
Das erste nach Abschluß des Drucksatzes erschienene Festheft für GÜNTHER WENDT (Zeitschrift für ev. Kirchenrecht 29/1984, 1 – 381) konnte hier nicht mehr in die Literaturhinweise eingearbeitet werden. Auf die, auch für den Lernenden wichtigen Abhandlungen insbesondere von A. v. CAMPENHAUSEN über Kirchenleitung (11 ff.), ALBERT STEIN über Kirchenmitgliedschaft (47 ff.) und HARTWIG NIEMANN über Dispens (123 ff.) sei dennoch hingewiesen.

Anhang 2

Literaturverzeichnis

Die nachfolgende Liste setzt sich lediglich das Ziel, die »Hinweise für die Weiterarbeit« von den genauen Titelangaben zu entlasten und dadurch leichter lesbar zu machen. Aufgeführt sind lediglich solche Schriften und Beiträge, die sich nach Auffassung des Verfassers dem Lernenden besonders zum ersten Einstieg empfehlen. Was sich dort an weiterführenden Hinweisen findet, ist hier nicht nochmals genannt. Die Art der Auflistung will bei möglichster Kürze jedenfalls die Beiziehung jedes genannten Werkes ermöglichen. Deshalb wurden zur Platzersparnis Sammelwerke jeweils nur einmal genannt. Zitate aus ihnen erscheinen also bei mehreren Erwähnungen mit dem Namen des Herausgebers, nicht auch unter dem Namen jedes einzelnen Beitragsverfassers; dieser wird in den »Hinweisen für die Weiterarbeit« genannt. Daher darf die Literaturliste nicht als Überblick über die wichtigsten kirchenrechtlichen Veröffentlichungen oder als Veröffentlichungsliste maßgeblicher Kirchenrechtswissenschaftler verstanden werden. Wer solches sucht, findet bei (44) Frost, S. 601 – 650, (19) von Campenhausen und (129) Stein genügend Anhaltspunkte.

A. Bereits in der 1. Auflage zitierte Arbeiten

1 Achelis, Ernst Christian
PraktischeTheologie Bd. III
Freiburg[3] 1911

2 Ammer, Heinrich
Handbuch der Praktischen Theologie Bd. I: Die Ordnung der Kirche
Berlin/DDR 1975

3 Arnim, Hans von
Das Disziplinargesetz der Evangelischen Kirche in Deutschland vom 11. März 1955, erläutert . . .
Berlin 1960

4 Barth, Karl
Die kirchliche Dogmatik
Zollikon-Zürich 1932 ff.

5 Barth, Karl
Die Ordnung der Gemeinde [= (4), IV/2, 765 – 824]
München 1955

6 Bäumlin, Richard
Staat, Recht und Geschichte
Zürich 1961

7 Bäumlin, Richard
Gangbare und ungangbare Wege zum kirchlichen Verwaltungsrecht.
Zeitschrift für evangelisches Kirchenrecht 13, 238 – 255.
Tübingen 1967/68

8 Becker, Nikolaus
Die Kirchenordnung der Evangelischen Kirche im Rheinland mit Erläuterungen
Neuwied 1978

9 Blaschke, Klaus
Das Recht der Vikare
Zeitschrift für evangelisches Kirchenrecht 22, 301 – 322.
Tübingen 1977

10 Böhme, Wolfgang
Die Kirchensteuer, woher, wofür?
Stuttgart o.J.

11 Bonhoeffer, Dietrich
Gesammelte Werke Bd. II, Hrsg. Eberhard Bethge
München 1965

12 Brunner, Peter
Vom Amt des Bischofs
in: Schriften des Theologischen Konvents Augsburgischen Bekenntnisses
H. 9, 5 – 77.
Berlin 1955

13 Brunner, Peter
Pro Ecclesia Bd. I, Gesammelte Aufsätze
Berlin-Hamburg 1962

14 Brunotte, Heinz
Die Grundordnung der Evangelischen Kirche in Deutschland
Berlin 1954

15 Brunotte, Heinz
Die Evangelische Kirche in Deutschland. Geschichte, Organisation und Gestalt der EKD
Gütersloh 1964 (Evangelische Enzyklopädie 1)

16 Brunotte, Heinz u. a. (Hrsg.)
Festschrift für Erich Ruppel
Hannover-Berlin-Hamburg 1968

17 Brunotte, Heinz
Neuere Literatur zur Bischofsfrage
Zeitschrift für evangelisches Kirchenrecht 13, 282 – 298.
Tübingen 1967/68

18 Bühler, Andreas
Kirche und Staat bei Rudolph Sohm
Zürich 1965 (Basler Studien z. hist. u. system. Theologie 6)

19 Campenhausen, Axel, Freiherr von
Literaturbericht zum Kirchenrecht
Theologische Rundschau N. F. 38, 119 – 162.
Tübingen 1973/74

20 Campenhausen, Axel, Freiherr von
Staatskirchenrecht. Ein Leitfaden durch die Rechtsbeziehungen zwischen Staat und den Religionsgemeinschaften
München [1]1973, [2]1983

21 Campenhausen, Axel, Freiherr von
Entstehung und Funktionen des bischöflichen Amtes in den evangelischen Kirchen in Deutschland
Österreichisches Archiv für Kirchenrecht 26, 3 – 24.
Wien 1975

22 Dalhoff, Erich
Synode und Kirchenleitung in der Evangelischen Kirche im Rheinland
Zeitschrift für evangelisches Kirchenrecht 11, 89 – 110.
Tübingen 1964

23 Dantine, Wilhelm
Die Gerechtmachung des Gottlosen
München 1959

24 Dantine, Wilhelm
Amt und Kirche in evangelischer Sicht
in: Franz Sauer (Hrsg.), Forschung und Fortschritt, 103 – 112.
Graz 1966
jetzt auch in: ders., Recht aus Rechtfertigung, Ausgewählte rechtstheologische und kirchenrechtliche Aufsätze, Hrsg. Albert Stein, 337 – 348
Tübingen 1982

25 Diem, Hermann
Vertrauen und Mißtrauen im Kirchenrecht. Zu Karl Barths dogmatischer Grundlegung des Kirchenrechts
Zeitschrift für evangelisches Kirchenrecht 5, 274 – 281.
Tübingen 1956

26 Diem, Hermann
Die Kirche und ihre Praxis. Theologie als kirchliche Wissenschaft Bd. III
München 1963

27 Diem, Hermann
Sine vi sed verbo
München 1965

28 Diem, Hermann
Amt ohne Weihe. Zur Diskussion über die Ordination und den Dienst des Pfarrers
Evangelische Kommentare 2, 511 – 515.
Stuttgart 1969

29 Dombois, Hans
Das Recht der Gnade. Ökumenisches Kirchenrecht 2 Bde.
1 Witten[2] 1969, II Bielefeld 1974

30 Dombois, Hans – Schlink, Edmund
Volkskirche und Säuglingstaufe
Zeitschrift für evangelisches Kirchenrecht 21, 113 – 131.
Tübingen 1976

31 Dombois, Hans
Grundlagen und Grundzüge der Kirchenrechtslehre
in: Georg Picht (Hrsg.) Theologie, was ist das?
Stuttgart-Berlin 1977

32 Eichmann, Eduard – Mörsdorf, Klaus
Lehrbuch des Kirchenrechts (kath.) 2 Bde.
I Paderborn[11] 1964, II Paderborn[11] 1967

33 Elser, Herbert u. a.
Anstöße – Entwurf einer strukturellen Veränderung der kirchlichen Arbeit, dargestellt an der Großregion Konstanz-Singen-Radolfszell
Karlsruhe 1968

34 Engisch, Karl
Einführung in das juristische Denken
Stuttgart[5] 1956 (Urban-Taschenbücher 20)

35 Engisch, Karl
Auf der Suche nach der Gerechtigkeit. Hauptthemen der Rechtsphilosophie
München 1971

36 Erler, Adalbert
Kirchenrecht. Ein Studienbuch
München [1]1946, [5]1983 (Jurist. Kurz-Lehrbücher)

37 Failing, Wolf-Eckart
Kooperation als Leitmodell. Krise und Strukturerneuerung des Gemeindepfarramts
Frankfurt-Berlin-München 1970

38 Frank, Johann
Geschichte und neuere Entwicklung des Rechts der kirchlichen Beamten
Zeitschrift für evangelisches Kirchenrecht 10, 264 – 302.
Tübingen 1963/64

39 Frank, Johann
Stand der Verfassungsreform der Evangelischen Kirche in Deutschland
Zeitschrift für evangelisches Kirchenrecht 22, 25 – 38.
Tübingen 1977

40 Friedrich, Otto
Einführung in das Kirchenrecht
Göttingen[2] 1978

41 Frieling, Reinhard
Ökumene in Deutschland. Ein Handbuch der interkonfessionellen Zusammenarbeit in der Bundesrepublik
Göttingen 1970

42 Friesenhahn, Ernst – Scheuner, Ulrich – Listl, Joseph (Hrsg.)
Handbuch des Staatskirchenrechts der Bundesrepublik Deutschland 2 Bde.
I Berlin 1974, II Berlin 1975

43 Frost, Herbert
Die Rechtsstellung des Kirchenkreises der evangelischen Kirche im Rheinland
Bonn 1958 (Schriften z. Rechtslehre und Politik 14)

44 Frost, Herbert
Strukturprobleme evangelischer Kichenverfassung. Rechtsvergleichende Untersuchungen zum Verfassungsrecht der deutschen evangelischen Landeskirchen
Göttingen 1972

45 Fuchs, Johannes Georg
Offenheit der Schweizerischen Volkskirchen
Zeitschrift für evangelisches Kirchenrecht 17, 8 – 32.
Tübingen 1972

46 Fuchs, Johannes Georg
Aus der Praxis eines Kirchenjuristen in der Zeit ökumenischer Begegnung. Der Evangelisch-reformierten Kirche zur 450-Jahr-Feier der Basler Reformation
Zürich 1979

47 Funke, Alex
Der Pfarrer als Rektor geistlicher Dienste
Monatszeitschrift für Pastoraltheologie 48, 449 – 458.
Göttingen 1959

48 Gampl, Inge
Staat und evangelische Kirche in Österreich von der Reformation bis zur Gegenwart
Zeitschrift der Savigny-Stiftung für Rechtsgeschichte 83,
Kanonistische Abteilung 52, 299 – 331.
Weimar 1966

49 Gampl, Inge – Link, Christoph
Deutsches und österreichisches Staatskirchenrecht in der Diskussion
Paderborn 1974 (Rechts- u. Staatswiss. Veröff. d. Görres-Ges. N. F. 10)

50 Glaser, Herbert – Heller, Viktor
Staat und Recht. Lehrbuch der Staatsbürgerkunde und Rechtslehre
Wien^{4} 1977

51 Goldschmidt, Arthur
Geschichte der evangelischen Gemeinde Theresienstadt 1942 – 1945
Tübingen 1948

52 Gollwitzer, Helmut
Befreiung zur Solidarität
München, 1978

53 Grundmann, Siegfried
Der Lutherische Weltbund
Köln – Graz 1957 (Forschungen z. kirchlichen Rechtsgeschichte u. z. Kirchenrecht 1)

54 Grundmann, Siegfried
Abhandlungen zum Kirchenrecht, Hrsg. Reinhard Zippelius u. a.
Köln – Wien 1969

55 Hägele, Joachim
Das Geschäftsordnungsrecht der Synoden der evangelischen Landeskirchen und gesamtkirchlichen Zusammenschlüsse
München 1973 (Jus Ecclesiasticum 18)

56 Hansch, Karl
Die Disziplinargerichtsbarkeit in der evangelischen Kirche
Göttingen 1961 (Göttinger rechtswiss. Studien 33)

57 Harbsmeier, Götz
Gerechtigkeit und Erbarmen in der Kirche
Reformierte Kirchenzeitung 120, 205 – 210
Neukirchen-Vluyn 1979

58 Haug, Martin
Der Dienst der Leitung in Gemeinde und Kirche
Gütersloh 1965 (Handbücherei für Gemeindearbeit 36)

59 Heckel, Johannes
Lex charitatis. Eine juristische Untersuchung über das Recht in der Theologie Martin Luthers. Hrsg. Martin Heckel
Köln – Wien^{2} 1973

60 Heckel, Martin u. a.
summum ius – summa iniuria. Individualgerechtigkeit und der Schutz allgemeiner Werte im Rechtsleben.
Tübingen 1963

61 Heckel, Martin
Die Situation des Kirchenrechts an den deutschen Universitäten
Zeitschrift für evangelisches Kirchenrecht 18, 330 – 354
Tübingen 1973

62 Heckel, Martin
Art. Luther in: Handwörterbuch zur Deutschen Rechtsgeschichte.
17. Lieferung, Sp. 105 – 110
Berlin 1978

63 Henkys, Reinhard
Bund der Evangelischen Kirche in der DDR. Dokumente zu seiner Entstehung.
Witten – Frankfurt – Berlin 1970

64 Hering, Carl Joseph
Aequitas und Toleranz. Gesammelte Schriften, Hrsg. Erich Fechner u. a.
Bonn 1971

65 Hesse, Hans-Gerd
Neuere Gesetzgebung der deutschen evangelischen Kirchen und Kirchenbünde auf dem Gebiet des Ehescheidungs- und Wiedertrauungsrechts
Zeitschrift für evangelisches Kirchenrecht 13, 375 – 405
Tübingen 1967/68

66 Heubach, Joachim
Die Ordination zum Amt der Kirche
Berlin 1956 (Arbeiten z. Geschichte u. Theologie d. Luthertums 2)

67 Heymann, Dietrich von
Handwörterbuch des Pfarramts.
Führungs- und Arbeitstechniken für Kirche und Gemeinde
München 1978

68 Holstein, Günther
Die Grundlagen des evangelischen Kirchenrechts
Tübingen 1928

69 Honecker, Martin
Kirche als Gestalt und Ereignis
München 1963 (Forschungen z. Geschichte u. Lehre d. Protestantismus X/25)

70 Josuttis, Manfred
Visitation und Kommunikation
Wissenschaft und Praxis in Kirche und Gesellschaft 64, 43 – 54.
Göttingen 1975

71 Josuttis, Manfred (Hrsg.)
Pfarrer in der DKP?
München 1977 (Theologische Existenz heute 197)

72 Käsemann, Ernst
Sätze heiligen Rechtes im Neuen Testament
in: ders., Exegetische Versuche und Besinnungen Bd. II, 69 – 82.
Göttingen[2] 1965

73 Kantorowicz, Hermann
Der Begriff des Rechts
Göttingen o. J. (Kleine Vandenhoeck Reihe 152/153)

74 Köttgen, Arnold
Bemerkungen über den rechtlichen Status der Werke und Einrichtungen der evangelischen Kirche als Grundsatzfrage des kirchl. u. staatl. Rechts
Zeitschrift für evangelisches Kirchenrecht 4, 144 – 157.
Tübingen 1955

75 Krämer, Achim
Gegenwärtige Abendmahlsordnung in der Evangelischen Kirche in Deutschland
München 1973 (Jus Ecclesiasticum 16)

76 Kreck, Walter
Grundfragen christlicher Ethik
München 1975 (Einführung in die evang. Theologie 5)

77 Kreck, Walter
Kirche und Kirchenorganisation
Evangelische Theologie 38, 518 – 526
München 1978
jetzt auch in: ders., Kirche in der Krise der bürgerlichen Welt, 203 – 213
München 1980

78 Kühn Oskar
Kirchliches Gemeindewahlrecht im Wandel
Zeitschrift für evangelisches Kirchenrecht 21, 18 – 34.
Tübingen 1976

79 Küng, Hans
Die Kirche
Freiburg – Basel – Wien[3] 1969

80 Kunst, Hermann u. a. (Hrsg.)
Evangelisches Staatslexikon
Stuttgart – Berlin[2] 1975

81 Kuster, Arnold
Der reformierte Schweizer Pfarrer in der Welt des Rechts,
Zürich, jur. Diss. Schaffhausen 1966

82 Landessynodaler Strukturausschuß der Ev. Kirche von Westfalen.
Überlegungen zur gegliederten Gesamtgemeinde
Verlag des Landeskirchenamtes
Bielefeld 1969

83 Lau, Franz
Leges charitatis, Drei Fragen an Johannes Heckel
in: Heinz-Horst Schrey (Hrsg.), Reich Gottes und Welt, 528 – 547
Darmstadt 1969 (Wege der Forschung 107)

84 Leuba, Jens Louis
Institution und Ereignis
Göttingen 1957 (Theologie der Ökumene 3)

85 Liermann, Hans
Deutsches Evangelisches Kirchenrecht
Stuttgart 1933 (Bibliothek d. öffentl. Rechts 5)

86 Link, Christoph
Die Grundlagen der Kirchenverfassung im lutherischen Konfessionalismus des 19. Jahrhunderts, insbesondere bei Theodosius Harnack.
München 1966 (Jus Ecclesiasticum 3)

87 Link, Christoph – Gampl, Inge
Deutsches und österreichisches Staatskirchenrecht in der Diskussion.
Paderborn 1973 (Rechts- u. Staatswiss. Veröff. d. Görres-Ges. N. F. 10)

88 Luther, Christian
Das kirchliche Notrecht. Seine Theorie und seine Anwendungen im Kirchenkampf 1933 – 1937
Göttingen 1969

89 Maihofer, Werner (Hrsg.)
Begriff und Wesen des Rechts
Darmstadt 1973 (Wege der Forschung 79)

90 Maurer, Hartmut
Die Verwaltungsgerichtsbarkeit der evangelischen Kirche
Göttingen 1958 (Göttinger rechtswiss. Studien 25)

91 Maurer, Hartmut
Grundprobleme der kirchlichen Gerichtsbarkeit
Zeitschrift für evangelisches Kirchenrecht 17, 48 – 87
Tübingen 1962

92 Maurer, Wilhelm
Pfarrerrecht und Bekenntnis. Über die bekenntnismäßige Grundlage eines Pfarrerrechtes in der evangelisch-lutherischen Kirche
Berlin 1957

93 Maurer, Wilhelm
Die Kirche und ihr Recht. Gesammelte Aufsätze zum evangelischen Kirchenrecht.
Hrsg. Gerhard Müller u. Gottfried Seebass
Tübingen 1976 (Jus Ecclesiasticum 23)

94 Meyer, Hans Philipp
Die Visitation als Aufsicht mit dem Wort und mit Mitteln des Rechts
Zeitschrift für evangelisches Kirchenrecht 18, 164 – 177
Tübingen 1973

95 Mobbs, Arnold
Die evangelischen Kirchen der Schweiz im Zeitalter der Ökumene und der zwischenkirchlichen Hilfe. 50 Jahre Kirchenbund 1920 – 1970
Bern 1970

96 Mohaupt, Lutz (Hrsg.)
Modelle gelebten Glaubens. Gespräche der Lutherischen Bischofskonferenz über Kommunitäten und charismatische Bewegungen
Hamburg 1976

97 Moltmann, Jürgen
Kirche in der Kraft des Geistes
München 1975

98 Müller, Konrad
Die Praxis kirchlicher Rechtsetzung im Spiegel des Amtsblattes der Ev. Kirche in Deutschland
Zeitschrift für evangelisches Kirchenrecht 3, 243 – 267.
Tübingen 1953/1954

99 Müller-Fahrenholz, Geiko (Hrsg.)
ACCRA 1974, Sitzung der Kommission für Glauben und Kirchenverfassung; Berichte, Reden, Dokumente
Korntal 1975

100 Mumm, Reinhard (Hrsg.)
Eucharistische Gastfreundschaft
Kassel 1974 (Kirche zwischen Planen und Hoffen 11)

101 Oppermann, Thomas
Reform der öffentlich-rechtlichen Wahlfachgruppen
(der Juristischen Staatsprüfungen)
Die öffentliche Verwaltung 32, 632 – 636
Stuttgart 1979

102 Pirson, Dietrich
Universalität und Partikularität der Kirche. Die Rechtsproblematik zwischenkirchlicher Beziehungen
München 1965 (Jus Ecclesiasticum 1)

103 Raab, Heribert
Kirche und Staat
München 1966 (dtv dokumente 238/39)

104 Rieger – Sagburg – Schima jun.
Evangelische Kirche
in: Maultaschl – Schuppich – Stagel (Hrsg.). Rechtslexikon. Handbuch des österreichischen Rechts für die Praxis
Wien 1966

105 Ryffel, Hans
Rechtssoziologie
Neuwied 1974

106 Sahm, August
Humanisierung der Arbeitswelt, Verhaltenstraining statt Verordnung
Freiburg 1976 (Herderbücherei 551)

107 Scheuner, Ulrich
Grundfragen einer kirchlichen Verwaltungsgerichtsbarkeit
Zeitschrift für evangelisches Kirchenrecht 6, 337 – 364
Tübingen 1958

108 Schmidt-Lauber, Hans-Christoph
Gemeinsame kirchliche Trauung. Versuch einer Bilanz nach einem Jahr
Evangelische Theologie 39, 160 – 180
München 1979

109 Schnell, Hugo
Die überschaubare Gemeinde
Berlin – Hamburg[2] 1965 (Missionierende Gemeinde 5)

110 Schnell, Hugo u. a.
Die Vereinigte Ev. lutherische Kirche Deutschlands
in: Kirchliches Jahrbuch 1969, 317 – 408
Gütersloh 1969

111 Schwarz, Jürgen u. a.
z. B. Taufe. Ein Kapitel Kirchenreform
Gelnhausen – Berlin 1970 (ad hoc 2. Hrsg. Arbeitskreis Taufe und Gemeinde)

112 Schwarz, Karl
Zur Rechtsstellung weiblicher Amtsträger in der Evangelischen Kirche in Österreich
Österreichisches Archiv für Kirchenrecht 29, 248 – 265
Wien 1978

113 Schweizer, Eduard
Gemeinde und Gemeindeordnung im Neuen Testament
Zürich[3] 1962

114 Seidler, Gerhard
Fragen aus der kirchlichen Verwaltungsgerichtsbarkeit
Zeitschrift für evangelisches Kirchenrecht 17, 87 – 116
Tübingen 1972

115 Sirp, Wilhelm
Bericht, Gutachten und Urteil. Eine Einführung in die Rechtspraxis
München[26] 1972

116 Slenczka, Reinhard
Ostkirche und Ökumene
Göttingen 1962

117 Smend, Rudolf
Zur neueren Bedeutungsgeschichte der evangelischen Synode
Zeitschrift für evangelisches Kirchenrecht 10, 248 – 263
Tübingen 1964

118 Sohm, Rudolph
Kirchenrecht 2 Bde.
I Leipzig[2] 1923, II Leipzig 1923, Unv. Nachdr. Berlin 1970

119 Spiegel, Yorick
Kirche als bürokratische Organisation
München 1969 (Theologische Existenz heute 160)

120 Spiegel, Yorick (Hrsg.)
Pfarrer ohne Ortsgemeinde. Berichte, Analysen und Beratung
München – Mainz 1970

121 Stein, Albert
Probleme evangelischer Lehrbeanstandung
Bonn 1967 (Abhandlungen z. Evangelischen Theologie 4)

122 Stein, Albert
Martin Luthers Meinungen über die Juristen
Zeitschrift der Savigny-Stiftung für Rechtsgeschichte 85
Kanonistische Abteilung 54, 362 – 375
Weimar 1968

123 Stein, Albert
Evangelische Laienpredigt
Göttingen 1972 (Arbeiten zur Geschichte des Kirchenkampfes 27)

124 Stein, Albert
Hat die Schweigepflicht des Seelsorgers Grenzen?
Wissenschaft und Praxis in Kirche und Gesellschaft 61, 375 – 388, 454 – 463.
Göttingen 1972

125 Stein, Albert
Evangelische Lehrordnung als Frage kirchenrechtlicher Verfahrensgestaltung
Zeitschrift für evangelisches Kirchenrecht 19, 253 – 275
Tübingen 1974

126 Stein, Albert
Ehescheidung und Wiedertrauung
in: Fritz Mybes (Hrsg.) Traupredigten, 196 – 209
Stuttgart – Göttingen[5] 1975 (Dienst am Wort 2)

127 Stein, Albert
Schuld und Vergebung im kirchlichen Amtsrecht
Evangelische Theologie 36, 85 – 94
München 1976

128 Stein, Albert
Das strafprozessuale Schweigerecht von Seelsorgehelfern
Zeitschrift für evangelisches Kirchenrecht, 21, 418 – 422
Tübingen 1976

129 Stein, Albert
Zur Entwicklung der deutschen evangelischen Kirchenrechtswissenschaft 1961 – 1975.
Versuch einer Bestandsaufnahme
Zeitschrift für evangelisches Kirchenrecht 22, 6 – 25.
Tübingen 1977

130 Stein, Albert – Wulf, Hans
Pfarrer X und die Gesetze
Neukirchen-Vluyn 1977

131 Stein, Albert
Rechtstheologische Vorbemerkungen zu einer Reform des Rechtes der kirchlichen Amtshandlungen
Wissenschaft und Praxis in Kirche und Gesellschaft 66, 231 – 244.
Göttingen 1977

132 Stein, Albert
Das Kirchbüchlein der Bekennenden Kirche Altpreußens. Eine evangelische Lebensordnung der Kirchenkampfzeit.
Zeitschrift der Savigny-Stiftung für Rechtsgeschichte 94, Kanonistische Abteilung 63, 300 – 317
Weimar 1977

133 Stein, Albert
Neue Entwicklungen im Lehrrecht
Zeitschrift für evangelisches Kirchenrecht 22, 413 – 417.
Tübingen 1978

134 Stein, Albert – Wulf, Hans
Pfarrer X und die Kirchenordnung
Neukirchen-Vluyn 1979

135 Stein, Albert
Erwartungen der Rechtspraxis an eine evangelische Rechtstheologie
in: Ulrich Nembach (Hrsg.), Begründungen des Rechts, 107 – 116.
Göttingen 1979 (Göttinger theol. Arbeiten 9)

136 Stein, Albert
Die Bedeutung der Kirchenrechtswissenschaft für das Studium der evangelischen Theologie unter Berücksichtigung der österreichischen Verhältnisse
in: Theologia scientia eminens practica. Festschrift Fritz Zerbst.
(Hrsg.) Hans-Christoph Schmidt-Lauber, 211 – 227
Wien 1979

137 Steinmüller, Wilhelm
Evangelische Rechtstheologie. Zweireichelehre-Christokratie-Gnadenrecht
Köln – Graz 1968 (Forschungen z. kirchlichen Rechtsgeschichte u. z. Kirchenrecht 8)

138 Stolleis, Michael
Rechtsfragen der Telefonseelsorge
Zeitschrift für evangelisches Kirchenrecht 17, 279 – 299.
Tübingen 1972

139 Streiter, Axel
Das Superintendentenamt. Ursprung, geschichtliche Entwicklung und heutige Rechtsgestalt des mittleren Ephoralamtes in den deutschen evangelischen Landeskirchen.
Köln, jur. Diss. 1963

140 Tempel, Irmtraut
Bischofsamt und Kirchenleitung in den lutherischen, reformierten und unierten deutschen Landeskirchen
München 1966 (Jus Ecclesiasticum 4)

141 Theissen, Gerd
Soziologie der Jesusbewegung
München 1977 (Theologische Existenz heute 194)

142 Thielicke, Helmut
Theologische Ethik Bd. III 3. Teil
Tübingen 1964

143 Thümmel, Gerhard
Finanzausgleich und Kirchenverfassung
Zeitschrift für evangelisches Kirchenrecht 5, 341 – 361.
Tübingen 1956

144 Tiling, Peter von
Die rechtliche Geltung der Agende
Zeitschrift für evangelisches Kirchenrecht 16, 170 – 184.
Tübingen 1971

145 Tiling, Peter von
Zur Rechtsstellung der privatrechtlich angestellten Mitarbeiter in der Kirche
Zeitschrift für evangelisches Kirchenrecht 22, 322 – 345.
Tübingen 1977

146 Viering, Fritz (Hrsg.)
Gemeinde – Amt – Ordination. Votum des Ausschusses der Evangelischen Kirche der Union.
Gütersloh 1970

147 Vischer, Lukas (Hrsg.)
Die Einheit der Kirche. Material der ökumenischen Bewegung
München 1965

148 Wasse, Günter
Die Werke und Einrichtungen der evangelischen Kirche
Zeitschrift für evangelisches Kirchenrecht 4, 74 – 144
Tübingen 1955 und selbständig Göttingen 1954

149 Weber, Hermann
Auslegung und Rechtsgültigkeit der Versetzungsbefugnis nach § 71 Ic des Pfarrergesetzes der VELKD
Zeitschrift für evangelisches Kirchenrecht 15, 20 – 59.
Tübingen 1970

150 Weber, Otto
Grundlagen der Dogmatik Bd. II
Neukirchen² 1977

151 Weerda, Jan Remmers
Nach Gottes Wort reformierte Kirche. 190 – 203
Die Gemeinde als Gestalt und Problem im frühen reformierten Kirchenrecht
München 1964

152 Wendt, Günther
Zur kirchenrechtlichen Problematik der Ordnung kirchlichen Lebens
Zeitschrift für evangelisches Kirchenrecht 10, 101 – 133.
Tübingen 1963/64

153 Wendt, Günther
Kirchenleitung und Synode
Zeitschrift für evangelisches Kirchenrecht 11, 65 – 88.
Tübingen 1964/65

154 Wendt, Günther
Bemerkungen zur gliedkirchlichen Vereinbarung über das Mitgliedschaftsrecht in der EKD
Zeitschrift für evangelisches Kirchenrecht 16, 23 – 37.
Tübingen 1971

155 Wendt, Günther
Neuere Entwicklungen in der evangelischen Kirchenverfassung
in: Verkündigung im Gespräch mit der Gesellschaft. Festschrift für Hans-Wolfgang Heidland
Karlsruhe 1977

156 Wiesner, Hans
Grundfragen aus dem kirchlichen Disziplinarrecht,
Bonn jur. Diss. Düsseldorf 1960

157 Wolf, Erik
Rechtsgedanke und biblische Weisung. Drei Vorträge
Tübingen 1948

158 Wolf, Erik
Ordnung der Kirche. Lehr- und Handbuch des Kirchenrechts auf ökumenischer Basis
Frankfurt 1961

159 Wolf, Erik
Ausgewählte Schriften, Hrsg. Alexander Hollerbach
Frankfurt I 1971, III 1982

160 Wolf, Ernst
Sozialethik, Theologische Grundfragen
Göttingen 1975

161 Wolf, Uvo Andreas
Jus divinum. Erwägungen zur Rechtsgeschichte und Rechtsgestaltung
München 1970 (Jus Ecclesiasticum 11)

162 Zippelius, Reinhold
Einführung in das Recht
München 1974

B. Weitere Literaturauswahl bis zum Abschluß der 2. Auflage

1[2] Burgsmüller, Alfred
Rechtliche Bindungen kirchlicher Praxis und Tendenzen ihrer Entwicklung
Zeitschrift für Evangelisches Kirchenrecht 28, 125 – 160
Tübingen 1983

2[2] Burgsmüller, Alfred (Hrsg.)
Kirche als „Gemeinde von Brüdern" (Barmen III), I u. II

3[2] Burgsmüller, Alfred u. Weth Adolf (Hrsg.)
Die Barmer Theologische Erklärung
2. Aufl. 1984

4[2] Campenhausen, Axel von u. a.
Kirche – Staat – Diakonie. Zur Rechtsprechung des Bundesverfassungsgerichts im diakonischen Bereich.
Hannover 1982

5[2] Campenhausen, Axel von
Das Kirchenverständnis im evangelischen Kirchenrecht
in: Christlicher Glaube in moderner Gesellschaft, Bd. 29
Enzyklopädische Bibliothek 1982, 136 – 148

6[2] Dantine, Wilhelm (Hrsg. Albert Stein)
Recht aus Rechtfertigung
Jus eccelsiasticum Bd. 27
Tübingen 1982

7[2] Dreier, Ralf
Entwicklungen und Probleme der Rechtstheologie
Zeitschrift für Evangelisches Kirchenrecht 25, 20 – 39
Tübingen 1980

8[2] Hauschild, Wolf-Dieter u. a. (Hrsg.)
Die lutherischen Kirchen und die Bekenntnissynode von Barmen
Göttingen 1984

9[2] Heckel, Martin
Luther und das Recht. Zur Rechtstheologie Martin Luthers
Neue Juristische Wochenschrift, 2521 – 2527
1983

10[2] Heckel, Martin
Zur zeitlichen Begrenzung des Bischofsamtes
Zeitschrift für Evangelisches Kirchenrecht, 134 – 155
Tübingen 1982

11[2] Herms, Eilert
Das Kirchenrecht als Thema der theologischen Ethik
Zeitschrift für Evangelisches Kirchenrecht 28, 199 – 277
Tübingen 1983

12[2] Huber, Wolfgang
Folgen christlicher Freiheit
Neukirchen-Vluyn 1983

13[2] Janssen, Albert
Historisch-kritische Theologie und evangelisches Kirchenrecht
Zeitschrift für Evangelisches Kirchenrecht 26, 1 – 50
Tübingen 1981

14[2] Kühn, Ulrich
Kirche, Handbuch Systematischer Theologie Bd. 10
Gütersloh 1980

15[2] Listl, Joseph u. a. (Hrsg.)
Handbuch des katholischen Kirchenrechts
Regensburg 1983

16[2] Micskey, Koloman
Rez. in: Materialdienst des Konfessionskundlichen Instituts 33, 18f.
Bensheim 1982

17[2] Müller, Hans Martin
Evangelische Predigt und Rechtsordnung
FS Jetter, 145 ff.
1983

18[2] Neumann, Johannes
Grundriß des katholischen Kirchenrechts
Darmstadt 1981

19[2] Pirson, Dietrich
Zum personellen Geltungsbereich kirchlicher Rechtsvorschriften
Zeitschrift für Evangelisches Kirchenrecht 27, 115 – 133
Tübingen 1982

20[2] Pirson, Dietrich
Innerkirchliche Grundrechte aus der Sicht der evangelischen Kirchenrechtslehre
Zeitschrift für Rechtsgeschichte 98, 339 – 375, Kan. Abt.
Weimar 1981

21[2] Plathow, Michael
Lehre und Ordnung im Leben der Kirche heute
Göttingen 1982

22[2] Richardi, Reinhard
Arbeitsrecht in der Kirche, staatliches Arbeitsrecht und kirchliches Dienstrecht
München 1984

23[2] Ruf, Norbert
Das Recht der katholischen Kirche – nach dem neuen Codex Iuris Canonici
Herder 1983

24[2] Schlaich, Klaus
Kirchenrecht und Kirche. Grundfragen einer Verhältnisbestimmung heute
Zeitschrift für Evangelisches Kirchenrecht 28, 337 – 369
Tübingen 1983

25[2] Schlaich, Klaus
Die Grundlagendiskussion zum evangelischen Kirchenrecht
Pastoraltheologie 72, 240 – 255
Göttingen 1983

26[2] Schlink, Edmund
Ökumenische Dogmatik
Göttingen 1983

27[2] Stein, Albert
Der Zeugnischarakter des evangelischen Kirchenrechts als Problem der Auslegung kirchenrechtlicher Normen
Zeitschrift für Evangelisches Kirchenrecht 28, 160 – 171
Tübingen 1983

28[2] Stein, Albert
Über die geistlichen Wurzeln der Rechtstheologie des Kirchenkampfes
Zeitschrift für Rechtsgeschichte 99, 477 – 482, Kan. Abt.
Weimar 1982

29[2] Stein, Albert
Zum Stand der Grundlagendiskussion im deutschen evangelischen Kirchenrecht
Neue Juristische Wochenschrift 36, 2527 – 2531
München und Frankfurt 1983

30[2] Schwarz, Karl
Rechtstheologie – Kirchenrecht
Zeitschrift für Evangelisches Kirchenrecht 28, 172 – 199
Tübingen 1983

31[2] Schwendenwein, Hugo
Das neue Kirchenrecht, Gesamtdarstellung. (Betrifft den Codex Juris Canonici 1983 der röm.-katholischen Kirche)
Graz [1]1983, [2]1984

Vgl. auch den Nachtrag S. 195 zum Festheft für Günther Wendt!

Anhang 3

Verzeichnis der im Text als beispielhafte Quellenstellen auszugsweise wiedergegebenen Kirchenrechtssätze

Evangelische Landeskirche Anhalts – 3.2.
– Kirchengesetz über das Ruhen kirchlicher Rechte
(Mitteilungsblatt BEK DDR 78 S. 7, ABl EKiD 1978, 279)

Arnoldshainer Konferenz – 4.4.
– Grundsatzerklärung vom 6. April/20. Juni 1967
Alfred Burgsmüller, Rainer Bürgel, Die Arnoldshainer Konferenz, ihr Selbstverständnis, (Bielefeld 1974, S. 13)
– Geschäftsordnung vom 22. Oktober 1981 – 4.4.
(ABl EKiD 1982, 4)

Evangelische Landeskirche in **Baden**
– Grundordnung vom 23. April 1958/5. Mai 1972 – 1.2., 3.4.
(GuVOBl 1972, 35; ABl EKiD 1972, 493) 4.2.
– Ordnung für Lehrverfahren, Kirchl. Gesetz vom 19. Oktober 1976 – 3.4.
(GuVOBl S. 131, ABl EKiD 1977, 122)
– Kirchengesetz über die Dienste der Mitarbeiter in Gemeindediakonie, Jugendarbeit, Religionsunterricht und kirchlicher Sozialarbeit vom 30. April 1976 – 3.5.
(GuVOBl S. 65, ABl EKiD 323)

Evangelisch-reformierte Kirche des Kantons **Basel-Landschaft**
– Kirchenordnung vom 5. März 1958/1. Oktober 1970 – 2.4.
(Sonderdruck Liestal 1970)

Evangelisch-lutherische Kirche in **Bayern**
– Verfassung vom 20. November 1971 – 3.1., 4.3.
(KABl 287, ABl EKiD 1972, 3 ff.)

Bekennende Kirche der Deutschen Evangelischen Kirche 1934 – 45
– Theologische Erklärung der I. Bekenntnissynode in **Barmen** vom 29./31. Mai 1934 – 1.2.
(KJ 1933 – 44, S. 71)
– Erklärung der gleichen Synode zur Rechtslage – 1.3.
(KJ 1933 – 44, S. 72)

Evangelische Kirche in **Berlin-Brandenburg**
– Grundordnung vom 15. Dezember 1948 – 3.3., 4.2.
(ABl 1949 Nr. 2, ABl EKiD 1949, 47) 5.
– Grundordnung (Region Ost) vom 20. November 1978
(KABl 1979, 37; ABl EKiD 294) – 4.2.

Evangelisch-Lutherische Landeskirche in **Braunschweig**
– Verfassung vom 3. April 1978 – 3.1., 3.5.
(ABl S. 45, ABl EKiD 229)

Evangelische Kirche in **Deutschland**
– Grundordnung vom 13. Juli 1948/14. Juni 1984 – 2.3., 4.4.
(ABl EKiD 112)
– Entwurf einer neuen Grundordnung vom 7. November 1974 – 2.3.
Das Recht der Evangelischen Kirche in Deutschland, Hrsg. Detlev Dahrmann, Hannover[4] 1978, S. 522 ff.

– Vereinbarung über die Kirchenmitgliedschaft vom 27./28. November 1969 (ABl EKiD 1970, 2 f.) – 3.2.

– Kirchengesetz über die Kirchenmitgliedschaft, das kirchliche Meldewesen und den Schutz der Daten der Kirchenmitglieder vom 10. November 1976 (ABl EKiD 389 ff.) – 3.2.

Bundesrepublik **Deutschland**
– Strafprozeßordnung in der Fassung der Bekanntmachung vom 7. Januar 1975 (BGBl I S. 129) – 2.5.

Evangelisch-lutherische Landeskirche **Hannovers**
– Kirchengemeindeordnung vom 12. Dezember 1970 (KABl S. 297, ABl EKiD 1971, 91 ff.) – 3.2.

Evangelische Kirche in **Hessen und Nassau**
– Ordnung vom 17. März 1949/21. April 1966 (ABl S. 27, ABl EKiD 77/ABl 89, ABl EKiD 345) – 4.3.

Evangelische Kirche von **Kurhessen – Waldeck**
– Grundordnung vom 22. Mai 1967 (KABl S. 19, ABl EKiD 328 ff.) – 4.2., 4.3.

Lippische Landeskirche
– Verfassung vom 17. Februar 1931 (Gu VOBl III S. 1) – 4.2.
– Kirchengesetz über die Ordnungen des Lebens in der Gemeinde vom 23. November 1954 (ABl 1954, S. 137; ABl EKiD 1955, 117) – 2.2., 2.3.

Nordelbische Evangelisch-Lutherische Kirche
– Verfassung vom 12. Juni 1976 (ABl Schleswig-Holstein S. 159; ABl EKiD 1977, 19 ff.) – 3.1., 3.3., 4

Evangelisch-reformierte Kirche in **Nordwestdeutschland**
– Verfassung vom 24. September 1922/28. November 1970 (GVBl 12, 28/ABl EKiD 188) – 3.5.

Ökumenischer Rat der Kirchen
– Verfassung in der Fassung vom 9. Dezember 1975 (ABl EKiD 1977, 107 ff.) – 4.5.

Evangelische Kirche Augsburgischen und Helvetischen Bekenntnisses in **Österreich**
– Verfassung vom 26. Januar 1949 in der Neuverlautbarung vom 14. Jänner 1983 (ABl 1983, 1 ff.) – 1.2., 3.2., 3.3. 4.4.
– Ordnung des geistlichen Amtes vom 18. November 1949 in der Wiederverlautbarung vom 25. Juli 1974 (ABl 99 ff.) – 3.3.
– Disziplinarordnung vom 28. September 1951 in der Wiederverlautbarung vom 1. Dezember 1965 (ABl S. 70 ff.) – 4.3.

Evangelisch-Lutherische Kirche in **Oldenburg**
– Kirchenordnung vom 20. Februar 1950/20. Oktober 1970 (KABl 1950 S. 135, ABl EKiD, 1953, 265/KABl 49, ABl EKiD 699) – 1.4.

Evangelische Kirche der **Pfalz** (Protestantische Landeskirche)
– Verfassung in der Fassung vom 1. Januar 1979/25. Januar 1983 (ABl 1978, S. 63; ABl EKiD 1978, 275/ABl 26, ABl EKiD 1951) – 3.5.

Evangelische Kirche im **Rheinland**
- Kirchenordnung vom 2. Mai 1952/15. Januar 1981 – 1.4., 2.2., 3.2.
  (KABl 39, ABl EKiD 151)
- Kirchengesetz zur Regelung der Gemeindezugehörigkeit in besonderen Fällen vom 13. Januar 1961 – 3.2.
  (KABl S. 17, ABl EKiD 105)
- Beschluß der Landessynode »Gottesdienst in neuer Gestalt« vom 15. Juni 1971 – 2.1.
  (KABl 1971, S. 179; ABl EKiD 1971, 612)

Evangelische Kirche der Kirchenprovinz **Sachsen***
- Grundordnung vom 16. März 1980 – 4.1., 4.2.
  (ABl 2, ABl EKiD 186)

Evangelische Kirche der **Union**
- Ordnung vom 20. Februar 1951/12. Dezember 1953 – 4.4.
  (KABl EvKirche im Rheinland 1954, S. 23, ABl EKiD 1954, 174)
- Ordnung des kirchlichen Lebens vom 6. Mai 1955 – 1.3.
  (Berlin 1955 im Selbstverlag)

Vereinigte Evangelisch-Lutherische Kirche Deutschlands
- Verfassung vom 8. Juli 1948/1. November 1978 – 4.4.
  (ABl Bayern 1950, S. 63, ABl EKiD 1948, 167/ABl VELKD Bd. V, 123; ABl EKiD 1979, 81)
- Pfarrergesetz vom 14. Juni 1963 in der Fassung vom 3. Januar 1983 – 2.5.
  (ABl VELKD Bd. V, 269; ABl EKiD 1983, 86)
- Ordnung des kirchlichen Lebens – 2.2.
  (Berlin 1955)

Evangelische Kirche von **Westfalen**
- Kirchenordnung vom 1. Dezember 1953/17. Oktober 1975 – 2.1., 2.5., 3.3.
  (KABl 198; ABl EKiD 117)

Evangelische Landeskirche in **Württemberg**
- Kirchliches Gesetz zur Ordnung der Visitationen in der Landeskirche vom 25. November 1976 – 4.1.
  (ABl Bd. 47 S. 352; ABl EKiD 1977, 206 ff.)

Ausführungsbestimmungen zur Visitationsordnung
- Verordnung des Oberkirchenrats vom 3. April 1981 – 4.1.
  (ABl 308, ABl EKiD 249)

* eine Gliedkirche der Evangelischen Kirche der Union mit Sitz des Konsistoriums in Magdeburg, nicht zu verwechseln mit der Evangelisch-Lutherischen Landeskirche Sachsens mit Sitz des Landeskirchenamtes in Dresden.

Anhang 4

Verzeichnis wichtiger Schlagworte

Verzeichnis wichtiger Eigennamen

Anhang 5: Sammlungen kirchlicher Rechtsvorschriften

Das Recht der Evangelischen Landeskirche in Baden, herausgegeben von Hans Niens, Evangelischer Presseverband für Baden e.V., Karlsruhe

Rechtssammlung der Evangelisch-lutherischen Kirche in Bayern, bearbeitet von Jost Heinzel, C. H. Beck'sche Verlagsbuchhandlung, München

Das Recht der Evangelischen Kirche in Berlin-Brandenburg (Berlin West), herausgegeben von Horstdieter Wildner, Luchterhand Verlag, Neuwied

Handbuch für Kirchenverordnete der Evangelisch-lutherischen Landeskirche in Braunschweig, herausgegeben vom Landeskirchenamt, Wolfenbüttel

Rechtssammlung für Mitarbeitervertretungen im Bereich der Evangelisch-lutherischen Landeskirche in Braunschweig, herausgegeben vom Landeskirchenamt, Wolfenbüttel

Rechtssammlung für die Bremische Evangelische Kirche, herausgegeben von Dr. Hans Georg Bergemann, herausgegeben i. A. d. Kirchenausschusses der Bremisch Evangelischen Kirche, Bremen

Das Recht der Evangelischen Kirche in Deutschland, im Auftrage der Kirchenkanzlei herausgegeben und zusammengestellt von Detlef Dahrmann, 4. Auflage, Verlag des Amtsblattes der Evangelischen Kirche in Deutschland, Hannover 1978

Rechtssammlung der Evangelisch-lutherischen Landeskirche Hannovers, herausgegeben von Eberhard Sperling und Horst Nagel, Lutherhaus-Verlag GmbH, Hannover

Mitdenken – Mitarbeiten – Mitentscheiden, Gesetzessammlung für Kirchenvorsteherinnen und Kirchenvorsteher, herausgegeben von der Presse- und Informationsstelle der Evangelisch-lutherischen Landeskirche Hannovers, Lutherisches Verlagshaus 1982

Staat und Kirche in Hessen, Rheinland-Pfalz und dem Saarland, herausgegeben von Guido Amend, Nikolaus Becker, Heinz Brauburger, Armin Füllkrug, Holger Knudsen, Klaus Till und Walter Weispfenning, Luchterhand Verlag, Neuwied

Rechtsammlung der Evangelischen Kirche in Hessen und Nassau, herausgegeben von der Kirchenverwaltung, bearbeitet von Klaus Till, Jürgen Telschow und Nikolaus Schlitz, Burkhard-Laetare-Verlag, Gelnhausen 1980

Das Recht der Evangelischen Kirche von Kurhessen-Waldeck, begründet von Armin Füllkrug, bearbeitet von Walter Weispfenning, Luchterhand Verlag, Neuwied

Geltendes Recht in der Lippischen Landeskirche, herausgegeben von Dr. A. von Hanstein und Rolf E. Bräunig, Verlag F. L. Wagener, Lemgo

Evangelisches Kirchenrecht in der Nordelbischen Kirche, herausgegeben von Horst Göldner und Hans-Peter Muus, Lutherische Verlagsgesellschaft, Kiel

Rechtssammlung der Evangelisch-reformierten Kirche in Nordwestdeutschland, herausgegeben vom Landeskirchenrat, Leer

Rechtssammlung der Evangelisch-lutherischen Kirche in Oldenburg, herausgegeben vom Ev. Oberkirchenrat, Oldenburg

Rechtssammlung der Evangelischen Kirche der Pfalz, herausgegeben vom Landeskirchenrat, Speyer. (Wird seit 1976 nicht mehr ergänzt. Eine Reihe wesentlicher Rechtsvorschriften ist erfaßt im „Handbuch der Kandidaten für den Pfarrdienst", hrsg. vom Landeskirchenrat Speyer)

Staat und Kirche in Nordrhein-Westfalen, herausgegeben von Nikolaus Becker, Holger Knudsen, Heiner Marré, Karl Panzer und Karl Eugen Schlief, Luchterhand Verlag, Neuwied

Rechtssammlung der Evangelischen Kirche im Rheinland, zusammengestellt und bearbeitet von Hans-Günter Hönscheid, Verlag des Landeskirchenamtes, Düsseldorf

Die Kirchenordnung der Evangelischen Kirche im Rheinland, herausgegeben von Nikolaus Becker, Luchterhand Verlag, Neuwied

Das Recht in der Evangelischen Kirche von Westfalen, herausgegeben vom Landeskirchenamt der Evangelischen Kirche von Westfalen, Bielefeld

Das Recht der Evangelischen Landeskirche in Württemberg herausgegeben im Auftrag des Evangelischen Oberkirchenrats von Martin Daur, Luchterhand Verlag, Neuwied

Handbuch für kirchliche Mitarbeiter, herausgegeben vom Kirchenrat des Kantons Zürich, Aschmann & Scheller AG, Zürich.

Kirchenrecht bei Luchterhand

[illegible] Schrifttum [illegible]

Die [illegible] [illegible]
[illegible]

Die [illegible] Westfalen [illegible]
[illegible]

Das Recht der [illegible] Kirche von [illegible]
[illegible]

Das Recht der [illegible] Württemberg
[illegible]

Staat und Kirche in [illegible]
[illegible]

Staat und Kirche in [illegible]
[illegible]

[illegible]
[illegible]